乐乐当主管了——人力资源新手的蜕变

涂熙 著

清华大学出版社
北 京

图书在版编目(CIP)数据

乐乐当主管了：人力资源新手的蜕变 / 涂熙　著. —北京：清华大学出版社，2016
(2016.6 重印)

ISBN 978-7-302-43487-0

Ⅰ. ①乐… Ⅱ. ①涂… Ⅲ. ①企业管理—人力资源管理 Ⅳ. ①F272.92

中国版本图书馆 CIP 数据核字(2016)第 078300 号

责任编辑：张　颖　高晓晴
封面设计：周晓亮
版式设计：方加青
责任校对：曹　阳
责任印制：刘海龙

出版发行：清华大学出版社
网　　址：http://www.tup.com.cn，http://www.wqbook.com
地　　址：北京清华大学学研大厦 A 座　　邮　　编：100084
社 总 机：010-62770175　　邮　　购：010-62786544
投稿与读者服务：010-62776969，c-service@tup.tsinghua.edu.cn
质 量 反 馈：010-62772015，zhiliang@tup.tsinghua.edu.cn
印 装 者：北京国马印刷厂
经　　销：全国新华书店
开　　本：180mm×250mm　　印　张：14.5　　字　　数：252 千字
版　　次：2016 年 6 月第 1 版　　印　　次：2016 年 6 月第 2 次印刷
定　　价：35.00 元

产品编号：063772-01

前　言

本书是《人力资源新手成长手记》的姐妹篇。《人力资源新手成长手记》是我的第一本书，主要讲述主人公乐乐——一个误打误撞进入人力资源行业的“菜鸟”，在师傅Kitty的指导下逐步成长的故事。正是因《人力资源新手成长手记》与常规的人力资源书籍的不同，有情节、有故事、有实操、很真实，所以在出版的一年时间内，得到了众多读者的喜爱，从中我也得到了很多鼓励，并且还让我结识了不少同行朋友。

在与同行的不断交流中，大家普遍提到随着人力资源工作的逐步深入，经常会觉得自己像一个救火队员，每次遇到企业中人力资源的问题时，从来没有只靠单一模块知识就可以完美解决的，而且随着经验的增加、能力的增强，慢慢也会从自己独立工作转变为带领团队。因此许多同行都希望《人力资源新手成长手记》能够出续集，想从主人公乐乐在人力资源职业生涯不断打磨成长的故事中再受到一些启发，本书正是在这种情况下应运而生的。

本书从内容上分为挑战篇、奋斗篇、思考篇、腾飞篇四部分。通过主人公乐乐在企业中经历过的各种实战，让读者慢慢体会到人力资源从业者需要经历的各种挑战，并且能够在这个过程中真正得到锻炼，最终实现蜕变，了解人力资源工作的真谛。

在这本书的写作过程中，我自己也经历了一次蜕变，突发高烧使我夜夜不能安眠，在迷迷糊糊的过程中，梦见一个给我指明道路的老人，告诉我很多道理，我也想明白了不少事情。发现自己现在更加有胸怀接受、有勇气承担挑战，做事也能够不急不躁，心态平和地处理人力资源工作的一切事项。

在本书的写作过程中得到了清华大学出版社编辑以及好朋友和家人们的大力支持，在此表示诚挚的谢意。

涂　熙

2016.1

目　录

挑战篇

天将降大任于乐乐也 ····· 2

“临阵”磨枪，出差不慌 ····· 4

入乡要随俗，吃喝先做足 ····· 8

应对意外状况的对策 ····· 10

初战告捷，宜将剩勇挖渠道 ····· 12

人资人员是团队和谐的调和剂 ····· 15

人资招聘人资，要讲缘分 ····· 16

适时的总结是必需的 ····· 19

乐乐回家第一战——了解新团队 ····· 21

乐乐回家第二战——假学历事件 ····· 24

“扶上马，还要送一程” ····· 27

提高招聘成功率的绝招——建立招聘团队 ····· 30

发挥内部伯乐的力量 ····· 32

多点赞才能让人留下来 ····· 36

薪酬风波的应对 ····· 39

一封投诉信，惊起法理情 ····· 45

应对负面情绪传播有方法 ····· 50

奋斗篇

而今迈步从头越——乐乐到了新公司 ····· 56

老板的忠告——做专业的人资 ····· 59
新官上任第一把火——从表格规范做起 ····· 64
新官上任第二把火——编写岗位说明书 ····· 67
新官上任第三把火——沟通餐 ····· 68
新公司的风险——防君子不防小人的协议 ····· 70
失利总结——解决问题才是关键 ····· 74
回归老东家——特殊时期辞退员工 ····· 78
辞退不是解决员工问题的唯一方法 ····· 83
培训人力资源人员 ····· 85
关于薪酬 ····· 100
当上主管了 ····· 108
员工关系 ····· 118
内部培训 ····· 131
好马也吃回头草 ····· 134
其实人力资源工作也有风险 ····· 138

思考篇

时间管理也要盯准人、做对事 ····· 142
内外兼收寻人才——内部选秀唱大戏 ····· 144
傻傻的坚持是一种信念 ····· 146
内部调动也需要融入 ····· 147
实习生是打杂的吗 ····· 148
笔试是否一定需要 ····· 149
说得好还是干得好 ····· 150
辱骂批评绝不是高效的管理方式 ····· 151
怎样与上司和同事沟通 ····· 152
为什么刚入职场，心就老了 ····· 154
人力资源的性格、味道和颜色 ····· 156
职场好师傅 ····· 159
做一个有趣的人力资源工作者 ····· 161

考证和人力资源 ····· 163
机会面前，跟随自己的心最重要 ····· 165
人力资源怎样拓展自己的人脉圈 ····· 166
职场可以重启 ····· 169
人比人的问题 ····· 170
全职在家还是全职工作 ····· 171
管住嘴、勤跑腿、敢面对 ····· 172
说话要算数 画饼要适度 ····· 173
面对老员工跳槽的职场新常态 ····· 175
人力资源还要懂营销 ····· 176

腾飞篇

关系户，处关系 ····· 180
人才输血计划 ····· 183
师徒制 ····· 195
年终总结做出自己的风格 ····· 197
与90后员工的相处 ····· 198
人力资源部门与业务部门是亲密敌人 ····· 200
平衡业务部门的立场——拉住业务部门一起扛 ····· 202
人性本善，人心本柔 ····· 204
建立与业务部门之间的信任关系 ····· 206
核心人才的关注——留住核心人才，复制核心人才 ····· 208
绩效沟通落到实处 ····· 210
强制分布排名的意义 ····· 212
表扬得法，激励有度 ····· 214
知识竞赛是个好方法 ····· 216
遇到好上司——好上司可遇也可求 ····· 218
“跨”的文字游戏与跨部门沟通 ····· 220
人力资源需要具备点八卦精神 ····· 221
人力资源的发展，路在脚下 ····· 222

挑战篇

天将降大任于乐乐也

李乐，小名乐乐。人如其名，乐乐也确实阳光活泼，很有主见。看准了人力资源工作是个越老越吃香的职业，毅然放弃所学专业，转型在广州从事人力资源工作快两年了，一直在师傅kitty的谆谆教诲下努力前进。因为个性直爽、努力勤奋，还有那么点机灵劲儿，所以乐乐进步很快，也深得师傅的喜爱。春节前，师傅告诉乐乐，公司即将开展新项目，组建电话服务和销售约200人的团队，似乎在暗示乐乐一定要抓住这个好机会，因为晋升的希望就在这个项目之中了。

春节一过，承载着梦想和师傅寄予的厚望，乐乐怀着兴奋和激动的心情奔赴新的“战场”。对于公司即将开展的新项目，乐乐只听师傅提过一次，对于整体情况还不是特别了解，心里自然也没底。假日综合症还没过，办公室里的电话就响个不停，乐乐已经明显感受到紧张的工作气氛了。

“乐乐，我们现在得立刻去会议室，参加新项目的启动会议。”师傅顺手拿起笔记本，急匆匆地边说边走出办公室。

“好的！”乐乐急忙拿起笔记本跟在师傅后面，脑袋感觉还有点不太清醒。

没想到会议室里已经坐了一堆人，还有几张有些陌生的面孔。乐乐心里疑惑：“待会要讲啥呢？”

“各部门的人员都到齐了。今天的会议内容是关于我们公司新项目的启动，主要是公布新项目的成员，同时确定项目第一阶段的主要工作。”只听到公司总经理不紧不慢地说着，“关于公司的新项目，各部门负责人也都有所了解。这个项目是我们公司今年最重要的一件大事。公司今年将把业务拓展到北方的‘小俄罗斯’——大连这个美丽的城市。在过年前，各部门也推荐了项目组成员。经公司领导讨论决定，项目负责人为徐经理，主要负责项目各个环节的运作统筹，之前他也有筹建新项目团队的经验。另外江经理对当地情况比较了解，而且除了对业务熟悉，对人员管理支持方面也很擅长，作为项目副负责人。人力资源这块kitty主管推荐由李乐负责。”

虽然心里早有准备，但乐乐听到自己的名字被点到时还是有点惊慌，有点不敢相信。“这么重要的项目，真的安排我去参与啊？”乐乐心里想着，眼神却不

由自主地和师傅对视了一下。

“我觉得让李乐去不太合适。”总经理的话音还没落，就听到一个高亢坚定的声音。乐乐的心里咯噔一下。“李乐虽然在公司的时间也不算短，但她经验确实还有些不足。这么重要的项目交给她，怕她吃不消。”

“江经理，您的担心不是没有道理。但大家也都是这样一步步成长过来的。我希望大家一起努力把项目做好，大家有没有问题？”总经理环视一周，继续宣布项目第一阶段的工作。

乐乐突然感觉到有点莫名的尴尬，感觉到很多人在盯着自己，耳朵里似乎什么话也听不进去，手中的笔一滑掉在地上。师傅用胳膊碰了碰乐乐，“注意听！”乐乐才猛一下回过神来。

“我们第一阶段的主要工作是按照初步设定的人力计划把人员配置完成，同时需要加强人员培训和团队的凝聚力。这个担子不轻，辛苦各位了。因为这个项目从准备到正式运作只有两个月，时间很紧。三位同事需要做好出发前的准备，本周四一早出发。祝大家一切顺利！”总经理语重心长地做出指示，徐经理和江经理又大致介绍了一下项目的基本情况、可能会遇到的问题。会议又继续了大约半个小时。

师傅因为有其他的会议提前离开会场。会议结束后，项目组三名成员碰了下头，大家似乎心照不宣，似笑非笑地打了会儿哈哈就各自散去了。

在电梯间，乐乐碰到了总经理，他非常亲切地说：“乐乐啊，到大连去很冷哦，你怕不怕？不过没关系，房间内的暖气很足的，非常暖和。”

乐乐很少有机会这样面对面地和总经理打交道，不知道说啥，只是傻傻地笑，但其实乐乐心里早就乐开了花，没想到总经理还挺关心人的嘛，暗下决心一定要好好干。

回办公室的路上，乐乐的心里还是充满了忐忑与不安：“我去参与这个项目就不被人看好，到时候做不好怎么办？”“怎样做才可以做好？”“项目中的那两个搭档可都是公司的‘老江湖’，天啊，是福还是祸？”脑袋里充满了问号。

回到办公室，乐乐呆坐在椅子上，愣了半天。“乐乐，听说你要去大连了？恭喜你，这么快就可以去参与公司的重点项目了。”同事酸溜溜地说了这么一句。

乐乐突然感觉心里有些难受，她一直希望和周围同事处好关系，不要引起妒忌。

从开始做人力资源工作，一直有师傅这个贵人照顾着，一路走来顺风顺水，乐乐知道这肯定免不了引起周围同事的羡慕。乐乐完全没有像周围同事们那样，认为参加新项目的事情是个千载难逢的好机会，暗地里争着抢着要去，觉得容易出成绩，在公司的发展道路上可以增加一道靓丽的色彩等这些功利的想法。她的脑袋里只是简单地认为师傅既然安排让自己去，当然得去，又可以锻炼自己，还能多学点东西。对于那些没得到机会很失落，等着看好戏的同事的复杂心情，乐乐完全没意识到。

“只不过你那两个搭档可不好惹，都不是省油的灯。前期人力资源方面的任务很重，你可别指望他们能配合你，有你累的！”另一个同事也搭腔。

乐乐只是静静地听着，笑而不语，可心里却直发毛。

“乐乐，你好好准备吧，我下班啦！”两个同事说完就离开了办公室。只剩下乐乐一个人，办公室显得空空荡荡的。

“乐乐，还没下班，忙啥呢？”师傅一阵风似的飞进来，说完猛喝了口水。

“师傅，你终于回来了。”乐乐像见到救星一样跑到师傅身边。

“咋啦，没出啥事吧？”师傅一脸疑惑。

“没有，我只是有点担心自己不被别人认可，今天会上江经理的态度您也看到了，他都不想让我参加这个项目，我也担心自己做不好。”乐乐低声说。

“乐乐，这些是正常的。机会来了，谁都想去，所以说什么话的人都有，但你可别太在意这些。你现在最需要做的是干出成绩来，实力作证，到时那些东西就烟消云散了。”师傅深有体会地说道，想让乐乐有信心。

“乐乐，还有三天你就要出发了，出发前你要做一些准备工作。这两天我和你详细讲一下，主要是新项目的介绍、当地人才招聘渠道以及我们身为人力资源工作人员一定要重点关注做好的部分。”师傅强调了一下，“时间也不早了，你回家先想想，明天一早我们开始一点点详细讨论。”

“临阵”磨枪，出差不慌

一大早，乐乐已经来到办公室，准备好好听师傅的讲解。

“乐乐，凡事都有两面性。如果做得好就是一个皆大欢喜的结果，如果没有

做好，可能你后面的路会艰难一点。但我对你是有信心的，你这次去参与新项目的筹建，有三个方面一定要把握好。”师傅看着乐乐，眼神里充满了期盼。

“我需要和你强调一下，第一是为人处世，毕竟是一个项目团队，我们人力资源人员需要起到调和剂的作用，牢记团结就是力量。所以不管发生什么事，记得一定要想办法去调整，让大家心平气和。第二是把握好自己的角色，你还记得你刚入职的时候我和你讲过的人力资源的角色吗？”师傅想考察一下乐乐。

“当然记得啦，师傅。人力资源人员要扮演上传下达的角色、员工主心骨的角色、专家的角色、顾问的角色。”乐乐顺口就说出来了。

“嗯，确实有这些角色，但这里我想和你强调的是立场。人力资源人员必须要有自己的立场原则，用人部门也有自己的原则。大家都希望利益最大化，实现双赢。所以在这个过程中，如何与用人部门打好交道，做到平衡，对你可是个不小的考验。”师傅语气略微有些严肃。

“师傅，别担心。做人力资源工作的底线我还是知道的。您之前也教过我，我会把握好的。”乐乐很自信，似乎没把师傅这句话太当回事。

“第三是对当地人力资源情况的了解，毕竟是到一个陌生的地方开展工作，大家对当地的情况也不算太了解。之前我在网上找过一些关于当地情况的资料，还有一些当地的朋友提供的一些资料，等会儿你可以先看看，提前了解一下。北方人和南方人的个性、脾气、秉性不少方面还是不太一样，遇到事情，处理起来需要方法。”师傅讲得很详细，恨不得一下子都灌进乐乐的脑袋里。

“嗯，师傅，我懂。北方人很直爽的，对人也很真诚。我曾经接触过的北方人就是这样的，挺好打交道的。”乐乐调皮地笑了一下。

“是啊，人上一百，五颜六色，人上一千，样样都全。但不管是哪里的人，只要你足够真心、真诚，肯定都能相处好。与人打交道时间久了，就会有更深的体会和感悟。我说的这三个方面你可以好好想一下。另外，你这次参与项目工作的重头戏还是招聘，如果招不到人，别的方面没得谈。其他关于培训、员工关系、薪酬等方面，总部这边都有统一的安排。关于招聘计划，在过年前也有初稿，第一阶段的招聘任务是保证第一个月必须入职70人，这个任务对你来说应该不难，以前你都做得不错。你的另外一个重要任务是在当地招到一名人力资源专员，到时候当地的人力资源工作由这位同事负责。”乐乐拿着本子拼命记录，生怕漏了什么。

“我现在先把你需要的资料打包发给你，你抓紧时间看一下。”师傅也生怕疏漏了哪个环节。

师傅很快把资料压缩后用邮件发出，乐乐赶紧打开仔细浏览了一下。师傅很细致，用Excel列出了四份表格。

(1) 招聘渠道联系方式(见表1-1)。这份表中的内容包括渠道名称、联系人、座机、手机、邮箱、QQ号码，旁边还有备注，备注里注明联系人的性格特点(例如急性子或慢性子等)。

表1-1　招聘渠道联系方式

序号	招聘渠道	联系人	联系电话	手机号码	电子邮箱	QQ号码	备注
1							
2							
3							

(2) 当地学校就业指导中心联系方式(见表1-2)。这份表中包括基本的信息，还有特别注明学校可以使用的宣传方式、老师的联系方式等。

表1-2　学校联系方式

序号	学校	老师	联系方式
1			
2			
3			

(3) 人员编制计划表(见表1-3)。

表1-3　人员编制计划表

序号	部门	岗位	已批编制人数	每月计划入编					
				1	2	3	4	5	6
1									
2									
3									

(4) 招聘执行计划表(见表1-4)。

序号	岗位	筛选简历数	初试人数	复试人数	预计可录用人数	备注
1						
2						
3						

乐乐内心暗爽，师傅准备得真是周到，看来这场战役必胜无疑啊！正当心花怒放之时，听到师傅说："乐乐，抓紧联系当地招聘网站的人员，那边的合作合同刚刚签好。你得抓紧时间把需要招聘的职位先在网上等各种渠道传播出去，

时间上做到前紧后松会比较踏实。记得顺便再向对方了解一下当地招聘我们需要的岗位人员的情况，例如当地人才对我们需要招聘的岗位的认可度、人员分布情况、找工作人员的地域分布等等。和当地人员多了解，深挖信息，对于我们来说都是重要情报，也是这次任务可否完成的重要信息。可别小看了。”

“好的，师傅，我马上就联系。”乐乐急忙回应，手指已经开始拨打电话了。

电话那头传来隐约有些不耐烦，但又不得不礼貌的声音：“您好，我是人才网站的招聘顾问Linda。”

“Linda，您好！我是GB公司的人资专员李乐。我们公司将在大连当地开展电话销售和服务项目，需要大量的电话销售和客服人员。不知道这两个岗位在你们当地的招聘情况如何？”乐乐很谦虚地问。

“现在我们网站的客户中，做你们类似业务的公司不少，所以你要招的这些岗位，招聘起来都不太容易，招聘难度不小啊！”Linda长叹了一声，“我们当地的人才市场、招聘网站的效果都很一般，很多人资人员都觉得难做。”

“这样啊……但我们公司在行业内各方面还是很有竞争力的，招聘应该不会很难吧？”乐乐似乎自言自语了一句。

“可不能这么说，你在广州不了解咱们大连的情况。我建议你还是先使用一周的首页按钮广告吧。”Linda随口说了一句。

“要不你先帮我看看上挂的招聘信息，并且把有同类招聘职位的公司信息提供给我。我还需要首页按钮广告和其他招聘网站广告一周的点击率、简历量、同行使用不同类型广告的频率。谢谢你了！”乐乐结束了电话之后，还是有点担心，从来没去过大连开展人力资源工作，万一没人愿意应聘可怎么办，如果有个熟悉当地情况的人可以引引路该多好啊。

边回忆边准备着资料，乐乐突然想到了一个以前的同事，印象中好像是北方人。曾经接触不多的同事，而且已经有两年多没联系了，乐乐虽然觉得有点不好意思，但心里想，不管结果怎样，至少要去试一下。抱着试一试的心态，也没抱太大期望，乐乐在QQ上给同事留言，没想到很快收到了回复，乐乐边打字边想：“QQ真是个好东西啊，几年没联系过的人竟然又联系上了。”

让乐乐开心的是，同事竟然还记得自己，更巧的是，这个同事正好在大连工作。“亲，我要去大连进行招聘，到时候可能还需要你帮忙呢。”乐乐回复QQ信息。“没问题，我把手机号码留给你，咱们保持联系。”同事立即回复。乐乐心里突然有一点点踏实的感觉，“这下好了，我有当地的熟人了”。

入乡要随俗，吃喝先做足

机票、行李都准备好了，乐乐觉得自己就要上“战场”了，心里也不断给自己鼓劲，心想虽然师傅不在身边，很多事情也需要随机应变，但只要自己努力，应该也没那么难。项目组的江经理提前一天就走了，乐乐和徐经理准备周四出发，乐乐心想，看来今年的元宵节要在大连过了。

原定6点多要赶到机场乘当天最早的一班飞机，乐乐担心迟到误了飞机，从凌晨5点多就开始打电话给徐经理，可一直没人接听。乐乐只好自己去办理登记牌和行李托运，都办好后才看到徐经理匆忙赶过来。看到他拿着行李一脸的茫然，连登记牌都没有办，乐乐猜他是第一次坐飞机。

乐乐热心地帮徐经理办理登机及行李托运，却故意说自己也是刚刚知道怎么弄，给徐经理留足了面子。可能就是这些细节，乐乐内心突然觉得和徐经理的心拉近了不少。经过了3个多小时的旅途，终于到达目的地。乐乐突然有一种兴奋、激动、开心的感觉，忐忑和不安全然抛开。

江经理早已在机场等候，又是帮忙拿行李，又是问寒问暖，感觉和在广州的状态完全不同。一切安顿好后，江经理一定要做东，大家一起大吃一顿。

但乐乐心里始终记挂着工作任务，在吃饭期间就忍不住问江经理：“咱们啥时候去办公地点？从住的地方去要多久？坐车方便吗？”

“急个啥，赶紧吃饱吃好，再去不迟啊。”江经理明显有点不耐烦。

乐乐有点吃不下，心想：“时间紧、任务重，我还是得赶紧开始干活才行啊！”

“服务员，拿三瓶酒。”江经理一声吆喝。

“我们等会还要上班，喝酒不好吧？”乐乐赶紧制止。

“担心啥，啥是上班时间。你们今天刚过来，一路辛苦，喝点酒正好解除疲劳。”江经理满不在乎地回答。

“我有点不舒服，中午就别喝了。”徐经理急忙帮着解围。

三个人闷着头，一句话都没说。

吃完饭后，三个人去看了下工作场地，徐经理把三天内最主要的工作和最紧

急的工作列了出来，乐乐也把自己的想法和两位经理聊了聊。

工作的地方离市区有点远，要找到还真需要点工夫，办公场地的环境也不算好，没有电脑、电话，还得先用公司统一对外的客服电话号码，感觉就是白手起家。想上网是不可能的，幸亏带了笔记本电脑和无线上网卡，在办公地点也可以随时了解收到的简历数和广告的上线情况。

乐乐说："招聘工作是项目前期的重点，需要两位经理帮忙。"

江经理没吭声，也看不出来是答应还是不答应，徐经理好像还有些疲惫，没精打彩。

乐乐心急如焚，但还是耐下性子："要不我再想想还有什么更好的方式。两位经理也有很多事情要做，尽量不麻烦你们。"心想："这气氛不太好啊，如果这样下去可真让人担心。可转念又一想，干着急也没用，还是得想办法。以前和他们也不熟，只是工作上有点交集。现在要和他们合作并且得取得帮助，需要和他们俩好好聊聊，建立起良好的关系，师傅也强调了良好的团队关系很重要。干脆请他们吃个饭吧，吃饭这个普通得不能再普通的老套方法应该还是非常经久耐用的。慢慢吃，慢慢聊，不着急。"乐乐心里又燃起了希望。

"两位帅哥经理，我们今天晚上去哪里吃吃东北特色菜吧？我请客。咱们多吃点、多喝点，不醉不休。"乐乐笑嘻嘻地主动发起邀请。

江经理的眼睛突然亮了，立刻兴奋起来。"好啊，可以补上中午的那顿酒了。咱东北啊，烧烤特别好吃，晚上我们只吃饭喝酒，不谈工作。"

"好啊，我最爱吃烧烤了。江经理，东北的烧烤有什么特色？"乐乐是个好奇宝宝。

"哈哈，不告诉你，晚上就知道了。"江经理故意卖了个关子。

晚上三个人热火朝天地吃了很多烧烤。江经理突然说："咱们东北喝啤酒要拿瓶的，来，咱们干了。"

说实在的，以前乐乐还真没怎么喝过酒，但那时候也不知道是哪里来的勇气，竟然有勇气干了一瓶。

江经理说："不错啊，乐乐能喝啊！就喜欢你这种爽快的。我最不喜欢那些其实可以喝，还假装说自己不会喝的女孩了，你这么豪爽，咱们可以成为好兄弟啦！以后有啥事尽管开口，合作愉快，干啦！"三个人又猛干了一瓶，当晚的气氛和中午的情况完全不同。

三个人一起回到了酒店，徐经理交待道："明天我们早8点准时在一楼集合。”大家就互相散去。

第一次来到北方，乐乐心情还是很激动的。与刚才热闹的情景相比，乐乐内心很快沉静下来，进入了明天工作场景的想象中。

趁着还清醒，乐乐不敢松懈，毕竟知道任务摆在那里，一定是要拼命完成的。看了下当地的招聘信息及同行需要的人员相关信息，又复习了一下师傅交待的事项。一忙就忙到晚上11点了，但乐乐似乎一点困意都没有。躺在床上，乐乐还是不自觉地打了几个哈欠，踏实地进入了梦乡。

应对意外状况的对策

早上一到办公场地，三位伙伴就开始各就各位了。项目开始的重头戏在乐乐这里，乐乐赶紧把可用的简历下载，开始了第一批人员的预约工作。还没开始打电话，徐经理就走过来问乐乐要不要帮忙，没过一会江经理也过来表示如果乐乐需要帮忙，他可以随叫随到。

乐乐很开心，心想这个时候还真是不能客气，可以找人帮忙的活也绝不自己揽着。乐乐把早已准备好的相关邀约信息和内容写出来并告诉了两位经理，两位就开始帮忙干活了。乐乐在旁边听了一下，发现两位的邀约方式既自然流畅又把握得当，预计求职者的到达率不会低，乐乐真心想给两位经理点个赞。乐乐的心也开始舒坦一点了，觉得比较有把握，预计人员到达率应该不会低于80%吧！

晚上下班，大家聚在一起。乐乐和两位经理说：“咱们打个赌吧，猜猜明天会来多少人？”

徐经理的大眼睛习惯性地往天花板上看了看，想了想比较谨慎地说：“我们今天约了大概90人，应该来个60人左右吧。”

“不会这么少的，至少75人以上。”江经理信心十足。

乐乐心想：“到达率至少(实际到达人数/预约面试人数×100%)应该在80%以上吧，这只是在广州到达率的及格线呢！”

没想到实际情况与预想的大不相同，第二天候选人的到达率只有10%。面试很快结束，三个人面面相觑，乐乐更是愁的整张脸像苦瓜一样。

乐乐心里不断在想到底是哪里出了问题，正当脑海里一片空白的时候，手机

响了，顺手接起电话，无精打采地回应："师傅，惨了。大连和广州的情况还真的不同，和我们想象的完全不一样。今天候选人的到达率才10%啊。太可怕了，太不可思议了！"

"嗯，这样子。先别着急。吃饭了没？"师傅仍然嘘寒问暖。

"还没呢，师傅。我们在想到底哪里出了问题。邀约电话没问题、预约的人员没问题、时间也没问题，似乎什么都没问题，可到底是为什么呢？急死人了！"乐乐声音都带着哭腔。

"乐乐，你把每个环节理一下，每一个细节都列出来，再来看看具体是什么原因？总是有方法的。"师傅指点得很清楚，"不着急，头脑要冷静。肯定是哪个细节出了问题。"师傅似乎找到了症结。

放下电话，徐经理苦笑地安慰乐乐："正常啦，咱们公司在这里是新开的项目，而且咱们办公地点比较偏僻，到达率低可以理解。"

江经理也接过话茬："没关系的，再努力吧！"

乐乐勉强地笑了一下，有些难过地说："虽然确实有客观原因，但怎样也不至于这么低，太让我意外了！"

乐乐在脑子里把所有的环节又回想了一遍，似乎所有的环节都很完美，而且还有两位经理帮忙邀约，话术比我之前说得更好。到底哪里出了问题呢？难道这些预约话术到外地就没用了？这里的人是什么特性？为什么不在乎工作机会呢？关键是邀约的时候也没有被拒绝啊？明天如果还是这样的情况，我该怎么办？

习惯性拿起手机，乐乐看到手机上有几个未接电话，全是人才网站的招聘顾问Linda的电话。

乐乐心情不好，一点儿都不想打过去，只是出于礼貌，还是回复了。电话中传出Linda欢快的声音："您好，请问是哪位？"

"Linda，是我，李乐。"乐乐低声回应。

"哦，是乐乐呀！你的电话来电显示怎么是5个号码啊？"Linda很惊讶。

"不会吧，这个不是公司统一客服热线的号码吗？那如果你打这个号码可以找到我吗？"乐乐猛然惊醒。

"当然不行啦！"

"原来是这样啊！我连这个都没想到。要不是Linda今天打电话，我还没想到是这个环节出了问题。"乐乐"脑洞"大开。

乐乐赶紧叫上两位经理，大家齐心协力一个一个把昨天预约的人员电话全部打了一遍。确实有40%左右的人员是因为找不到公司地点，电话又联系不上导致没有来参加面试。

乐乐立刻在邀约候选人的电话中增加了可咨询的联系方式及公司周围标志性建筑，而且在候选人预约面试到达时间的前后半小时内留专人在座位接听电话。虽然当天忙到晚上8点多，但乐乐觉得明天肯定会有不少人来面试，所以心情很愉快。

晚上回到酒店，乐乐发了微信给师傅，反馈了事情的结果。师傅夸奖了乐乐，但还是提醒乐乐再想想有没有其他原因。

乐乐觉得有点累了，躺在床上回顾了今天工作遇到的事情，突然觉得自己还是不够冷静。其实不论做什么事情，需要注重每一个细节和每一个环节，而且在遇到问题之后一定要环环检验，找出问题所在。当现实状况远远低于常规情况的时候，一定要引起警惕，不能只考虑客观因素，更不能想当然。想着想着，乐乐进入了梦乡。

初战告捷，宜将剩勇挖渠道

新的一天，招聘的情况确实不同。候选人的到达率基本达到65%以上。三个人觉得总算没有白忙乎，大家相视一笑。

心情一好，大家觉得只有美餐一顿才能满足自己那种兴奋的情绪。乐乐开心地和两位帅哥经理说中午大家好好吃一顿。

“谢谢两位经理的帮忙。”乐乐真心感谢的话脱口而出。

“今天我们的收获很不错，按这样的状况，完成任务肯定没问题。”江经理总是信心满满。

徐经理却若有所思：“现在还不能开心得太早，预计后面还会遇到一些问题，我们要想办法一起解决。”

人无远虑，必有近忧。虽然用了不少各类点击率较高的网络招聘广告，招聘效果也初见成效，但乐乐发现收到的简历数量逐日减少，从招聘进度预估，预计还是不能满足需求。想想正在用的招聘渠道，目前只用了网络渠道，虽然也花了不少钱，似乎还是离期望的简历数量有些差距。乐乐心里盘算了一下，其实还有

招聘会、报纸、内部推荐、学校几个渠道还没有用。

内部推荐目前还不是时候，毕竟第一批员工都还没有入职，在面试的时候就让应聘者进行推荐，应该不太好。招聘会这种方式，曾经听说在当地的效果很差，报纸上登广告似乎可以尝试一下。

乐乐把想法和两位经理聊了一下，想听听经理们有没有更好的建议。江经理直接说："这方面你专业，你决定吧。"

乐乐想："记得师傅以前提过，首先要把招聘渠道打开才能满足人员招聘的需求。刚到一个陌生的地方，虽然之前也了解了一下渠道的有效性，但毕竟需要的岗位不同、人员不同。现在网络招聘渠道似乎用得差不多了，如果尝试用现场招聘会、报纸渠道或许也不错。想到之前联系过的那个同事，或许可以让其帮忙找一些当地的渠道。"

乐乐向来行动迅速，想到就开始做。虽然这个阶段还不是大范围进行的时候，但只要觉得有戏，就要大胆尝试。

"美女，你在哪儿呢，有空见见吗？"乐乐打电话给大连的前同事。

"好啊，哈哈。我过来找你吧，晚上我请你吃东北正宗烧烤。"电话里传出爽朗的笑声。

"好啊，那你过来找我呗。我还要向你好好请教请教呢。"乐乐愉快地结束了通话。

好久没见的同事请乐乐到一家东北韩式烤肉店吃饭，两人相谈甚欢，互相夸对方是美女，嘻嘻哈哈了不短的时间。

"吃点鸡脆骨，弄点孜然粉，味道很不错的。"同事夹了块鸡脆骨给乐乐。

"味道确实不错，我再吃一块。"乐乐也毫不客气。

"大连挺漂亮吧？有没有去周围逛逛？马上元宵节了，可以去看烟花哦。"同事兴奋地推荐。

"确实挺漂亮的，但是我现在还没有心情去看。"乐乐面带愁容。

"怎么了？工作开展得不顺利？"同事关切地问。

"是啊。我们的办公地点较偏僻，第一天面试到达的人员没把我吓晕过去，只有10%。后来解决了这个事之后，现在发现简历数还是不够。还想请教你有哪些比较好的招聘渠道。"乐乐和盘托出，内心焦急。

"其实招聘渠道也就是那些，但我们这边有特色的职业介绍所。北方地区职业介绍所还是有一定的影响力和作用，这个方法也可以尝试一下。你要招聘的岗位，用这个方法试一试呗。你看这样行不行，我明天找一些职业介绍所的联系方式，顺便也找一下朋友帮忙介绍些人，看看有没有用。你把职位信息写给我一下。”同事说出了解决方法。乐乐心里感激不尽，同事真是重情义。

“好啊好啊，太感谢了！我现在就写给你。”乐乐急忙从包里拿出纸和笔。

“行动派啊，等会吃完了再写也不迟的。”同事呵呵笑了一下。

乐乐觉得又有新的希望了，内心窃喜。

酒足饭饱之后，迅速写完人员要求，乐乐和同事告别后回到酒店，赶紧上网搜索了一下当地的人才网站及职业介绍所，突然还想到可以加一下当地的人力资源交流QQ群。

乐乐静下心来，把所有可以想到的招聘方法都列了出来。想想不管白猫黑猫，能抓老鼠就是好猫。不管渠道效果怎样，先尝试用用或许就是好渠道。

同事也非常给力，一下子提供了40多个候选人可以参加面试，还提供了当地四家职业介绍所的联系方式。

乐乐和两位经理同时联系好了近期可以安排的现场招聘会、报纸招聘版。第一次在外地参加现场招聘会，发现不少同行的公司都在招人。乐乐心里又开始打鼓了，之前怎么没想到避开一下呢？也没办法了，既然来了，努力想办法达到目标吧。

三人赶紧在招聘会门口沟通了一下，想了想现场招聘策略。两位销售出身的经理有了好主意，“怎样让求职者认识我们公司，怎样突出我们职位的优势，主动出击是关键”。

大家经过讨论，决定用蓝色粗笔在招聘会印刷的广告中勾出职位的优势和吸引点，同时需要江经理站在招聘展位前并经常走动到招聘现场中间主动和求职者介绍公司的情况。没想到当天的招聘效果还真不错。

后来大家也逐步摸索出规律，发现周二、周四招聘会效果会比较好，报纸上的招聘版块是周一、周五的效果较好。按照这个情况，乐乐日常以网络渠道为主，同时按时间规律进行招聘会、报纸上的宣传铺垫，同事介绍的职介所也经常推荐不少候选人来应聘，招聘工作也就这样按部就班地顺利开展起来了，候选人源源不断，进展越来越顺利。

乐乐开始体会到初到一个陌生的地方进行招聘工作，在渠道的运用上可以多尝试几种方式，或者将几种方式交叉使用，最终搭配出最合理的招聘渠道。

其实不管哪种招聘渠道，在不同的地方、不同的情况下，预估效果也不太一

样。所以在可控的招聘费用下，大胆、合理尝试一些方法是很重要而且也是必要的。乐乐开始有点自己的体会了。

人资人员是团队和谐的调和剂

为了招聘工作的长远发展，乐乐决定见缝插针，抽空把之前师傅提供的当地的大专院校都拜访一次。三个人分头行动，打算在两天内完成这项工作。外面下着鹅毛大雪，室外气温低至零下12度，乐乐穿着厚厚的羽绒服，全副武装地出门了。

找到学校就业指导中心的老师，做了自我介绍和公司介绍之后，乐乐留下宣传海报和职位介绍宣传单。终于拜访完了计划中的学校，乐乐准备和两位经理碰一下头，聊聊对于校园招聘这一块怎样进行接下来的工作。

没想到在酒店的门口碰到徐经理，正在抖身上的雪。“好大的雪，冷死了。”两位异口同声地说出这句话。

徐经理笑着说：“我们打个赌，江经理肯定没出去，正躲在宾馆里看电视呢。”

乐乐笑笑说：“你别这样想，反正我们都分配好了任务，完成就好。”两人边走边说，走到江经理房间门口，发现他还真是已经在温暖的房间看电视了。

看到乐乐和徐经理回来，江经理笑着问：“咋样？学校那边热情不？”徐经理详细说了下自己和学校打交道的情况，说递了名片、把公司简介等资料也都给了学校就业办的负责人。“你那边怎么样啊？这么早就回来了？”徐经理似笑非笑。

江经理笑而不答。乐乐和徐经理眼神对视了一下，心照不宣。后来才知道江经理让一个朋友帮他去学校逛了下，他自己就在酒店里休息了一下午。晚上三个人没有一起吃饭，乐乐明显感觉徐经理心里有点堵。

乐乐牢记师傅的教诲，人资工作人员要做好团队的润滑剂，要做好团结工作。赶紧找到徐经理问：“咋了，怎么一脸的惆怅，是因为江经理没有亲自拜访学校的事？”

徐经理说：“有一点，凭什么我们在忙，他却想办法偷懒，还理直气壮。”

乐乐笑着说：“不用不开心的，每个人都有自己办事的方式。你是觉得吃亏了？”

“当然不是，只是觉得不公平，干活的人累死，他倒是落得清闲。”徐经理有些怨气。

乐乐伸了伸舌头，也不知道该说些什么。只是不断地安慰徐经理，让他开心点。后来徐经理想了想说："算了，反正不管采取什么方式，达到目的就行。他虽然偷懒了，只要可以完成分配的任务就成，具体的细节咱们也没必要再费这脑筋追究了。"

两个人又聊了聊之前各自的工作、曾经遇到过的职场故事。徐经理也谈到了自己的职业生涯，自己一直很能吃苦，也肯干，但有时候情绪有点控制不住，所以在之前的公司，职场之路并不平坦。他也希望通过这次新项目的建立让自己有一个崭新的开始。乐乐觉得仨人搭配在一起应该还是挺不错的，一个实干、一个机灵，而乐乐就是中间的润滑剂。

乐乐本以为昨天的事情结束了，可到了第二天两个大老爷们儿还是不说话。没想到男人之间生起闷气来也很恐怖，两位经理就一直没什么话说，都让乐乐做传声筒了，乐乐只好不停地找话题让大家可以聊一聊。

晚上乐乐安排大家去楼下咖啡厅坐了一下，说是要把这几天的工作做一下总结。谁也没主动开口，后来江经理把自己写在笔记本上的总结拿给大家看，还真做得不错。气氛也有所缓和，大家开始聊自己的想法和体会。

乐乐大声说："以后我们不能遇到事情就闷闷不乐，遇到问题就直接说出来。如果闷着，不但影响团队氛围而且影响工作。两位帅哥，是不是嘛？"

徐经理、江经理接过话茬说："我们所有的努力都是为了准时保质保量地完成工作目标，如果遇到任何问题，一起想办法处理解决，大家心平气和做事才会更有效率。"

乐乐又得意地补充了一句："男女搭配，干活不累。我们女同胞的调节剂作用还是不可小视的。"

两位经理相视一笑，低声嘀咕了一下。乐乐装作没看见，只顾着品了品香浓的咖啡。

人资招聘人资，要讲缘分

徐经理一大早笑呵呵地说："总经理夸我们工作进展顺利，希望我们继续努

力。”乐乐一下子像被打了强心针，觉得之前的努力没有白费。

基层员工的招聘基本告一段落，乐乐的项目支援工作也开始慢慢接近尾声。可是乐乐的接手人，大连当地的人事专员还没招到。什么渠道都用了，可就是没遇到乐乐心目中合适的人力资源专员。

在乐乐的心目中，需要找到一个善良、对人真诚、热心、乐意帮助人、不计较得失的人资专员，乐乐觉得这样的人才是最适合这个岗位的，但又矛盾地觉得是不是自己太挑剔了。

每天看到投人力资源岗位的简历如雪片般，面试也一场接一场地进行，不是专业度不够，就是稳定性令人担忧，总之就是没遇到各方面都让人心仪的。招聘时间也已接近两周了，还是没有任何进展，乐乐心里开始有点慌了。之前也听说这边的人力专员不太好找，没想到这么难。有时想想人资招人资也确实有点痛苦，因为总喜欢用自己的标准去要求别人，总习惯性地去找一个类似自己的人。

做招聘的人都知道，对于不同岗位的招聘都会有时限的要求，这样的基层岗位一般要求是15天内完成。时间马上到了，可八字还没一撇。

师傅也不时打电话催促：“乐乐，还没有招到人资？遇到什么困难了？”乐乐只是说：“没有遇到困难，但就是没遇到合适的人。”

“不能太苛刻，要不很难找的。但基本标准不能降低。”师傅说了句。

乐乐心想，这个岗位不难吧，到底怎么回事呢？但越被催越心急，越让乐乐感到全身难受。好久没有这种被人追赶的压力了，弄得乐乐晚上做梦都是在招聘人资。

两位经理也不知道怎么安慰她，又怕提起这事会给乐乐带来更大的压力。“怎么办，怎么办？乐乐陷入深深的苦恼中。也设想了很多场景：“突然就来了一个合适的呢？”“或许明天就来了呢？”

其实乐乐还真是见了不下30多个候选人，有时候乐乐真想两眼一闭随便找一个人算了，但还是过不了自己心里的那关。如果真的不合适，到时候用了没多久就要换人不是更麻烦？

又见了20多个人资候选人，乐乐真的想放弃了。乐乐体会到师傅的那句话：“面试真是讲眼缘，就是那种模模糊糊的感觉，让你突然觉得就是这个人了。”自己曾经也记得有本书上说过关于艺术的模糊度，感觉就很类似。有时候觉得到了面试的高级阶段，面试官看到的不是任何标准、任何规范，而是由这些标准、规范虚化后形成的一种意境感觉。可能在一定程度上这种说不清道不明的模糊感觉，或许正是最重要的，或许雾里看花就是最高境界。当然这些还是建立在行为面试方法的基础上的。

乐乐开始觉得有些失望、失落，甚至有些绝望了，在内心已经开始做了最坏的打算。如果真招不到怎么办，被批评、被人嘲笑等等，大不了自己继续在大连奋斗一段时间。今天的天气也阴沉沉的，有点失落的乐乐，懒懒地回到酒店，习惯性登录QQ。其实来之前曾经就加过几个当地人力资源的专业群，虽然没指望有什么收获，但也就这么加了，总想着算是一个渠道。

看到不少群都有人在聊天，还挺热闹。乐乐无意识进到一个当地的人力资源群里，简单介绍了自己之后，就发布了一下关于人力资源岗位的招聘信息，也没指望能有啥收获。但没有想到的是，居然有一个网友回应了，并介绍了他想推荐的朋友。

乐乐很快浏览了简历，似乎也没有特别的感觉。反正没有合适的人选，也没抱什么指望，就主动约了群友推荐的朋友见个面。第一次联系还没约到，第二次才联系到。通过在电话里的沟通，乐乐觉得这个人性格开朗、独立，有一定的魄力。心中暗暗窃喜，感觉有戏。

正式面试那天，乐乐和应聘的人聊了不少。虽然觉得对方在人力资源专业知识方面还需要磨炼，但是被对方的那种执着、不达目的不罢休、坚持的精神深深打动。

乐乐问："你之前做了不少招聘方面的工作，能不能描述一件你觉得很有触动的事？"

对方稍微思考了一下，就谈到她自己曾经招聘过的一个候选人。"经过是这样的。为了让候选人加入我所在的公司，我把思想工作都做到了候选人的家人身上了，而且建立了很好的关系。为什么要做得这么深入？是因为我觉得我们公司可以吸引到候选人的条件并不多，但我们又非常需要这样的人才。候选人不是很愿意说出自己的想法，而我觉得只有真正了解到候选人的需求，才能抓住人才。"

"那后来情况如何？"乐乐又问。

"我一直和候选人及他的家人保持联系，最终把这个人引进公司。"说到这里女孩子脸上荡漾着幸福的微笑。

乐乐觉得她的精神可嘉，满意地笑了一下。面试结束后，这个女孩子很自然地主动问乐乐是否需要一些招聘渠道的信息，而且把自己了解的招聘渠道和联系

方式都告诉了乐乐，整个过程自然、热情，让乐乐很感动。

乐乐心中认定人事专员人选就是这个女孩了，而且在招聘同行的过程中，乐乐觉得不论做什么事情都要学会坚持，不要放弃，因为缘分总是会来到，只要用心。“山重水复疑无路，柳暗花明又一村嘛”乐乐自言自语道。

正在开心的时候，手机响了，是师傅的电话。

“乐乐，你那边工作怎么样了？好几天都没消息。”师傅有点担心。

“师傅，不好意思，我最近下班都比较晚，所以一直都没和您联系。对了，告诉您一个好消息，我终于找到满意的人事专员了。”乐乐说。

“好啊，你把简历发给我，明天我电话面试一下。好事！”师傅也替乐乐开心。

“呵呵，是啊，太开心了。”乐乐欣喜地说。

适时的总结是必需的

“乐乐，你也在项目组做了快三个星期了。记得写一份总结，把整个招聘的情况反馈一下。记得我之前给你的文档里有一个总结吧？随时反馈目前的进度和遇到的困难，以及解决的方案还是很重要的一个环节。”师傅交代得很详细。

“好的，师傅，我今天晚上就写。”掐指一算，乐乐突然察觉自己还真是好久没和师傅沟通了，也没及时把目前的状况向上反馈，估计两个经理早就主动汇报了，以后可得注意。

幸亏之前把招聘的数据都做过整理，乐乐先把招聘的数据统计好，然后写了一篇感悟。

大连项目人力资源工作感想

——李乐

到大连已经有19天的时间了，日子过得真快。很感谢领导们对我的关心和大力的帮助。我将自己工作的情况做个总结，通过这次大连之行，我也有些感想，写出来请领导指正。

1. 招聘情况和下一步工作进度(见表1-5和表1-6)

表1-5　招聘情况汇总

序号	职　位	正在培训中人数	已通过面试人数	备　注
1	销售人员	30	10	
2	客服人员	35	15	
3	人事专员		1	

表1-6　预计进度

序号	职　位	目标人数	努力目标人数	备　注
1	销售人员	40	45	
2	客服人员	50	15	

2. 目前已经使用的招聘渠道及分析

(1) 网络招聘(前程无忧网、智联招聘网)，前程无忧报纸(在2月24日用了一期前程无忧1/2版广告)，现场招聘(参加了两场，其中一场是3月6日大连最大型的春季招聘会)，人力资源中介公司，校园招聘宣传。

(2) 从招聘人员分析，现场招聘和网络招聘是主要渠道。网络招聘人员质量较高，但简历数量不够。现场招聘则相反。往届生和应届生比例是3∶1，本科生和大专生比例约1.1∶1(根据情况调整，加大大专生比例)，男女比例是1∶3。

3. 下一阶段可增加的招聘渠道和招聘方法

(1) 已开始启动内部推荐人员，控制比例即可。

(2) 重点和大专、职业技术学院就业指导中心的老师合作。

(3) 专业QQ群，主动筛选简历(启发来源于人力资源岗位的招聘)。

4. 感想

(1) 关于解决求职人员到达率的问题：刚开始招聘时，人员到达率很低，最低的时候只有10%左右，经过分析发现虽然在通知电话里告知了地址和乘车路线，但还是有很多人找不到，而且我们打出的电话是公司统一的客服电话，如果对方想咨询时没办法打入。

针对这一问题，我们的对策为：

① 给每个求职者留下可咨询的联系方式；

② 在每天约定面试时间半小时内留专人在座位接听电话；

③ 将公司周围标志性建筑告诉求职者，以便其参考。

结果：目前求职者的到达率基本在60%以上，最好的一次达到85%。

(2) 关于怎样让求职者更加了解公司：第一次参加现场招聘会的时候发现不少同行都在招人。部分企业在大连的知名度比较高，所以关注的人很多。怎样让大家迅速认识公司，如何突出我们职位的优势。

针对这个问题，我们的对策为：

① 在广告中突出职位的优势，简单明了。

② 在招聘展位前主动向求职者介绍公司的情况。

结果：关注的人多了，自然容易出现合适的人选。

(3) 对于业务知识的学习，在下一阶段的工作中我自己也需要更加努力，了解招聘到合适的人员最需要具备的能力，怎样用更合适的方法去选才，加快快速，缩短招聘周期。

(4) 对于目前已培训人员的团队建设，也是接下来需要重点去关注的工作。

第一批人员培训正式开展了，工作也都上了轨道。项目组的两位经理已开始重点进行业务方面和团队管理方面的工作了。

新的人事专员即将到位，乐乐准备回广州了。师傅打电话表扬乐乐："在大连那边的工作可圈可点，总体来说还不错。"

得到师傅的认可，乐乐心里美美的。

乐乐回家第一战——了解新团队

事情总是不断变化的，本来乐乐打算稍微舒一口气，趁周末在大连逛一下。没想到临近下班的时候，一个电话让平静的心又紧绷起来。

"乐乐，你下周一必须回到广州上班了。事情比较紧急，部门有两个同事调动，你要回来接手一个同事的工作。目前是一个实习生在帮忙，所以你得赶紧开始关注广州这边的情况。"师傅的电话，让乐乐的神经一下子绷了起来，脑海里出现"我是革命的一块砖，哪里需要哪里搬"。

挂了电话，定了机票马上奔赴广州主场。

周末回到家中，乐乐想了很多，突然开始依恋起这个刚组建起来的团队了。要去接手服务一个自己陌生但却相对成熟的团队，或许更不容易。新组建的团队，在刚开展工作时的辛苦自然不言而喻，但毕竟是新团队，大家的目标也非常明确，很容易劲往一处，而且新入职的员工对组织的期待度非常高。作为人力资源人员，只要把项目团队的成员团结好，把基础工作打扎实，人员管理这一块还不会太难，而且新团队刚成立不存在历史遗留问题，比较单纯。况且组建团队时从面试到后续的入职环节人资人员都与新员工有密切的接触，大多数新员工对人资还是报有感恩的心态，对人资也比较尊重。想到这里，乐乐觉得筹建新团队还是很幸福的，不由自主地沉浸在美好的回忆中。

想想好不容易把新团队的招聘工作完成得差不多，又得要去接成熟团队的人力资源工作，心里有些不安。乐乐也知道，即将要服务的销售团队已成立三年多，虽然之前一直平稳，但偶有涟漪。据了解，因为公司业务发展的原因，目前该团队处于急速扩张时期。这种时期，人力资源方面容易出现一些意想不到的问题：有的员工可能突然找不到职业发展方向要选择离职；有的员工觉得个人发展不理想，可能怨气也不小；有的员工对团队的疲惫感强了，对团队的新鲜感没了，而且总处在变化中，觉得心里没有安全感，还有一些盘根错节的关系也会让人非常头痛。准备调动的同事负责这个部门的人力资源工作时间不长，经验也不多，恐怕隐藏的问题也不少，实习生Cindy在帮忙处理日常工作，恐怕也很容易出现问题。

但这也是锻炼自己的一次好机会，乐乐这样开导自己。脑海里想了很多很多场景。无论如何，还是得面对，不管多么复杂的情况。做人力资源工作不就是需要解决企业人员管理方面遇到的问题和困难吗？况且师傅也在，而且准备调动的同事还会交接一段时间，可以赶紧了解一下。

周一一上班，Cindy见到乐乐像见到了救命草一样。而乐乐一上班就像开动了马达的机器一样，全身心扑到工作中，全然忘了大连的美好日子。

乐乐觉得最重要的是先了解部门的情况。从人事信息开始看，逐步了解到部门的情况，乐乐发现情况比自己原来想象得还复杂。部门主管级以上的人员85%以上都是从内部提拔上来的，乐乐想主动和主管们走得近一点，了解一些情况，可根本没人搭理。基本都是统一的一句“不好意思，工作太忙”了事。

有时候看到主管们有问题过来找人资，乐乐都非常主动迎上去，主动提出帮忙，可主管们都客套地笑一笑之后，去找准备调动的那位人资同事了。

很多信息乐乐感觉只能通过“二手渠道”获得，这可怎么办才好？在大连的时候，三人组合其乐融融，感觉很温暖，可是现在……乐乐更加想念在大连的日子了。怎样快速融入是当前的一个重要问题。

中午的时候，感觉稍微没那么忙了。乐乐主动和同事聊了聊。“感觉主管们都好忙哦，我连找个人说话的机会都没有。”

准备调动的同事说：“是啊，主管们确实是很忙，关键是他们和你还不太熟悉，所以也不敢说什么，你别介意啊！我虽然接触他们有一段日子了，主管们说话还是很谨慎，可能这里的关系也不简单，担心说错话吧。”

乐乐说：“我也明白，其实我只想看看有什么可以帮忙而已，唉……”

“我觉得人力资源这块儿的工作没理顺，很多时候比较混乱。每天忙着到处救火，我觉得好累。”同事很疲惫地说。

乐乐也能感觉到，每天看到同事忙得飞起来，自己也没有找到一点思路，感觉一团乱麻，总觉得有千万个问题会出现，也不知道如何着手，想找个人问问似乎也难。

准备调动的同事只是把例行工作内容列成表，机械化地进行交接。但实际上，更多的细节是在于了解人的层面。

实习生Cindy虽然对市场部的情况大致还算了解，但毕竟经验不足，有些事情她也不了解。而且目前她的日常工作量超饱和，处理日常的事务都已经让她很辛苦了。

“师傅，方便讲电话吗？有没有空？想和你聊聊。”乐乐很想从师傅那里寻求帮助。

“是不是觉得压力很大？和之前工作的感觉不同吧？”师傅在电话里笑了笑。

不一会儿，师徒两人见面了。

“师傅，我好痛苦啊。我仔细想过，目前部门正处于人员大规模扩张期，招聘、员工关系、制度流程、薪酬都是重要的部分。眼下最重要的是招聘和员工关系的处理。之前的人力资源同事不稳定，平均工作时间还不到两年，而且基本都是独立摸索，所以专业性等很多方面需要进一步学习。我们目前离今年预计的人员编制还差将近70%，而且在招聘渠道、方法等方面都需要进行完善。感觉千头万绪。”乐乐有点抱怨地倾诉着自己面临的问题。

“是的，你说得没错。接手老团队，首先需要对整个团队的组织情况进行了解，例如整个团队的领导风格是怎样的，团队成员年龄分布、男女比例、加入公司的年限长短、团队成员内部晋升情况、内部晋升与外部招聘的人员占比等一系列的情况进行分析和了解。同时刚接手的时候，作为人资非常需要和部门的负责人进行详细的沟通，最重要的是了解部门负责人对人力资源这块工作的想法、期望及困惑。如果通过你的努力，真正帮助他们解决了实际问题，那就很容易融入团队了。

据我了解，目前团队处于快速扩张期，招聘和员工关系方面需要下很大工夫。一般来说，当大量招聘新员工的时候容易出现一些员工关系问题，是因为有时候忽略一些细节导致的。在这种变化较多的情况下，需要针对不断出现的新变化找到自己灵活应对的方法。一定要记得和部门主管、经理们处理好关系，这样事情推动起来也会容易些。注意方式方法，学会思考。”师傅想提点一下乐乐。乐乐记录下来并点了点头，心里还默默地给自己鼓劲儿：“应该不会出啥事，顺顺利利！”

乐乐回家第二战——假学历事件

怕什么来什么，没想到乐乐很快就摊上事了。

“乐乐，我这边出事了。有一个员工被查出是假学历，需要立即停止工作等候处理。现在员工在大闹。” 一大早Cindy跑到办公室，连珠炮似的对着乐乐说，能感觉到她心里很害怕。

“具体说说是怎么回事？”乐乐保持冷静。

“是这样的，部门有一个入职了两年的员工，之前她的学历是大专，前不久因为她参加内部竞聘，竞聘上新的岗位，但这个岗位的岗位说明上有明确的要求，需要本科学历，而当时她应聘的时候拿出了本科学历证复印件和本科学历鉴定的复印件。我当时也没太注意，一时疏忽，忘记在国家学历查询平台上再做确认，就按正常流程让她从事了新岗位的工作，也做了劳动合同变更。前几天，负责员工关系的同事进行人员档案核查的时候查出她的本科学历是假的，而且给出的建议是要和员工解除劳动关系。我就傻了。”Cindy有些惊慌失措，知道自己做错事了，又很怕面对。

“走，我们一起去找员工谈谈。”乐乐似乎胸有成竹。

找到员工，三人走进会议室。

“你的本科学历是什么时候拿到的？学了些什么课程？”乐乐开门见山。

“拿了有一年多，学的都是市场营销方面的知识，很多课程也记不太清楚了。”员工回了一句。

“在哪里学的？”乐乐又问。

“在中山大学上的夜大，很辛苦的。”员工还继续描述着，但眼睛却魂不守舍。

“我了解到中山大学这几年都没有办市场营销本科专业哦。你提供的复印件在学历鉴定网上也查不到。具体是什么情况，说说看？”说完乐乐就发现手中的学历证复印件上没有任何签名，心里就慌了。

“这张学历证不是我提供的，我不知道是谁提供的。”员工突然斩钉截铁地说。

乐乐的脸一红，也不知道说什么了。“那你明天提供你的本科毕业证复印件。今天我们是想向你了解情况，先聊到这里。”急匆匆说完，乐乐就赶紧撤了。

回到办公室，乐乐这才想起来问Cindy：“你和员工沟通过假学历的事情？”

“是啊，接到指示后我就和员工聊过一次。其实我找员工的时候，已经感觉到员工有所准备，可能是做贼心虚的缘故吧。”Cindy继续说，还顺带调侃了一下。

“你怎么不早说呢。那你第一次找员工谈之前有去查一查员工的档案资料吗？她提供的材料有仔细看过吗？”乐乐主动询问。

“呃……呃……没有呢。”Cindy无言以对，“所以当我后来想起来要去查的时候，发现员工当时提交的学历证复印件没有写上常规的那句‘本件与原件相符，如有虚假，本人愿意承担一切责任’，也没有签名、写日期。所以当时我就不知道怎么办了。”

“那你怎么又没告诉我呢？”乐乐开始有些烦躁，但还是尽量保持心平气和。毕竟对方还只是个实习生，才到人力资源部没多久，不能怪她。

“我以为你有什么高招呢，所以也没想起要说这个。”Cindy似乎觉得委屈。

“那你当时谈的时候有没有发现员工的特殊行为或语言？”乐乐又问。

“当时员工很主动想邀请我去一起吃饭，可是我果断拒绝了。我当时只是想这个员工想和我套近乎，没门！在谈话的过程中，员工反复提到自己其实很在意这份工作，因为知道自己只是学历不够，但其实可以胜任这份工作。希望公司可以原谅之类的话。”Cindy的声音有些低沉，感觉有些懊悔。

“那后来呢？你又说了些什么？”乐乐继续问。

“后来我直接提到员工提供的学历证复印件是作假的，严重违反了公司的规定。我直接和她说这个行为很严重，会被辞退等。”

“你当时有想过这样说会有什么后果吗？”乐乐又问。

“我当时没多想，也没想过后果有多严重，反而员工在谈之前是有备而来，有招接招。开始员工的态度还挺好，和我相谈甚欢。当听到我说到辞退的话之后，员工直接反悔说学历证并不是她本人提供，没有理由对她采取任何行动。”Cindy的声音越来越大。

“现在已经到什么程度了？”乐乐又问。

“员工说已经请了律师，会为她做主。如果公司因为这个学历作假的事情辞退她，她会以法律手段解决。而且在同事之间传播这个事儿，影响也会很大。”Cindy忐忑地说道。

乐乐脑子里嗡嗡作响，觉得一团乱。心里只有一个想法：“师傅，救命！”

赶紧和师傅汇报了这个情况。

“我会和上级部门反馈这件事。不要继续激化和员工的矛盾，稍微缓和一下，告诉员工我们会一周内解决这件事，希望她先正常工作。毕竟我们的工作有疏漏，即使员工造假在先，但没有证据什么话都没用，协商解决是最好的。我们看看有没有其他符合条件的岗位可以调动，但员工作假这个事情还是希望员工可以自己承认。”师傅交代了一下。

“好的，我会和员工有话好好说。谢谢师傅！”乐乐挂断电话。

其实员工本来早想承认自己作假的事情，和员工做了一番推心置腹的谈话，当双方都坦诚相待的时候，这位员工很快交代了自己的情况。

鉴于员工工作的表现及绩效状况，人力资源部商议决定让员工继续从事目前的工作，根据后续的绩效再进行之后的工作安排。同时让员工手写一份情况说明，保证今后会遵守公司的制度规定。

事情最终解决了，员工也继续在工作岗位上安心工作。乐乐和师傅就这件事聊了聊。

“这件事给我们留下很多思考，也给我们敲响了警钟。首先日常的基础工作没做扎实，制度流程上是不断强调员工提供的资料上必须有个人签名和日期，但还是会有缺漏出现。这个问题怎么避免，我们得想办法。

其次在证据还没有厘清的时候，不能提及任何可能导致员工出现行为激化的敏感词汇。针对不同的个体需要采取不同的处理方式。例如这个员工一直工作表现不错，虽然这个行为确实违反公司制度，但在谈的过程中应该有一些巧妙的说法和缓兵之计，而不应直接以辞退了事导致矛盾激化。”听得出来，师傅很严肃。

乐乐不敢吭声，确实这件事情自己没有妥善处理，差点出问题。只敢“嗯嗯嗯”地应答着。

“另外呢，对于人员安排方面，我也需要检讨一下。这件事确实是相当重要且事出紧急，处理不好就会闹大的。当时我却让一个没有任何处理员工关系经验的实习生操作，而且在操作前也没有做任何指引，这也是一个非常严重的疏漏。我没做好。”感觉到师傅也很内疚。

“师傅，我以后会注意的，学会冷静分析、处理问题，不能不了解清楚就莽撞上阵。”乐乐真心希望自己可以成长得快一点。

“帮忙再安慰一下Cindy，最近她承担的工作量比较大，很辛苦。这次出了这个事，估计她心里也不好受。”

乐乐赶紧去找Cindy，想好好安慰一下。Cindy自从假学历事件后，心情一直不好，也非常消沉。想想每天工作这么忙碌，不但得不到领导的理解和认同，还出了这档子事。

乐乐的心里更加紧张和担忧，总觉得这件事可能只是个引子，还有事情会发生。接下来的日子不知道怎么过？招聘、员工关系、人事手续的事情又多又杂，乐乐心理压力也很大。

“乐乐姐，我觉得自己的心理压力很大，开始有点神经性脱发了。每天晚上睡不着，总担心什么事情没做完。”Cindy好像有点撑不住了。乐乐不住地安慰Cindy，但其实自己内心的压力也很大。两个同病相连的人，似乎都在黑暗中努力摸索，总想等到柳暗花明又一村的那一刻，但又不知道什么时候会来到。但乐乐相信：肯定可以探索出好方法，只是还需要时间。

“扶上马，还要送一程”

乐乐发现自己的工作越来越忙碌，感觉似乎上了轨道，但每天仍然处于各种担心，总有一种莫名的焦虑，处于一种不知道下一刻会发生什么意外情况的情绪中。关键是连人员招聘的基础工作也让乐乐很操心。

乐乐发现每天参加面试的人不少，但是面试通过率是越来越低，到底是怎么回事？前面的工作做得不错，为什么最终的结果不理想呢？乐乐一直对自己的招聘工作引以为荣，觉得做得很到位，为什么还是没有达到效果呢？赶紧把近期的数据做了一份表(见表1-7)，查查看到底是哪里出了问题。

表1-7 招聘数据统计表

部门	月份	合格简历数	简历响应率	面试到达人数	面试到达率	复试通过人数	面试通过率	培训班			入职率
								累计参训人数	参训率	客观条件不符淘汰	
市场部											

Cindy很快把数据统计出来，乐乐的目光注视到这几个指标：简历响应率(可联系简历数/合格简历数×100%)、复试通过人数、入职率(入职人数/参加培训人数×100%)。

乐乐发现面试通过的人员经过培训之后的入职率是超历史新低水平，不到5%。乐乐心想：“本来都是精挑细选出来的人员，怎么培训之后又离开了这么多人呢？这样下去肯定是完成不了招聘目标的。”

“Cindy，之前招聘的情况怎么样？入职率是在什么水平？”乐乐问。

“差不多就是这样吧，比这更低的情况也有过。”Cindy说完吐吐舌头，“乐乐姐，之前我们风风火火招聘到了不少人，复试的时候，那些面试官挑三拣四，嫌这嫌那，好不容易复试通过了近30%的人员。我们本以为那次可以比较顺利地完成任务，但在培训的过程中就发现总是有人员流失，几乎每天都有人离开，所以总是补不齐人员。”

“那你们有了解过那些人为什么会走吗？”乐乐继续问。

“有的人是觉得岗位不合适，有的是觉得工作难度大，怕自己做不了。反正每个人都有自己的理由。”Cindy显得无可奈何，“人员在培训期间，我们人力资源这边也很少有时间去关注候选人，所以就只了解到这么多。”

乐乐也知道，人力资源工作确实很忙，但如果像甩手掌柜一样，招聘完成就丢给培训，自己却啥都不管，到时候辛苦的还是自己。发掘更多的招聘渠道很重要，但是后续的工作不跟上，把人招来也是浪费。所以“开源节流”很重要。

乐乐把之前的招聘历史数据翻看了一遍，发现人员入职率的数据确实不理想。该怎么做呢？得去找市场部各个组的领导聊聊。因为一直没能和各业务部门

主管说上话，乐乐觉得心里没底。稳妥起见，乐乐想找师傅出谋划策。

“师傅，又有问题想让您帮忙看看有没有好办法。”乐乐打电话给师傅。

“你有没有想到什么好方法？”师傅回应。

“我看了下部门招聘人员的入职率，非常低。就是说通过培训之后，很多人自动放弃了。之前听Cindy说，有些人是觉得岗位不合适，有人觉得工作难度大，怕自己做不了就干脆放弃了，我觉得很可惜，所以我想和市场部那边的领导谈一谈，怎样可以更好地留下这些候选人。”乐乐觉得自己说得很清楚。

“嗯，之前曾听你的前任人资说起过，也想过办法，但似乎没有起到什么效果就没有继续了。”师傅说。

“是什么方法呢？”乐乐很好奇，想了解清楚。

“她之前主张让负责招聘的同事进行跟进，随时了解候选人在培训中的情况。你也知道招聘的同事本来就忙，基本也没什么时间顾及，最后就不了了之了。”师傅叹了口气。

“师傅，我是这样想的。毕竟这些人是用人部门急需的人员，所以我觉得应该让用人部门派出专人跟进这些候选人，效果肯定会更好一点。专业知识、工作氛围、团队情况，用人部门的人更了解，会更加贴心呢。您觉得可以试试吗？”乐乐想听听师傅的建议。

“嗯，我觉得这个想法不错。只是在谈的时候，需要把之前在培训中流失的人员具体数据、具体原因都进行列举分析。先把谈话的基调奠定在我们希望和用人部门一起解决问题的基础上，然后把目前发现的问题提出来。看看用人部门的反应之后，我们再提出建议。一步步来，但首先要把所有数据和相关的信息准备好。”师傅一点一点把经验传授给乐乐。

“好的，师傅。我会把相关的数据都整理清楚，相关信息了解全面之后再去找用人部门。希望可以尽早找到解决方法。”乐乐有点按捺不住心中的小兴奋。

一切都准备就绪了，乐乐提前和市场部负责辅助招聘的同事打了声招呼，关于招聘中“节流”问题的讨论就开始了。

还没等到乐乐开口，市场部林经理开门见山地说：“乐乐，人资对我们有什么指示？”

“林经理，别这么说。我今天是想和你们一起，看可否解决目前人员在培训中流失量大的问题。还有不少问题需要你们帮忙呢。”乐乐急忙回应了一句，“林经理，您看看我把近三个月的人员在培训中的流失情况列出来了，您可以看一下。”

“不用看了，我知道人员在培训班中流失大这个事儿，之前也提过。又怎么办呢？人员招聘是我们一起进行的，当然我们也没什么招聘经验，凭感觉了。培训的时候离开也不奇怪，可能觉得内容没意思，不是自己喜欢的。人的想法很难把握的。”林经理似乎一堆抱怨。

“林经理，您说的没错，但我发现其中超过80%的人员是觉得这份工作有难度，没信心做而离开的。所以我希望您可以在每期的培训班里安排一个部门资深员工进行辅助，您看可以吗？例如帮助解决学员们觉得困难的地方，增强他们的自信心。”乐乐边说边察言观色，看看林经理是什么表情。

“安排没问题，以前我们也想加入培训中，你们一直都不肯，怕我们给你们的培训课挑刺啊？说实在的，你们培训的时候很容易让学员们紧张，互动太少了。所以你们也要看看要不要改进改进。我多嘴了，随口说说的，别介意。”林经理显得很谨慎。

“欢迎您提建议，我们求之不得呢。谢谢您！那正好这次有一个培训班，您可以安排一个资深员工每天抽一小时到培训班中解答专业方面的问题，另外多给候选人们鼓鼓劲儿。麻烦您了。”乐乐的嘴像抹了蜜糖一样。

送走了林经理，乐乐心想，看来用人部门也没有那么麻烦。乐乐想这下子应该会好些了吧，用人部门的人也会关注在培训中的候选人，人力资源的同事也会嘘寒问暖，关怀到位了，应该流失的人会少些吧？但林经理提到的招聘技巧，我们是否需要专门给用人部门的面试官们上上课呢？好好做个计划吧。

晚上回到家，看到床头的相框，里面是一张在大连的时候小伙伴们的合影。那时候的招聘，两位经理给予了很大的支持，当时只有三个人也把招聘工作做得井井有条，为什么不可以把当时的经验用起来呢？

提高招聘成功率的绝招——建立招聘团队

培训中的人员流失情况改善了不少，乐乐觉得有一点成就感。但乐乐其实知道，面试中的复试通过率也是个大问题。目前的状况是，团队快速扩张，每天面试量很大，用人部门负责面试的人经常会没有时间参加。有时候会安排部门资深员工参加，但这些资深员工以前没做过招聘工作，也没有参加过公司关于面试官

的系统培训。所以面试的通过率极低，超出历史水平。

Cindy正在发邮件向乐乐及市场部领导汇报每天的招聘情况，乐乐走过来看了一眼。“今天共面试了25人，初试通过16人，复试通过……1人啊？”乐乐惊讶地叫出来。

“是啊，而且这个人还是很勉强通过的呢。”Cindy回应着。

“这可不行啊，再多的候选人也没用！”乐乐有些着急。

Cindy模仿面试官的姿态和乐乐说：“这些候选人确实不行啊，好的担心留不住，差一点的又觉得学习能力不佳，纠结纠结啊。”说完Cindy哈哈大笑。

乐乐憋着笑说：“模仿能力很强，但以后别学了哈。其实用人部门的面试官从内心来说还是很想完成招聘任务的，毕竟招来的人也是给自己部门用。但现在的问题是始终拿捏不了标准，也没有面试方法。”

“师傅，怎么办？现在招聘的主要问题是用人部门面试通过率低。主要是面试官都是新手，拿不定主意。我也很理解他们的想法，也跟着他们一起参加面试，也说不出到底有什么问题，所以不知道怎么办？”乐乐觉得很迷茫。

“乐乐，业务部门遇到困难了吧？是到了我们发挥作用的时候了，所以你心里应该开心才是。”师傅乐呵呵地说。

“师傅，您就别开玩笑了，我现在急死了。完不成任务了，快成‘死罪’了。”乐乐仍然苦恼。

“还是一样，我们分析一下，现在主要的问题是什么？”师傅继续问。

“不是简历的问题，不是初试环节的问题。是复试的面试官没经验，没标准，他们筛选候选人的方法不当。”乐乐抱怨道。

“我们该怎么做呢？是不是应该给新面试官们进行适当的培训呢？”师傅提到培训。

“师傅，之前我也想过。公司之前针对面试官也有针对性的系统培训，如果想申请培训，估计等待时间会比较长，远水解不了近渴。”乐乐语气带着无可奈何。

“乐乐，你有没有想过针对这种学员为他们开发一次课呢？”师傅突然提出。

“师傅，我还从来没想过呢，总想着现成的，而且我们有不少关于招聘方面的培训材料，直接拿来用不就行了吗？”乐乐脱口而出。

“你觉得可以直接这样用吗？”师傅让乐乐同步用电脑一起看看。“你准备怎么讲呀？”

“目录很清晰呀，照着讲就好了。”乐乐回答道。

“PPT的第一节中讲的是面试的方法，结构化、非结构化，还有假设性问题等。乐乐，你觉得这样讲了会有效果吗？”师傅问。

“估计学完了还是没什么用吧？”乐乐有些失落地回答。

“乐乐，你觉得我们现在最急需解决什么问题？是不是解决招聘通过率的问题。因为可以筛选的人还是这些，但是需要根据我们的实际情况，根据标准进行选择。通过这个标准，让面试官心里都有杆秤。”师傅细心地给乐乐解释。“既然需要解决这个问题，我们就从问题出发，开发一个定制的小课程，专门针对面试官。有现成的课件当然好，但是针对性的课程应该更有用。你先了解一下各位新面试官的困难、疑问、遇到过的最大问题。汇总之后，在课程设计里面把这些点都设计进课程中。”

乐乐很快把所有新面试官的疑问和遇到的困难都总结出来，其实归纳起来，新面试官的主要问题都集中在对于候选人求职动机及过往经历的深入了解方面。不少新面试官觉得自己不懂怎么进行深入挖掘。虽然之前听同事讲过，但没有演练过。

乐乐在培训课中把冰山模型和行为面试法的工具作为重点讲解，而且配合了很多在面试过程中曾经遇到的场景，主要分为面试基础知识、面试方法、实际演练并结合考试。

而且师傅给出建议：考试通过的面试官必须经过三次资深面试官旁听测评通过之后才可以独立面试。招聘团队的组建让有经验的管理者参加，缓解招聘压力，能有效调动大家的积极性，还可以和职业生涯结合，以培训为激励，还可以适当给予物质奖励等。参与人员质量把关，提前做好细致的培训和资料准备，以及内部模拟把握好参与人员的筛选，定期举行筛选活动，让一线面试官对工作岗位技能要求有深入的认知。标准建立好了，不少问题便可以迎刃而解。

发挥内部伯乐的力量

外部招聘渠道方法用了不少，不少员工偶尔也会主动介绍朋友到公司来工作。乐乐也发现很多由员工介绍来的朋友都还挺不错，质量高、忠诚度也很高。这种方式可以大力推广呢，乐乐想赶快和师傅说说。

“师傅，我发现内部推荐的方式挺不错的。之前市场部那边就推荐了好几个人选，都很棒。但我觉得挺不好意思，同事主动推荐了这么多朋友，但我们却一点奖励都没给他们，会不会不好？”乐乐问。

“乐乐，我今天正好在想这个内部推荐的事呢。我现在的这个项目今后也会涉及这方面，早点把制度定下来会比较好。”师傅很兴奋地说。“那你打算从哪些方面来写这个制度呢？”

“我还没想过。只是觉得内部推荐有奖励才会更好。制度可以怎么写啊？”乐乐很想知道，有点迫不及待。

“要写一个制度，需要从制度的目的、适用范围、奖励标准、操作流程方面进行考虑。你可以先考虑看看，到时候写个初稿，我帮你看看。”师傅布置了一个任务。

乐乐开始冥思苦想，以前从来没做过。虽然师傅给了个思路，但自己心里还是没底。

乐乐在纸上画了几下，写下“为进一步发挥内部推荐招聘渠道的作用，鼓励员工积极推荐合适人员加入本公司，特制定本试行办法。”制度的目的确实是这样，那还得看看适用的范围。乐乐想，内部推荐的奖励只适合公司对外公开招聘的岗位，不能包括内部竞聘或者调动的岗位。而且对于推荐人的奖励应该不能包括管理人员、人力资源人员吧。关于师傅提到的奖励标准，乐乐觉得需要根据目前各类岗位招聘费用做一个评估，根据岗位招聘的难易程度进行核算。而且乐乐还通过同行的朋友了解其他公司内部推荐岗位奖励的标准范围。乐乐觉得这样应该会更加合理一些。

对于内部推荐的这种方式，涉及推荐人、被推荐人、用人部门、人力资源处。那每一种角色应该做些什么呢？乐乐列出了一个表(见表1-8)。

表1-8　内部推荐职责表

部门/岗位	职　责
推荐人	推荐合适人员，填写《员工内部推荐表》
用人部门	负责在《员工内部推荐表》中进行确认
人力资源部	人力资源部招聘人员，负责登记内部推荐人员情况和被推荐人情况；确认推荐人、被推荐人信息
	人力资源招聘配置组每月统计公司内荐奖励信息，负责内荐情况的不定期检查
	人力资源部经理负责审批内荐奖励信息

具体的操作情况又应该是怎样的？乐乐觉得很简单，推荐人填写推荐表后，用人部门确认，面试如果通过后，人力资源部每个月定时对内部推荐成功的信息进行确认，做一个汇总后进行奖励费用的核算。想到这里，乐乐心里盘算着，现在还没用内部推荐的方式都有不少同事会推荐自己的朋友来面试，如果用了这种内部推荐奖励，那以后的招聘就更不用发愁了。拨通了师傅的电话，乐乐开心地对师傅说："师傅，内部推荐奖励制度我基本上想得差不多了，发了初稿给您。我觉得有这个制度太好了。"

不一会儿，师傅就打来电话："你编写的制度表我看了，总体来说不错，但有一个方面你似乎没想过，就是什么样的情况可以拿到全额的奖励，什么样的情况需要退回奖励。你考虑的是最理想的状况。"

乐乐猛拍了一下自己的大腿："是哦，我完全没想过。如果什么限制都不设置，到时候我们麻烦可就大了。师傅，根据试用期吧，试用期奖励一半，试用期满再奖励一半。您觉得怎么样？"

"乐乐，别这么快回答我的问题。你考虑过有的岗位试用期设置是6个月吗？如果半年后才能拿到全额的奖励，员工还会有推荐的积极性吗？"师傅的声音里带着些许不满。

乐乐心一沉，暗想："确实是，三个月的期限会合理一点。"

师徒两人在电话里讨论了一会儿，最终定出了内部推荐奖励制度的试行版本。

内部推荐奖励制度

1. 目的

为进一步发挥内部推荐招聘渠道的作用，鼓励员工积极推荐合适人员加入我公司，特制定本试行办法。

2. 适用范围

适用公司部分对外公开招聘的岗位，不包括内部竞聘或调动岗位。具体职位见以下说明。奖励对象为推荐人。推荐人奖励不包含公司管理层及人力资源部所有员工。

3. 职责与权限(见表1-9)

表1-9　职责与权限

部门/岗位	职　责
推荐人	推荐合适人员，填报《员工内部推荐确认表》
人力资源部	人力资源部招聘人员负责登记内部推荐人员情况和被推荐人情况，确认推荐人、被推荐人信息
	(1) 每月统计公司内荐奖励信息，报人力资源经理审批 (2) 负责内荐情况的不定期检查 (3) 根据奖励标准发放奖励
用人部门	协同确认部门内部推荐人员情况和被推荐人情况

4. 具体办法

(1) 奖励标准。奖励按照成功推荐人员级别进行奖励，奖励分为两个阶段：入职和通过三个月两个阶段实施。

(2) 奖励时间为人员入职和入职三个月后次月。

(3) 具体奖励标准(见表1-10)。

表1-10　奖励标准

元

岗　位	入职奖励	三个月后奖励	总金额	奖励时间
营销人员	300	300	600	人员入职和入职3个月后次月
专业技术类人员	500	500	1000	
初级管理类人员	2000	1000	3000	

备注：1. 录用人员均要求通过相关的背景调查。对于有同业经验的人员，需进一步确保人选过往绩效情况，无不良从业记录。

2. 奖励发放限制：营销员入职未满三个月的(含主动离职及被动离职)，奖励金将全额扣回；除营销员外的其他岗位，若人选未通过考核的，不再发放第二笔奖励金。

5. 操作流程按以下标准执行(见表1-11)

表1-11　具体操作流程

步骤	流程说明和控制要求	时限要求
1	上文提及需要由人力资源经理审核确定，并经人力资源部在公布招聘职位时明确，从而启动内部推荐金的岗位，需完成核准手续	
2	推荐人推荐候选人	
3	被推荐人参加面试	
4	面试合格入职，签订劳动合同	
5	面试结果告知推荐人	

(续表)

步骤	流程说明和控制要求	时限要求
6	人力资源人员登记内荐人员情况	
7	人力资源人员填报《内荐奖励申请表》	
8	推荐人在《内荐奖励申请表》上签字确认信息真实性	
9	被推荐人在《内荐奖励申请表》上签字确认信息真实性	
10	用人部门确认《内荐奖励申请表》信息	
11	人力资源经理审批确认《内荐奖励申请表》信息	
12	人力资源部核准发放内荐奖金	

6. 奖励管理

(1) 被推荐人员在一年内重复入职的不享受奖励。

(2) 人力资源部会不定期检查推荐情况，发现有虚假推荐，违规人员必须全额退还奖金，人力资源处会对其进行相应处罚。

内部推荐的奖励试行制度一经推出，不少员工踊跃推荐，纷纷加入到推荐大军之中。乐乐也在人员参加培训的过程中主动积极地告诉大家公司内部推荐的奖励办法，欢迎大家踊跃推荐。

发动大家的力量还真是不同，需要招聘的人员也都基本到位了，乐乐的招聘任务算是圆满完成。

多点赞才能让人留下来

本来想着招聘任务完成可以稍微轻松一点了，没想到培训通过的人员正式走上工作岗位又出现了问题。真是一波未平，一波又起。

一大早，乐乐的桌子上就放了三名员工的辞职信。这还没开始正式工作就要辞职。

乐乐还没顾得上吃早餐，赶紧打电话问主管到底发生什么事儿了。

“乐乐啊，真的是让人伤心啊，好不容易培养出这些同事，刚可以开始工作了，就提出离职。原因还非常统一，都说是家里有家业要去继承。我快疯了，还不知道有没有其他员工要离职。”

“您的心情我理解，确实没想到会发生这样的事。我马上找员工聊一下，看看还有没有可能挽回。”乐乐的心也扑通扑通直跳。

乐乐先看了三个人的档案，从家庭背景、学历背景、工作经历等方面，到当时的面试评价等，把三个员工的情况都仔细了解之后，乐乐和三个员工一起走进了会议室。

“你们培训了这么久，过五官斩六将终于可以正式工作了，挺不容易的。”乐乐微笑着看着三名员工。

三名想离职的员工一脸茫然，都低着头，不知道怎么开口。

“来，大家都喝点水。想问问你们当时为啥要选择这个工作？”乐乐又问。

“因为觉得适合自己，而且觉得你们对我们都挺好的，想想加入公司肯定会很温暖。”员工慢慢抬起头，脸上有一丝羞涩。

“嗯，感觉得到。但你们这么快就感觉到不适合了？”乐乐反问一句。

“其实也不是啦。主要是家里有家业要去打理，所以也没办法。”其中一个员工眼睛闪了好几下，特别说到有家业的时候。

“主要要去做什么呢？可以有更好的发展挺棒的。可以告诉我家里是做什么方面生意的吗？”

“嗯嗯嗯……”三个员工哽了半天没说出一句话。

“好吧，其实我已经了解到你们其实是不想离职的，对吧？”

“哎，乐乐，其实确实是这样。”其中一个心直口快的员工抢先说了。“其实好不容易通过培训正式工作，我们也想好好做，但真没办法，也没心情继续做下去。”

“能说说具体原因吗？看看我可否帮到你们什么。”乐乐顺势把椅子和员工拉近了很多，算是促膝谈心的状态。

“您也知道，我们组全部成员都是新进来的，虽然培训的时间不短，但您也了解其实培训和正式工作还是有一些差别。所以我们刚开始工作的时候问题比较多，而且经常容易出点错。”员工说道。

“这个确实很正常，做新人的时候都会这样，需要点时间。之前培训的时候，培训老师也反复告诉你们需要学会坚持。”乐乐同意地说。

“我们也确实想坚持，可是没办法坚持。”三个员工的眼神里充满了委屈之色。

“你们有辅导老师，主管也可以教你们，你们多问就好了。”乐乐不解。

“我们也这么想来着，可是辅导老师总是没时间理我们，每次我们只好自己去查资料，或者有时候像中彩票一样，看到老师有一点就赶紧冲上去问，可是……”员工欲言又止，似乎有什么不敢说的话。

“是没问到？还是出现了什么问题？”乐乐把脑袋凑过去，想进一步做了解。

“刚开始也没什么，但现在你让我问老师，我很怕。”员工细声说。

“哎呀，学东西嘛肯定没那么容易。老师脾气不是太好？还是骂你们了？”乐乐问。

“老师脾气很坏，直接问我们是怎么通过培训的，好打击人啊。”一个员工一边说一边抹起了眼泪。

“就是因为这个原因，你们就要走？”乐乐一边安慰，一边问道。

“因为得不到答案，自己摸索又慢，估计绩效是好不了，所以赶紧换个地方，找条出路。”一个员工解释道。

“如果接下来还遇到这样的情况呢？继续走？”乐乐又问。

“不知道呢。”三个员工慢慢低下头。

“你们先回座位，辞职信我先暂时收着。”乐乐说着收起了三封辞职信。

乐乐赶紧把相关的信息和主管沟通了一下。

“我和三个有离职倾向的员工沟通了一下，他们应该还是希望留下来的，只是现在需要你们更多的关心和辅导。他们上岗出现的问题很多吗？”乐乐问。

“没有，他们三个人的表现还是不错的，业务知识也扎实，偶尔出点错也很正常。我还是很看好他们的。”主管主动说出了自己的评价。

“这样，我和他们聊的时候，感觉他们很担心自己日后绩效不好。可能是刚入职，出了些小错但又没有及时得到回应，所以他们心里没底。”乐乐说。

“喔，了解。我找他们几个谈的时候，他们都不肯说话，还是你有办法。”主管称赞了乐乐。

“可能当时他们是我负责招聘的，对我有一定的亲切感吧？对于刚上岗的新员工，您觉得有没有必要多做一些工作？”

“之前确实是疏忽了，我是这样想的，每天下午会抽出固定时间和刚入职的人员进行沟通，解决他们存在的问题，也会把他们已经出现的问题进行分析。另外关于员工的辅导老师，我也会再调整一下。之前其实我也看到辅导老师态度不是太好的情况，但乐乐你也要理解，辅导老师自己也有很多工作需要去完成，总是

被打扰偶尔也会有点脾气，都是人嘛，也不是神。辛苦你了。”主管连声道谢。

乐乐觉得员工从招聘到入职，到正式走上岗位的每一步，人资都有责任对人员进行关注，而且需要把观念逐步带给用人部门的管理者。

QQ语音联系上了师傅，乐乐想详细的把事情和师傅聊一聊。

师傅问：“通过这件事，你学到了什么呢？”

乐乐回应：“首先我觉得遇到任何事情，都需要自己了解后再做判断，不能只听别人说什么就是什么。今天主管们说员工离职，是因为家里有家业要继承，其实只要再深入问一下就知道不是真话。但当时如果没真正去了解，可能已经给三个人办好了离职手续了。然后我觉得员工正式工作后的沟通辅导也相当重要，我们人力资源工作者也需要定期了解员工的动态，加强沟通，及时帮助员工。”

“没错。用人部门对员工的直接影响非常大，但作为人力资源人员来说，尽可能做好沟通的桥梁，让新员工可以更加快速融入团队，这也是我们的职责。”师傅赞同地说道。

“师傅，我想了一下，想在新员工入职一周、一个月、两个月的时候做一些非正式的沟通。可能以内部邮件等方式和大家聊聊，看看有什么可以提供给他们的帮助。另外对于管理者的辅导培训技巧方面，看看公司有没有什么培训课程可以让他们好好学习学习，改进一下目前的状况。”乐乐主动提出了自己的建议。

“很不错，可以把沟通的内容都记录下来，这样会对我们的工作也起到帮助。确实需要给管理者们做一些辅导技巧方面的培训，所以我们需要做的工作还很多，加油！”师傅鼓励乐乐。

乐乐暗自想，其实人力资源可以做的工作很多，真的是任重而道远。

薪酬风波的应对

“乐乐，今天发工资了。然后有十多个同事看到了薪酬信息之后，就立刻不干活了。”Cindy急匆匆跑过来说。

“到底发生什么事了？”乐乐满脑袋疑问。从门口往外一看，本来应该在座位上工作的同事在工作场地里闲逛起来。有的同事开始找其他同事聊天，感觉平静中透着不安。从来没遇到过这样的场面，乐乐心里咯噔咯噔直蹦。

乐乐脑子一下子乱了，不知道该怎么做了，唯一记得赶紧问问到底是什么原因。

“是这样的，员工说发的薪酬和当时人力资源讲的薪酬情况不一致，而且差距很大，Cindy回答。

乐乐的脑子里像放电影一样，一直处于回放倒带的状态：记得当时和前任交接的时候，正好讲了一堂关于薪酬的课程。关于这个岗位的薪酬，前任和大家讲了不少，而且印象中这个岗位的薪酬不低。

“乐乐，你赶紧看一下，到底是哪里出了问题。员工的情绪比较大，担心会发生大事。”梁经理已经赶到了乐乐的办公室。

“帮忙先让员工回到自己的座位上，不要走来走去。”乐乐呼应梁经理。

“和员工说一声，没问题。但员工现在不一定听，正处在焦躁状态。”梁经理说。

乐乐头上直冒汗，工作场地的人很多，心想，这万一一堆人聚集在一起闹事可不得了。

一边让Cindy帮忙安抚员工，乐乐一边打开电脑，找了一个员工的薪酬看了一下。不看不知道，一看吓一跳，薪酬单上的数据和之前讲的薪酬方案还真的有不小的差距。

乐乐又急忙打开当时讲解薪酬方案的PPT，奇怪怎么算出来的和实际的不同呢？

乐乐越看心里越没底。其他部门的经理也走过来关切地问乐乐，需要赶紧控制好这个情况，蔓延开就麻烦了。但大家似乎都束手无策。

“要不要赶紧和你师傅说一声？毕竟这个事情来得太突然。”梁经理建议。

“现在还是不要了，师傅本来事情就多，而且鞭长莫及。我还是自己处理吧。” 乐乐还在犹豫不决，总觉得不想麻烦师傅。

而此时，办公场地里的员工已经开始大声抱怨：“这是什么事啊，拿到的薪酬和讲的完全不同，这点钱让人怎么活？”各种抱怨“声声不息”。

乐乐看着电脑里的薪酬PPT中有一备注，当部门整体目标未达到既定的目标值，会有0.8系数。而记得自己的前任当时在宣讲的时候，只顾着激励员工，没有把这个内容讲出来。可能当时心里只想着团队肯定达标，所以根本都没提及。

“这可怎么办？”乐乐脑门直冒汗，后背都发凉了。

惊慌中，乐乐不得以打电话给师傅。

“师傅，出大事了！”乐乐紧张得不知道该说什么。

“别急，告诉我发生什么事了？”师傅依然很淡定。

“前任做薪酬宣讲的时候，漏讲了整体目标未达到既定目标的时候有个系数的问题，今天发工资，部分员工拿到薪酬和之前预期差距有点大。现在有的员工在罢工呢，现场状态有点不好。”乐乐说着说着快哭了。

“你赶紧把有情绪的、罢工的员工转到会议室去，你再打电话告诉我情况，赶紧！”感觉到师傅也捏了把汗，声音明显比平时高了八度。

乐乐似乎突然清醒，觉得需要拿出点“女汉子”的样子，赶紧叫上两个同事请员工们到会议室。还遇到一个不肯去会议室的固执员工。“我不去，我要在我的工作区域，去会议室干吗？”

“我们已经在查原因，等会就给答复。”乐乐匆忙回答。

“我就是不去，我就在座位上等。”员工坐在那里一动不动。

“你又不工作，又找其他同事聊天，那你还不如去会议室。”乐乐着急了。

“我就不去，怎么啦。你们把薪酬弄错了，我发点牢骚不行啊？”员工理直气壮地说。

乐乐的脸唰一下红了，心中确实也有愧，但现在还不能说，心塞。

幸好团队的经理过来解围：“去会议室坐一下，透透气。一个小时后就反馈结果，去吧。”然后一搂对方的腰，一起就去会议室了。乐乐终于松了口气。

“师傅，员工们去了会议室，我现在要去承认是我们弄错了吗？”乐乐很不情愿。

“先把这次涉及薪酬出问题的人员及金额统计一下，看涉及的人员有多少。然后去会议室和这些员工聊一下，了解下他们的情况和期望。多听少说，员工情绪大很正常，如果冲你发脾气，你别伤心和害怕。”师傅安慰乐乐。

“好的，师傅。这次的事好大。”乐乐的声音都发抖了。

“别的什么都别说，赶紧先把这个事处理好。薪酬核算的同事已经在帮忙查了，估计10分钟后就会有结果。你这边再检查一下，千万要仔细！”师傅继续很淡定地回应。

乐乐赶紧按照师傅的指引，先查询了涉及薪酬出问题的人员，共12人，然后赶紧去会议室找员工沟通了解情况并且安抚。

“怎么解决啊？我们等了半个小时了。”有一个性急的员工开了头。

乐乐赶紧给每个人倒了杯热水，满脸堆笑，虽然笑得很勉强。佢俗话说伸手不打笑脸人，这水和笑容，让员工愿意坐下来，心情也平复了一些。

“我就是来解决问题的。你们有什么想法都可以说出来，想骂我也没问题。”乐乐伸了伸舌头。

“我们也不想骂什么。说实在的，乐乐，你也知道我们上个月工作有多辛苦，拼死拼活，不就是想多赚一点钱吗？我连厕所都没时间上，因为想多做成一个项目。但这拿到的薪酬也太少了。如果按照之前你讲的薪酬计算方法，算出来绝对不是这样。”一员工满脸怨气。

“我理解，大家都是出来打工，都想多赚钱，但厕所还是要上，身体更重要。这次薪酬与大家的预期有比较大的差距，还有15分钟就有结果出来。我想问问大家，如果薪酬确实只有这么多，你们会有什么想法？”乐乐试探地问。

“立刻辞职呗，没啥留恋的。”一个人斩钉截铁地说。

“其他同事有什么想法？”乐乐继续问。

“看看呗，其实这份工作也还不错啦，只是之前给我们的预期太高了，现在一时还有点接受不了。”也有同事表示还需要了解一下实际情况。

乐乐大概看了一下，有离职苗头的有5个人。而且乐乐很快察觉到会议室里只有1个同事是带头的，其他同事都只是附和者。

“好的，大家还有什么想和我说的，一个一个地告诉我，我会帮大家记录下来，等会一并解决。”

“没啥啦，赶紧把薪酬的事搞定就好了。”

乐乐带着本子，带上门走出会议室。赶紧给师傅打电话：“师傅，刚才了解到有5个人想离职，其他同事还好。有一个同事是头儿，如果说通了应该其他同事都好办。”

“好的，薪酬这边的结果出来了。涉及的人员有12人，每个人预期和实际薪酬差额大概1000元左右，薪酬组这边也重新核算了一下，你也再对一下。等会你和用人部门的经理一起和员工说明情况，你的态度很重要。确实是我们人资宣讲错了，一定要诚恳承认，然后准备好离职手续办理的文档，如果有要离职的人员，今天就处理完成。”师傅条理清晰地交待了接下来要做的事情。

乐乐整理了一下心情，重新走进会议室。“大家好，关于这个月薪酬的情况，已经核实清楚。按照薪酬制度，每个人收到的薪酬是正确的。而在宣导的过程中，漏说明了一个条件，所以导致大家心理预期和实际不一致，给大家造成的麻烦，我非常对不起。”乐乐低下头，给大家鞠了一躬，“非常对不起。”乐乐

的眼睛红通通的，眼泪一直在眼眶中打转，但始终努力不让眼泪掉下来。

“好的，我们明白了。那就是说我们怎么努力也就拿这么点工资啦？”领头的同事回了这么一句。

“当然不是！这个项目是公司新开展的项目，所以在项目开展过程中有一个逐步向上发展的过程。请看这张图，总的趋势是越来越好的，当然也需要在座各位的努力。”用人部门经理到底是有经验，连图都准备好了。

乐乐暗舒一口气，心想：“幸亏宣讲后让培训人员都就PPT的内容签名确认信息。要不这次真不知道该怎么办才好了。”

“是这样啊，明白了。经理，给我想5分钟可以吗？”领头的同事回应说。

“其他的同事如果想回工作区域，可以按往常一样进行工作，但我们有一点要求，今天发生的事情，大家不可以私下讨论、闲聊，你们也不用担心今天自己的这种行为是否会受到处罚，但希望以后不会发生类似的事情。”乐乐很坚决地说出了这些。

一直骚动不安的会议室突然静得只剩下呼吸声。

陆续有不少同事离开了会议室返回到工作岗位，只剩下了4个有离职意向的同事还坐在会议室严肃地思考着。最终4个同事还是决定以离职结束自己在公司的职业发展。

这场薪酬风波终于结束了，乐乐跑到化妆间大哭了一场，有悔恨、委屈、自责、压力的释放等等。乐乐看着镜子中的自己，觉得自己很傻，怎么一点处理危机情况的方法和意识都没有。呆坐在桌子前，乐乐傻傻地看着电脑屏幕。

手机响了，是师傅打过来的。还没等师傅说话，乐乐直接说：“师傅，我错了，错得很不应该。”乐乐很不争气地又哭了。不想哭，也觉得不应该哭，但泪水还是止不住往下流。

“压力确实大吧？也真是不容易，第一次碰到这样的事。但是我还是得说说今天的情况。你觉得这件事自己错在哪？”师傅虽然语气柔和但乐乐还是感觉到有压力。

“从薪酬宣讲就开始错，宣讲的时候我在场，但自己也没发现问题。今天处理事情也不及时，让事态发展扩大。错得一塌糊涂。”乐乐很坦率地承认。

“其他方面不说，强调一点，遇到问题真的要及时反馈。今天早上发生这件事的时候，为什么你没有及时告诉我？等你告诉我的时候，已经有点快失控了。”师傅很生气。

“师傅，我怕您担心，而且我觉得应该没那么严重，所以就没第一时间告诉您。但没想到事情会发展得那么严重。”乐乐很委屈。

“乐乐，我知道你的心意，但这个时候不是考虑这些的时候，万一今天的事情没控制住，后果真的不堪设想，都不是你我可以承担的责任。乐乐，你一定要记得在职场上会报喜也要会报忧。想自己解决问题是好的，但当你无法清楚判断出自己能否解决问题的时候，一定要及时向上级汇报，尽快找到解决方法才是重要的。解决问题的时机真的很重要。另外对待这种突发事件，你还是要学会慢慢稳，不要乱，头要冷，心要热就行。不论事情有多紧急，都先要了解原因，抓住关键。你看今天的事情，后来你了解员工的想法，也稳定住了员工情绪，后面是不是容易处理多了？”师傅帮乐乐分析了情况。

“嗯，确实是这样。刚开始我完全慌了，不知道该怎么办，头脑一片空白。我还是太不沉稳了。”乐乐不好意思地说。

“辛苦了一天，赶快下班回去休息一下。”师傅关心地对乐乐说。

晚上回到家里，乐乐觉得今天一天真的是惊心动魄，但收获又很大。突然回想起师傅的那句话，职场要会报喜也要会报忧。记得之前曾经看到过一篇文章：在职场中很多人都有这样的想法，什么事都自己揽着，总想自己独立把事情做好、做圆满，总想给领导报喜不报忧。但往往事情最后的结果并不像预期的那样，反而在事情进行的过程中，如果发现了问题或者遇到了困难，及时和领导汇报，把难处向领导反馈，事情反而会处理得更加圆满。

想着想着，乐乐也进入了梦乡。

薪酬风波结束之后，乐乐还是一如既往地忙，乐乐的心总是提到嗓子眼，真是一朝被蛇咬，十年怕井绳。薪酬风波的事，让乐乐的心里一直有点疙瘩，总觉得有点连累师傅。假学历、薪酬风波几个事件连续发生，乐乐有点承受不了。

乐乐想，本来看起来的一些小事，最后却发展扩大。处理时机、处理的方式，各种原因，或者是经验或者是气场也不够，事情总是没办法顺利解决。乐乐开始思考自己是否真的适合做人力资源工作，心里总在纠结。

但不论怎么说，乐乐也算功过参半，大连项目算是开展起来。回到广州乐乐也非常努力，师傅的本意是打算通过这些大的锻炼，直接提乐乐晋升的问题不大，但这些接二连三的事情发生，影响力确实足够大。乐乐倒是在公司出了名，但晋升的事情也不得不暂时放下。领导们讨论的结果是乐乐还得继续锻炼，晋升主管的事只得搁浅了。

师傅终于从外地回来了，乐乐觉得自己又有了主心骨，心里舒坦了不少。但很快半个月后又发生了一件事，让乐乐的小心脏有点承受不起。

一封投诉信，惊起法理情

一大早，师傅收到了一封由公司董事长转来的信件。拿着信师傅一阵风一样冲进办公室，脸色不太好，往日的神采也看不到了。乐乐看到师傅的表情，估计是出什么事了。

乐乐小心地坐在办公桌前，手指轻轻敲击电脑键盘，生怕声音太大。只听到师傅在电话里和电话那头的人说了很多个嗯、明白、理解等，估计师傅被上级领导批评了。到底发生了什么事呢？乐乐心里直打鼓，最近自己也没出什么差错，应该和自己没什么关系吧？

心里正在想着，就听到师傅叫自己，“乐乐，过来一下。”师傅虽然声音很轻，但乐乐感觉到不是好事。

“你看看这封信的内容。”乐乐仔细一个字一个字地看，“人资的同事那种冷漠、敷衍的表情让我心寒，趁忙乱的时候让我签名。我觉得作为一个有责任感的企业，应该更加关心老员工。”整封信写得情真意切，乐乐的眼睛都开始有点模糊了，都被感动了。

“乐乐，你觉得这件事该如何处理？现在我们需要回复给董事长整件事的过程及我们的处理方案。”师傅拿着信看着乐乐。

乐乐还沉浸在信件内容和回忆中，这件不经意的事竟然惹出这么大的麻烦。写信的员工是市场部的一位资深员工，当时自己是根据员工职业发展通道中的降级标准对她进行处理的，因为上个季度她生病了，休息了半个月，所以绩效没有达到资深人员的标准。根据相关制度就直接降级为普通人员了。当时自己完全是公事公办，拿着相关降级执行的知会函给员工的上级领导和员工，让员工当场签名。当时员工似乎也没看清楚，就签名了。记得当时只是对员工说按制度来的，签名吧。

“是啊，按流程操作没问题。但你觉得这么做是不是缺了点什么？记得以前曾经讲过的法、理、情吗？”师傅启发式地问着乐乐。

“之前师傅告诉过我，处理员工关系的事情需要法、理、情。我那天……”

“你那天怎么了？”师傅追问。

“那天我的态度确实有点冷漠，但真不是故意的。师傅，您都知道平时我对人很热情的，那天不知道怎么了。我记得当时我直愣愣地把降级通知书给员工，还催她赶紧签名。当时员工似乎有点疑问，但我也没多问也没多想，觉得这个都是属于常规的操作，没啥担心的。没想到发生这样的事。”乐乐承认了自己处理得确实有些草率。

“现在我们先赶紧处理，针对员工提出的问题，我们给予合理的解释。幸亏我们有足够的处理时间，我们一起看看。”师傅虽然急但还是耐心希望乐乐可以从中学到东西，吸取教训。

师徒二人把职业发展通道的制度打开，制度包括了降级的标准，里面提到了如果休假超过10天，可以折算当月项目目标值。但是这个休假里没有提到病假，只谈到了法定假期及国家规定的假期，所以按照这份制度，这个员工确实是没有完成绩效目标，所以执行降级这个决定是没错的。

“虽然我们得理，但并不是只要有理，事情就可以处理圆满。”师傅提醒。

乐乐苦笑了一下：“师傅，这人力资源做起来真不容易啊。自己已经压力爆棚，还得不断照顾员工的情绪、各种周围人员的情绪啊！心累。”

“确实不容易，但是找到了方法就觉得有乐趣了。我们先讨论一下如何回复董事长这件事。回复这样的投诉信，我们分为三个步骤：首先，简短陈述事实，投诉信想表达的内容；其次，引用公司制度，按照现有制度执行的结论，再陈述调查的结论；第三，给出处理建议。”师傅一点一点地告诉乐乐。

乐乐点点头。

“对于处理建议，你有没有什么想法？”师傅问。

“首先我觉得对于任何考核、职业晋升降级各种管理办法都需要充分与全体员工沟通，通过有效沟通渠道，确保员工了解考核标准以及考核结果；另外定期举办座谈会，邀请各层次的员工代表与管理层进行面对面沟通；充分有效使用意见箱，让有疑问、不满的员工能够及时、准确地得到排解；同时，广开各种沟通渠道，不断征集各级员工对公司的合理建议，并加强对各级员工的人文关怀，打造更加和谐的团队氛围。”乐乐一口气说了不少。

“另外，用人部门也应加强对长期工作在前线的员工的关怀，尤其是工作满三年的员工，引导其正确理解绩效导向下的晋升降级，以积极的心态面对每日的

工作。关怀的确很重要，这个员工在公司工作超过了5年，就因为这次生病影响了绩效，而导致降级，我们也应该反思一下制度制定的是否合理。不仅是病假人员，对于三期女工也是需要考虑的。”师傅引出了新的话题。

“对对。之前我也听到不少三期女员工对公司的考核目标有意见。我也觉得应该给她们一些照顾。”乐乐说。

“嗯。我们确实在一些方面考虑不周。对于处于三期的女员工(孕期、产期、哺乳期)，各部门可根据女员工的实际身体状况，对其考核目标酌情调整，该调整经过员工申请、用人部门、人力资源部门共同审核。而对于经常要外出的女同事，为更好地保护孕妇的安全和健康，员工可根据其怀孕阶段、不同身体状况提出个人申请，公司可酌情调整其工作内容或岗位，避免孕妇发生意外而产生的用工风险。如果三期员工严重违反公司的规章制度，则仍然依法进行处理。当然我们还需要把沟通的渠道、沟通方式公布出来，让大家知道。”师傅继续说。

邮件的内容都准备好了，也发给了董事长，师傅也松了口气 。

“乐乐，确实要注意自己的一点一滴。虽然这次的事件，你在处理原则上倒没有出错，但结果不完美。员工投诉的事也不能怪你，毕竟你也是后来才接手这个团队。可能你的运气也不太好，正好碰上了这个员工的事情。听说她之前就有想要离职的想法，只是一直没提，可能这次想趁离职前发泄一下自己的不满。这个事情也是个导火索。”师傅拉着乐乐想好好聊一聊，“乐乐，最近发生了不少事，接二连三，你做得也很辛苦。但为什么会出现这些问题，你有没有想过是哪里出了问题呢？”

“师傅，说心里话。这次的事情还是很严重的，也是由我引起的。我觉得自己平时工作总是显得很忙乱，以前吧一直负责单一模块的时候，反正把事情做好就行了。现在就不同了，招聘的工作不能停下，其他模块的事也不少，而处理员工关系方面的事情又需要冷静、思路清晰。我有时候真的有点顾头顾不了尾，自己都觉得很吃力。我容易冲动，太忙之后头脑发晕，就容易出错。”乐乐反思地说道。

“嗯。从单一模块向多模块转换的时候，会有这样的感觉。主要还是需要找到关键事件，例如每天需要做的工作很多，肯定有常规工作、例行的，有突发的工作，还有就是特殊事件。例如这次员工投诉事件，你在给员工签名的时候有没有思考过员工的感受，有没有想过主动问一下员工，有没有向员工的上级了解过员工的情况。你看她的投诉信里也提到了上级主管，反馈上司平时很少与她沟通。你有没有考虑过签这个名，员工的疑问点会有哪些，可能会出现什么问题。”师傅关切地问乐乐。

“事情没做错，但缺乏了感受、缺乏了沟通，最终事情还是没处理到位，引起了后续的麻烦。我当时的处理确实很程序化，完全是为了完成任务。其实员工当时想找我谈，还发了几次邮件，我也回了她。第一次她想约我的时候，我正好忙其他的招聘，回了没时间。后来我也主动发了邮件问她，什么时候有空，她一直没回，我也就忘记了。现在想来其实当时员工是想主动找我沟通，但我没抓住这个时机。员工确实很忙，当时为什么没想到主动走到她的座位旁边找她呢？现在冷静地想一下，没必要把邮件回复发出、发出回复的，主动一点去找她不是很快就可以解决吗？如果当时很快解决了，可能后续就没那么麻烦了。”乐乐若有所思。

“是啊。其实不少事情可能刚有苗头的时候就解决了，后续处理简单很多。就像灭火一样，不是说咱们人力资源工作是灭火器吗？要想灭火，肯定要把火苗在刚开始就控制住。我们分析一下，员工刚开始想找你的时候，其实是有点苗头了，而这个时候你没有及时去解决及控制，所以苗头开始继续燃烧，火势变大。员工不想找你谈的时候，你再去处理就开始有点难度了，而你当时又没有及时积极主动去打破员工与你之间的隔膜，结果员工的怒火就蔓延了。”师傅停顿了一下。

“你想想火已经开始蔓延了，再灭火的时候是不是更有难度了？人的情绪就是这样。员工的投诉是一个最终行为的大爆发。她想反正和人力资源也解决不了问题了，干脆把事情闹大点，希望引起公司的重视。你看后来她提到来公司这么久也没见过一些领导，也没机会和领导说句话，她觉得自己太不起眼了，没人关注过她。”师傅看了看窗外，又看了看乐乐。

“是啊。平时只去重视流程制度，但没有更多地关注情感和细节。我做得太不够了。”乐乐低下了头。

“所以我们接下来要和员工沟通，把具体的情况详细告诉她，不要让员工带着怨气离开。虽然她反映的情况有个别方面不太客观，但至少让她愿意把心中的不满说出来，至少让她离开时没有遗憾。等一会我们就约这名员工聊一聊。”

“乐乐，你再想想，通过这件事你觉得还有什么可以做的？”师傅继续问。

“师傅，我觉得虽然这个员工的做法确实不妥，先群发邮件想博得同事们的同情，然后又直接发投诉信给董事长，可其实想想也不能完全怪员工，我们公司确实也没有相关的流程及指引，让员工遇到问题、困惑的时候该如何做？有什么

途径可以解决。每次我们的沟通会上员工也不愿意主动说些什么，也不愿意反馈问题。”乐乐边说边想。

“嗯，没错。确实我们缺乏一个关于员工申诉的方法和指引。其实之前也发生过一些类似的事情，只不过以前那些同事没那么执着，这次被你‘中大奖’了而已。”师傅对乐乐眨眨眼睛，笑着说。

“师傅，您就别调侃我了。最近接二连三地发生事情，我都快绝望了。”乐乐长叹了一口气。

“看你整天愁眉苦脸、闷闷不乐的，好机会可就避开你啦。”师傅总想好好开导一下乐乐。

“我也想啊，可是这屋漏偏逢连夜雨啊，想开心都开心不起来。我运气很背啊。”乐乐仰头，目光无神。

“好吧。帮你转转运。要不要试一下？”师傅打趣地说。

“师傅，你说得这么玄乎啊？我想试呀！”乐乐恨不得赶紧拿到解药。

“解药就是刚才你提到的需要给员工一个指引。正好现在没事，给你三天的时间，好好思考一下怎么做，做出一个具体的方案。怎么样？”师傅笑着问乐乐。

“嗯，那我好好想想该怎么做，正好也可以静一下心。”乐乐似乎找到了方向。

想想员工申诉，就得从原则、渠道、方式、方法上考虑。

原则是由员工本人启动，客观事实陈述，需要通过正常渠道，而不是以诋毁、诽谤、伤害他人为目的，还得遵循保密原则。

渠道方面，乐乐觉得员工可以通过面谈、申诉邮箱、邮寄或快递信件、发邮件、电话(带录音)、微信等方式进行反馈。对于各种渠道，可以通过宣传栏、全员邮件发送、张贴海报的方式对员工进行宣传。

对于有申诉需求的员工，需要了解如果进行申诉要做的功课。申诉人将需申诉的内容整理成文字，内容包括：被申诉人、所在部门、申诉的事实经过、申诉人姓名、申诉日期等，并将有关的证据或线索附后。申诉内容需要简明、扼要、事实清楚，最好能附有关的证据或证明人姓名。具体(时间、地点、人物、事件经过、后果、要求)，清晰(对事件的说明要清楚、重点突出)，客观(应实事求是，客观描述)。申诉信息如需回复，应写明申诉者的部门、工号、姓名和联系方式(匿名举报除外)。

乐乐觉得按这个思路进行思考，应该会尽可能避免一些突如其来的投诉，感觉心里踏实了很多。

应对负面情绪传播有方法

员工投诉信的事情，虽然圆满解决了。领导那边也都清楚了事件原委，但在员工之间还是有一些信息传播。正好乐乐在电梯的最里面，听到同事们这样议论。

“上次那封群发的邮件，你有看到吧？”一个小个子女孩子说。

“有看到啊。那个美女真的好惨，都病成那样了，还坚持工作。公司一点都不人性化，把我们都当机器呢！”

“是啊，很可怜那个美女。听说她已经离职了，也不知道是不是被逼走的。挺心寒的。”

“哎，没办法啦。我们也只能抱怨一下啦。”

“你们说什么呢？那个美女怎么样了？最后处理的结果是什么样的。”电梯里的一个同事还在问。

本来当时投诉的员工的问题解决之后，师傅和乐乐也不想把这件事情再重新拿出来大张旗鼓地讲。乐乐听到同事们的议论之后，觉得如果这样下去，负面的情绪会越来越多，大家的猜疑也多，恐怕不太好。刚才在电梯里，乐乐都忍不住去制止大家说话了，感觉自己很委屈。是不是和大家解释清楚会更好呢？乐乐也想征求师傅的意见。

“师傅，我刚才在电梯里听到同事们对投诉的那个美眉的事议论纷纷呢？”乐乐有点小八卦的样子描述着。

“他们议论什么呢？”师傅继续问。

“同事们反馈觉得申诉的女孩儿很可怜，觉得公司不人性化。还有人猜测这个女孩儿是被公司逼走的。正好我在电梯里没人发现我，就听到了这些。议论的人里有同部门的，也有其他部门的同事。师傅，我觉得是否需要把事情说清楚会比较好，免得大家不断猜测，感觉怪怪的。”乐乐探着小脑袋想看看师傅的反应。

“嗯，我知道了。确实没想到大家的反应还是挺大的，还是得明确一下会比较好。我想想用什么方式告诉大家比较合适。”师傅沉默了一会。

之后，师傅走出办公室，过了一段时间才回来。“乐乐，我们等会把关于员工申诉方面的指引打印出来，并且这两天把沟通渠道和方式的宣传海报也做出

来。正好明天业务部门有一个会议，我在会上会和各位经理把指引告诉大家，并且让各位经理向员工进行宣传。我们也多和员工沟通交流，尽快让所有的员工了解清楚。同时也让申诉的女孩儿部门的经理和部门员工明确，员工离职的真实原因，希望大家继续努力工作，相信很快传言会不攻自破的。”

“好的，我明白了。我马上去做。”乐乐爽快地答应着。

“乐乐，以后遇到这些负面消息的时候，我们需要多听，多了解员工的想法。不用着急去做各种解释，有时候没了解清楚反而越解释越让对方疑惑，越不理解。我们能做的是君子坦荡荡，尊重事实，事情是怎样就是怎样，我们做的不够的地方就主动承认。就像这次的事件，确实是反映了我们在沟通渠道方面、人文关怀上做得不够，所以我们出台了相应的措施。希望员工可以提出更多更合理的建议。我们更需要做的是引导员工朝正面的方向去思考问题。你说呢？”师傅问。

在职场中处理员工抱怨有什么好方法呢？

首先，需要真正了解员工、理解员工，站在员工的角度理解他的想法，体会他的心情。如果缺少真情实感，缺少真心感受，员工很容易感觉到，这样的做法即使你和员工讲再多的道理、说再多的空话，都是没有用的。曾经记得有一次有一个员工在网络聊天中和乐乐倾诉了一下自己工作的烦恼，当时乐乐也没怎么在意。在聊的过程中简单安慰了一下，觉得应该没什么问题吧。后来员工还是觉得没表达充分，专门跑来乐乐办公室和乐乐聊，想寻求一些安慰。正好当时乐乐比较忙，所以也没太在意对方的倾诉，只是机械性地回答着嗯嗯嗯。最后的结果是员工直接告诉乐乐她心情很不好，因为乐乐敷衍她。所以如果没处理好，员工的负面情绪就会升级。

其次，需要把握处理时机、处理问题的切入点，真正抓住员工的需求，帮助员工解决实际问题。当员工想主动和你沟通时，往往是他最希望得到帮助的时候，这个时候是处理问题的关键时刻。如果你善于运用同理心地解决员工的疑惑和困难，就可以做到提前预防。处理的时点有延误就会引发不必要的困难和麻烦，最好可以做到快刀斩乱麻。

再次，在处理员工抱怨的时候一定要注意自己的一言一行，因为员工是非常细心的，所以用自己的真心和真情与员工沟通是处理这类问题的润滑剂。

“师傅，我又学到了一招。我赶紧干活去了。”乐乐说完一溜儿烟就出了办公室。

奋斗篇

日子一天天过去，乐乐觉得自己学的东西也不少了。经过几年的磨炼，在公司一直有师傅这个贵人的帮忙，一路上也挺顺利的。掌握的、锻炼的机会也都尝试了，但乐乐觉得至少实力还是积累了不少，感觉自己似乎也学得差不多，之前也算经历了不少风浪。唯一就是自己还是没能晋升到主管的职位，本来有可能晋升的时机，自己也没抓住，弄得很郁闷、很委屈。

工作几年，每天辛辛苦苦，大事小事琐事，像医生在处理急诊室的病例，总忙不完。有时候也听到之前离职的同事晋升到不错的岗位，乐乐觉得可能自己也该转换一个环境了，在这里做了三年多，从一整张白纸做到现在，乐乐觉得再做下去估计也没什么发展，或许也是到了该出去走走的时候了。乐乐想或许换一个刚刚起步的公司，可能会得到更好的发展，不都说在白纸上可以画出最美的图画嘛！

人开始有“动”这种念头的时候，整个人似乎缺少了一种精神的支撑，工作态度也说不上积极还是松懈。

乐乐决定和师傅好好聊聊，正好下班了，办公室就剩下师傅和乐乐。乐乐鼓足勇气，告诉师傅自己的打算。“师傅，我真的有点累了，想好好休息一段时间，再去寻找新的机会。”

师傅有些惊讶，虽然之前也察觉到乐乐的变化，但听到乐乐亲口说出来，还是有些意料之外。

乐乐继续说：“师傅，其实我挺不好意思的。之前您教了我这么多，一手辅导我，但我还是半途而废了。我想找一家互联网类型的企业，想有更大的自由发挥的空间。我觉得如果继续在这家公司做下去，会离自己的目标、梦想越来越远。可能我说话有点直，之前我的计划是3年晋升主管，5年晋升到经理，8年到总监的。但现在看来是不可能了。”

师傅凝望着乐乐说：“其实也不用这么悲观，可能之前没抓住的机会对你来说不是最好的。但公司平台这么大，肯定还有很多机会，你现在选择离开很可惜。”

乐乐态度很坚决，表示一定要选择出去看看。“师傅，我真的非常感谢您一直对我的帮助。我也清楚，以后肯定会遇到各种意想不到的困难，但我还是希望可以出去闯闯看看。”

师徒两人突然沉默了一会儿。师傅费尽口舌帮乐乐分析了目前的状况，乐乐的不足之处、还需要磨炼哪些方面等等，还谈到外面公司存在的哪些可能乐乐目前还预料不到的情况。

但乐乐倔劲儿来了，十头牛也拉不回来。办公室里的气氛也凝固了。

过了许久，乐乐开口说："师傅，我还是决定了。做出成绩来我肯定会回来看您的。"师徒两人不欢而散。

第二天，乐乐看到师傅的眼睛里布满了血丝，看来昨天晚上没睡好。乐乐也一样，眼睛肿肿的，只是因为她晚上忙着上网找公司，更新简历。

没到一周，乐乐就接到一家互联网公司的电话，希望乐乐第二天上午就去面试。乐乐回忆自己没有投过简历，对方应该是搜索到自己的简历的。晚上回家搜索那家公司的相关信息，查到对方是一家成立了一年多的互联网公司，公司发展还是非常迅猛的，短短一年时间就从不到十个人发展到目前二百多号人。乐乐心里暗喜，觉得这样的公司不正是自己需要的吗？

从面试开始，乐乐就觉得公司不太规范。第一次面试见的是公司的技术主管，只问了乐乐是哪里人，以前负责过什么工作就草草结束了提问。紧接着就见了公司的老板，第一眼看上去，老板显得特别有钱，财大气粗、嗓门洪亮。老板见面就说乐乐面相不错，适合做公司的人力资源主管。还没提问，就问乐乐期望薪酬多少。乐乐觉得自己没做过人力资源主管，就在自己目前薪酬的基础上提升了10%，还是比较保守的。老板一听，哈哈一笑，直接提升了50%。

"李乐，好好干，每个月都可以加工资。"说完拍了拍乐乐的肩膀。

"什么时候可以来上班啊？下周一就来吧。我们这里太需要人力资源的专业人士帮忙了。"老板很着急地说。

"老板，因为我还要和现在的公司交接，所以可能没法这么快。"乐乐直愣愣地抛出这句话。

老板还是笑眯眯地看着乐乐："那要不这样，4月1日来。正好月头，也容易算工资。"

乐乐呵呵一笑："好的，那4月1日早上见。"

返回公司的路上，乐乐才想起来，自己似乎什么都没问，怎么这么快就被录用了，但录用的程序似乎都没有，什么资料也没提交。而且还是4月1日入职，这不是愚人节吗？不会愚弄我吧？乐乐心里忐忑不安。

但也顾不上那么多了，和师傅也闹掰了。提出的离职也不敢收回了，乐乐感

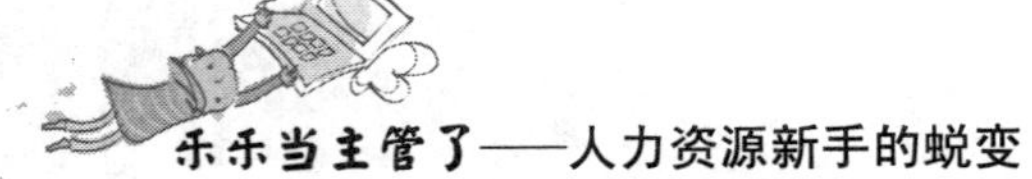

觉自己有点后悔，没办法，硬着头皮还是得继续。离职手续办好了，乐乐还是很兴奋的准备到新公司工作了。

而今迈步从头越——乐乐到了新公司

乐乐虽然忐忑，但还是不断安慰自己，公司是不会骗人的。

乐乐坐在前台，等候入职。看到陆续上班的员工，乐乐突然觉得他们似乎都不太像员工，没着正装、各种发型和牛仔裤的便装出入。乐乐突然觉得本来蓄积了许久的力量，似乎有点用不上。

老板到了，热情招呼着：“乐乐，你和Lily来我办公室一下。”

乐乐觉得奇怪：“Lily是谁？难道是帮我办手续的人？”后来才知道原来是前任人力资源主管。

“Lily，把人力资源工作和新来的人力资源主管李乐交接一下吧。这样你可以专注你最爱做的行政工作了。”老板笑着说，“乐乐，等会儿你自己把自己的合同签一下之后给我。今天专注交接工作。你们忙，我去楼上了。”

回到办公室，乐乐呆住了，很尴尬地看着Lily。

Lily也一脸惊诧和疑惑，不一会便开始不耐烦地把所有档案、资料全部都混在一起啪一声甩到桌子上，似乎想把所有的怒火一股脑发泄出来。打着电话就离开了办公室。

乐乐从来没遇到过这种情况，按以前的脾气，乐乐肯定会说：“你干嘛这么凶？”必发火无疑，可这次还是忍住了，毕竟是第一天上班。

乐乐从一堆七零八乱的资料里翻来翻去，发现连一本关于公司的制度类的文档都没有。那堆资料里除了一些员工不完整的档案之外，还有几张工资表，其他啥都没找到。

乐乐心想，公司虽然成立的时间不算短，但在人资方面真可谓是“一穷二白”的状态。起码的制度文件、岗位说明书啥都没有，员工档案里连起码的合同都找不到，这还得了，基础方面都一大堆问题，别的方面更不敢想。乐乐心里拔凉拔凉的，想起师傅之前的劝阻，可能是对的。乐乐心里一团乱麻：“看来这里真的什么都还没有，自己真是冲动了，这下麻烦了。但既然已经走出了这一步，

就得努力做下去。不管那么多了，就像医生动手术一样，先努力找到关键症结吧。总会有办法的！”

等着Lily交接，一直没见人，乐乐只好翻着资料，也没看到些什么。中午吃饭的时候，不少部门的经理都主动过来想找乐乐一起吃饭，乐乐有点不知所措。后来跟着行政、财务的同事一起吃饭了。

席间聊天，“乐乐，你怎么想着来这家公司？听说你之前的公司挺不错的，这里是民营企业，什么都不规范，而且随意炒人的。和你说件很让人寒心的事，去年过年前，快到发年终奖的时候，老板炒了一批老员工，而且没有任何通知就直接说他们不用再来上班了。”同事描述得绘声绘色。

“那后来呢？”乐乐很好奇，但表情已经透露了自己对老板的态度。

“员工就这么走了，具体情况不知道。反正也没人来闹什么，这里就是这样，很随意的。希望你过来可以改变这种情况。这里也没什么培训，成天就是上班，加班很严重的，每天都加班到晚上11点多呢。”同事抱怨道。

乐乐回忆了一下今天交接的事，确实感觉到很随意。乐乐希望下午可以和Lily好好聊聊，然后再问问有没有其他文件。

乐乐在纸上列了一下希望可以交接的文件：

(1) 公司的组织架构图；

(2) 部门职责及岗位职责；

(3) 员工人事信息表；

(4) 员工薪酬表；

(5) 目前公司人力资源现状及正在开展的工作项目。

下午上班的时候，Lily才回到了办公室。乐乐主动找到她，希望可以收到自己需要的文件。Lily面无表情，又发了一堆不知道什么名称的电子文件包给乐乐。

“这些就是全部资料了，我这里什么都没有了。我交接干净了。”Lily发完文件说道。

“你有空吗？我想向你请教一些问题……”乐乐想找Lily聊一聊，可是乐乐的话还没说完，Lily就不见人影了。

乐乐打开文件包，认真查看每一份文件，除了一份信息不全的人事信息表和员工薪酬表之外，其他也没有什么有价值的信息了。

乐乐觉得再问估计也问不出什么了，只能靠自己了。既然要在这里做下去，肯定要烧几把火才能立足。根据重要紧急的时间管理原则，赶紧先列出目前必须要先开始做的几件事。

乐乐在纸上列出了如下几件事，觉得非常迫在眉睫：

(1) 公司的组织架构图的绘制；

(2) 岗位说明书的编写；

(3) 人力资源各流程规范；

(4) 内部培训计划；

(5) 劳动风险的规避。

“以前师傅让我做任何事时都要及时和上级沟通。”想到这乐乐赶紧将自己的想法和领导商量。

“老板，想找您聊一下，可以吗？”乐乐给老板发了个微信消息。

“怎么样？感觉如何？到我办公室谈。”老板回复。

到了老板的办公室，乐乐虽然犹豫了一下，还是直来直去地说了自己的想法。

“老板，通过今天的了解我发现咱们公司的人力资源工作基本没有开展起来，太容易引起劳动风险，存在很多不规范、不专业的问题。”

“不错啊，这么短的时间就发现了这么多问题。正是因为有很多不规范，才会挖你来我们公司的。你在规范正规的大公司做了很久，看我们这里什么都不专业吧？”老板似笑非笑。

“确实啊，啥都没有，人力资源嘛，就是要做专业”。乐乐还是没心没肺地说了一通。

“老板，我还想和您说一下，人力资源是分为六大模块的，而最重要的一个工具是岗位说明书。这个岗位说明书是人力资源工作的基础工具，公司里的岗位不少，但都没有岗位说明书，我没办法了解，也没办法做招聘呢。我希望可以让各部门的同事配合一起来做岗位说明书。我会把岗位说明书的模板发出来，但一定需要各部门的配合。”乐乐像个老师一样和老板啰嗦了一堆。

“没问题，你可以做，有什么需要支持的告诉我。另外推荐你看几篇文章，是我今天看到的关于专业的人力资源的文章，你有空可以看看，或许有帮助。”老板说完就把文章的链接发给了乐乐。

乐乐是个急性子，一回到座位就打开链接，开始看老板推荐的文章了。乐乐心里纳闷，老板让我看这些文章用意在哪儿呢？难道是认为我不专业？

老板的忠告——做专业的人资

做专业的人资(一)

做一个专业的人力资员工作者是大家的目标，那日常有哪些行为需要注意呢？我们今天来说说第一类。这一类是属于说话不严谨、做事不专业类型的。

例如对于员工的咨询，他们习惯说的口头禅是：

“你说的这个，我不知道哦。你在哪里看到的？反正我没看到过，也没听说过。”

“你说的这个制度我没听说过哦。你自己想的吧？”

“你要问的这些不是我负责的，你去问其他同事吧。”

“这个是公司规定的哦，我也没办法。”

大家一看就会觉得这些话不是出自专业的人资之口。那怎样做到专业呢？怎样和员工沟通才是专业人资的风范呢？我认为有以下几点：

首先在企业中从事人资的工作，需要确定好自己的位置，作为人资在企业中的角色是顾问、主心骨、推动者。顾问就是帮助员工，让员工了解公司的制度、规定，帮助员工答疑解惑。主心骨就是要理解员工的想法、感受，让员工愿意信任、相信。推动者的关键是对于企业颁布的制度，或者不容易让员工接受的方案，通过人资的宣导和解析，让员工逐步理解接受。能把以上三种角色做好对于做一个专业人资铺垫了良好的基础。

其次要做到专业，还需要扎实的专业基础和博闻强记的基本功。企业中的规章制度、人资法律法规不少，而员工关心关注的重点也都是这些方面，所以人资人员必须做到“无所不知”。如果员工咨询的时候，人资不是不知道就是需要查，那其专业性必然受到员工的质疑，人资的角色自然也扮演得不成功。

此外还需要有点管闲事的劲头。不少企业中人资分工很细致，每个人资只需要负责自己的一亩三分田。所以会出现“二传手”现象，即像口头禅里说的，“不是我负责的，你去找某某吧”等类似的话语。其实对于员工来说，人资是一个整体，如果向人资咨询的时候，即使不是你负责，也可以给出明确的指引，不要让员工有不好的感受，感觉自己被推来推去，问题却没有得到解决。如果能做到可以全面为员工服务，平时就得有点多管闲事的劲儿，多有点八卦精神。所谓“闲事”，是多关注自己负责的工作以外的东西，多了解其他同事在做些什么，对自己的日常工作也会大有帮助。

做专业的人资，从一点一滴注意；做专业的人资，从身边小事做起！

做专业的人资(二)

做一个专业的人资是大家的目标，那日常有哪些行为需要注意呢？我们今天来说说第二类。这一类是属于代做决策、越俎代庖型。具体体现在哪些方面呢？以下几个例子不知道大家有没有遇到过或在自己身上发生过。

案例一：在面试的过程中，人资发现候选人综合素质好，从人资角度来看候选人非常优秀；但用人部门却没有如此高的评价，反而觉得应聘者表现平平。这个时候人资极力推荐用人部门选用这个候选人，最终用人部门在人资的建议下录用了，而在试用的过程中发现候选人始终不是合适的人选，只得放弃。这个过程中，用人部门的心里对人资的印象就打了折扣。其实在面试的过程中，人资和用人部门是相互配合，各司其职的，最终人才的使用是在用人部门，所以候选人是否合用，用人部门是有最终决定权的。而人资在这个过程中最重要的角色是筛选出不符合公司价值观、不符合录用条件的人员。在这个基础上再给予用人部门建议，而且需要点到为止，适可而止。

案例二：人资经常会给员工做职业规划，指引员工前进的目标。本来员工是以咨询的想法想得到人资的帮助。但不少人资会把自己的想法强加给员工，例如人资觉得员工适合走管理路线，但实际上员工本人并不太希望，此时人资发挥自己所有的能量，让员工接受自己的建议，最终员工只能无奈地接受。人资虽然承担咨询者的角色，但需要把握在这个过程中，我们只是一个良好的引导者，引导员工慢慢认识自己，慢慢体会和理解，最终选择自己的职业方向。

案例三：人资将人力资源的制度、工具教给用人部门，遇到实际问题的时候，人资的作用是告诉用人部门有哪些处理方法，而不是因为担心用人部门在使用的过程出现问题，而始终自己亲自来做。例如岗位说明书的编写，人资的作用是把编写的基本原则和方法教给各部门，后期的主导工作应该是由各部门负责，

但不少人资还是全部负责包干了，虽然很辛苦，却得不到用人部门的认可。

做专业的人资，把握角色，认识自己，引导别人，点到为止。

做专业的人资(三)

做一个专业的人资是大家的目标，那日常有哪些行为需要注意呢？我们今天来说说第三类和第四类。两者反差比较大，前者属于故弄玄虚，高高在上(案例一、案例二)；后者是属于感性过度，无底线(案例三、案例四)。

案例一：人资知道很多专业名词和术语，而且不少人认为人资是“高大上”的职业，所以会在和用人部门进行沟通交流的时候，不断使用各种专业术语，让对方一头雾水。有时候还会冒出一句“让业务部门瞧瞧我们人资的专业性。”牛是吹出来了，但可惜的是没有做到。例如在讨论面试方法的时候，告诉对方多用BEI的面试方式，但还没等对方问BEI具体是指什么，又讨论什么是真STAR还是假STAR。说了一大堆，最终用人部门还是没了解具体的含义。所以在与用人部门沟通的时候，需要将复杂的专业术语用通俗的语言描述出来，人资工作的最终目的其实是让对方理解接受，而不是炫词炫技。

案例二：不少企业规模比较大，会有总部人资与分支机构人资。总部人资的主要职责是人资制度流程的制定、人力资源规划的设定、对分支机构的人资进行指导和培训等。但在现实工作中会发现不少公司总部的人资给予的很多指导和建议，似乎和分公司的现状差距很大，经常没办法执行和使用。主要原因是总部人资很多时候不愿意深入基层了解具体的问题和困难，所以制定出来的制度流程不太符合实际情况，最终无法操作。对于这种情况，更合适的做法是根据了解到的情况，进行分类，再结合相关制度进行修正和调整。

案例三：秉持着人资需要有高品质的客户服务意识和精神的想法，不少人资非常用心扮演各类知心人的角色，也投入了非常多的情感。但在这个过程中，却忽略了理性和感性的搭配，在完全感性的驱动下，做出了不理性的行为。例如员工未经批准就休假，回到公司还不补假单，明知自己的行为不符合规定，却没有任何悔改之意。而人资一味站在员工角度，觉得第一次出现这种问题，下不为例就可以，没必要那么严苛处理。这么做的后果是给员工造成假象，觉得公司的制度没必要严格遵守，最终导致制度无法执行到位，引发争议。

案例四：员工遇到车祸，公司给予很多关心和帮助。员工在医院治疗期间向公司预支费用，但没有写正式的借款说明。而人资认为员工受伤很可怜，等完全康复之后再写也没关系。但最终结果是员工不承认曾向公司借过费用。所以用情不能过度，理性感性要适当均衡，必要的流程和制度还是一定要严格执行。

专业的思想、落地的方法；感性的语言、理性的行为。朝专业的人资又前进了一步。

做专业的人资(四)

做专业的人资是大家共同的目标，下面我们再来介绍作为专业的人资人员应避免的两种极端：一种是放弃底线，听之任之，或者只作一个传声筒；另一种是忘记了自己的角色，越权甚至干预反对领导的决策，最终落得尴尬结局。咱们先来看看案例。

案例一：由于用人部门过于强势，而人资太过注重服务性，忽略了专业性和服务性之间的平衡。在与用人部门博弈的过程中放弃了自己的观点，放弃了专业性的引导，听之任之，最终让用人部门牵着鼻子走，失去了人资的独立性和专业性。例如员工出现违反公司制度的行为，需要进行沟通和警示。而且对于类似行为，公司的制度中也规定需要给员工一定的教育和改正的时间。但个别公司领导任凭个人的喜好，为了显示个人的威风和派头，直接命令人资立即将员工解雇。面对领导的威严和恼怒，不少人资不知所措，心里虽然非常清楚这种处理方式肯定会出现劳动风险，但迫于压力，还是强行劝员工离职，引发一些不必要的纠纷和风险。其实对于这种情况，专业的人资必须做到对处理事情原则底线的坚持，必须拿出专业人资的勇气和胆识。努力和上级做好充分的沟通，强调可能出现的风险和危害，相信大多数用人部门的领导还是会接受。所以做好人资服务并不意味着一味地迁就和妥协，相反，应该在危机时刻，保持真正的专业性和独立性。

案例二：不少人资不知道如何将制度进行宣传，不知道当公司下达的制度进行调整后遇到问题的处理办法。如果遇到问题，只会说“请看制度中某某条”或者直接说“请看制度”，这种处理方式 可能会让员工产生不满情绪。当制度或管理方法发生变化，人资更重要的角色是做好宣导工作，在完全理解了制度的本质后，更多的是需要把正面、有积极意义的制度改革传达给员工，引导员工多朝积极的方面去思考、去努力。如果人资自己都不知道如何解释制度，只会说公司是这样规定的，领导这样决定的，能有什么办法。这样的人资，不仅没有起到帮助公司顺利执行制度的作用，还会产生负面的影响。所以专业的人资一定要具备自己的思想和认识并且通过有效的方式正面传递给所有员工。

案例三：在做了多年人资之后，和领导们相处久了，对方的脾气、习性等也都比较熟悉。在很多方面领导也尊重人资的意见和建议。这时不少人资开始忘乎所以，有些看不清自己的角色和位置。开始对领导的决定指手画脚，甚至不顾场合，不顾上级的感受，公开和上级发生争执。人资不论做得多优秀，始终需要摆正自己的位置，认清自己的角色。该说什么，不该说什么，什么时候应该适可而止，什么时候应该点到为止，时刻保持清醒、冷静、淡定的专业素质。

专业的人资不是说出来的，是实实在在做出来的，是脚踏实地干出来的，是从内而外透出来的。为做专业的人资加油！

做专业的人资(五)

要做到一个真正专业的人资不容易，下面我们进入做专业的人资连载文章的最后一部分。

案例一：思路(立场)不对，专业白费。例如有一位朋友遇到招聘方面的苦恼。为什么呢？主要是他推荐的所有候选人，领导都不满意，却没有明确表示原因。眼看招聘的周期就快到了，但招聘任务却没完成，朋友非常苦恼。后来经过思考才发现，自己的思路和公司的思路不一致。公司领导的想法是希望通过多种形式的内部招聘，激发内部同事参加岗位的竞聘，也通过这种方式让更多人在公司内部找到更合适的职业发展通道。而朋友之前忽略了这一点，因为没有建立内部人员的职业晋升通道管理办法，所以遇到任何岗位首先就想到外部招聘。所以在关键问题上和公司的思路不一致，当然最终导致所有的努力都是白费。后来朋友调整好了思路，很快就解决了招聘任务。所以如果发现工作遇到难以解决的问题和困难的时候，需要跳出自己的工作内容，从其他外部相关层面思考一下自己的思路是否正确，否则再专业也没有用。

案例二：不要厌倦简单的重复，重视在简单的事情上做到专业和特色。以前我有一个同事，除了招聘工作之外，还负责了新员工入职的指引工作。不少人都认为新员工入职，不就是办理好人事手续，签订合同，然后把员工带到各自部门就可以了吗？但这个同事在流程之外，还会利用这个新员工入职指引的宝贵时间，告诉新员工最需要了解、知道的内容，最感兴趣的内容，让员工可以尽快融入公司。并且根据每一批新员工的不同特点，准备不同的欢迎词及介绍的重点。这个例子给人资以很好的启示，即无论在多么普通、简单、平凡的事情上，人资都要尽可能做到最足够的专业。

案例三：作为人资很重要的一点是要保持专业的职业操守。作为人资可能会知道公司很多内部消息，准备实施的制度、方案、薪酬数据等等。而且会了解到不少同事的心里话和一些隐私。因为了解到这么多的信息，不少人资会以这些为炫耀的本钱，在日常与同事沟通或者与部门领导沟通的时候，或多或少或者有意无意泄露一些尚不能公布的信息。这实际上违反了作为专业人资最基本的职业精神和操守，这样做的后果会导致员工对人资失去最基本的信任。专业的人资不论在什么场合，不论遇到什么诱惑，都需要做到守口如瓶，知道该说不该说、说到什么程度。

人力资源是一份日子越久，品味越长的职业。在通往专业人资的道路上，有时当好人，有时当“坏”人。专业的人资在不断追求专业的形象、专业的技术、专业的态度的同时，更需要有专业的心态。祝福大家在人资的职业道路上越走越好！

乐乐觉得这几篇文章说得挺不错，但却认为既然要做专业，那就得按规矩一步步来。乐乐还不太明白，老板的真正用意到底是在哪。

新官上任第一把火——从表格规范做起

乐乐仔细想了想，既然新官上任就一定要开始大刀阔斧地进行改革，准备给公司的制度流程进行一场大手术。首先从表格开始，把公司的表格进行改革。乐乐想到原公司的全套表格都挺不错，干脆借鉴移植过来是个不错的方法。反正这家公司什么都还没有，乐乐就从应聘登记表开始，把所有的表格修修改改弄了一遍。费了一天的工夫，乐乐终于弄出了一套文档和表格。

1. 入职表格

(1) 员工应聘登记表
(2) 员工信息资料表
(3) 员工入职声明
(4) 录用报到通知书
(5) 公积金基数确认信息

2. 在职

(1) 员工休假申请单
(2) 试用期转正考核表
(3) 员工调动晋升考核表
(4) 员工岗位调动审批表
(5) 员工岗位交接表

3. 离职

(1) 员工离职审批表
(2) 员工离职交接表
(3) 员工解除劳动合同证明

乐乐赶紧把所有的表格发给老板过目，在邮件中乐乐这样写道——

老板：

您好。

之前在谈话中您提到希望公司的人力资源方面更加规范有序，我觉得应先从表格开始。我已经整理好了一套基本的人力资源流程中需要的各类表格，请老板过目。

如果您觉得对表格无异议，我从明天开始就使用新表格了。谢谢老板。

李乐

老板很快回复了邮件，乐乐赶紧打开邮件，只有三个字，“无异议”。乐乐心里有一点点失落，但还是打起精神开始打印新表格。加班到晚上8点多，所有的表格都整理好之后，乐乐才离开办公室。忘记了白天的不愉快，乐乐舒了口气，明天应该会有焕然一新的感觉吧？乐乐暗自偷着乐。

第二天一大早，乐乐就收到了离职同事告别的邮件。乐乐赶紧翻了一下资料，没有任何关于这个离职同事的离职信息。

“奇怪，什么都没有就离职了？”乐乐疑惑地打电话给准备离职的同事。

“亲，你好。想问下你之前有提交过离职申请的资料吗？”乐乐很亲切地问。

“没有喔。我发了邮件给上级领导，他批了我今天离职，我就今天走了。你是哪位？”同事也觉得奇怪。

“喔，不好意思。我忘记自我介绍了。我是新来的人力资源主管李乐。昨天刚入职的。这样，你可以来人资补一份离职申请吗？”乐乐询问。

“不用吧？之前从来不用这些的。”员工觉得奇怪。

“因为现在开始规范管理，所以需要。从今天开始。”乐乐很坚持的语气。

“我不知道呢，也没见发通知。”员工很困惑。

“可以先来人资补一份吗？”乐乐觉得自己的语气生硬了点，想缓和一下。

员工无可奈何地补了一份离职申请和审批表后离开了。乐乐还觉得挺有成就感的。过了一会，电话响了，是老板找。

“乐乐，今天开始使用新表了？这么快啊？”老板似乎很惊愕的感觉。

乐乐本来很开心的，突然心一沉：“老板，您对表格无异议，我就赶紧趁热打铁了。您觉得不妥？”

“也不是，只是刚才听一个部门经理反馈，觉得用这些表很突然，也没提前通知，所以我就问问。估计你是忘记了。”老板很善意地提醒。

乐乐这才反应过来，心里一颤，“是呀，怎么连新表格发布通知、使用说明都忘记发了。”

回到办公室，乐乐赶紧拟了封邮件，准备发出。

各位同事：

大家好。

为了规范人力资源工作的各项流程，让人力资源的各项工作更加顺畅，特制定了各类人力资源表格，包括员工入职、调动、离职各流程。关于表格的填写规范在附件中有详细说明，也欢迎大家咨询。感谢大家的支持和配合。

另外近期还会出台公司人力资源各项制度和规范，敬请期待。

人力资源部

发出了邮件之后，乐乐还期待着有同事会有点什么反应或反馈，没想到一声不响，平静如水，似乎什么都没发生一样。乐乐安慰自己，其实这些本来就是人力资源部门应该做的。

新官上任第二把火——编写岗位说明书

乐乐觉得自己希望规范公司的制度流程的本意挺不错，虽然暂时没人领情。但还是要坚持做下去，毕竟老板还是很支持的。于是开始按照自己的计划编写岗位说明书了。

通过参加一些岗位的面试，乐乐也大概了解了一下公司的各部门和基本的岗位职责。乐乐简单地画出了组织架构图，公司的组织结构还是很简单的——直线管理模式。但各个部门具体有哪些岗位，所有岗位具体是做些什么工作，乐乐还是不太了解。乐乐决定先给各部门的经理发一封关于编写岗位说明书的邮件，让大家了解，然后看情况而定。

乐乐想到就立即把邮件拟好，内容大概是：为了规范人力资源管理，公司决定进行岗位说明书的编写。岗位说明书是一个重要的人力资源工具，对于人力资源的各模块都有重要的意义。乐乐还将时间安排和岗位说明书的模板都附在了邮件里。

可是三天过去了，没有任何动静，也没有人问起，连一个电话咨询都没有。乐乐自己有点着急了，再发一封温馨提示邮件吧，至少应该有人会有疑问吧。

中午吃饭的时候，乐乐偷偷问了一个部门的经理，有没有看到她发送的岗位说明书编写的邮件。经理似乎很惊讶，问："岗位说明书是干什么用的，干嘛要做这个？觉得奇怪，也不太明白。所以大家就都没开始做，处于互相观望的状态。"听完乐乐心里又拔凉拔凉的。

下午开例会的时候，每个部门都在进行月度工作汇报。轮到乐乐了，乐乐将自己入职以来准备进行、正在进行、即将进行的工作都进行了描述。提到岗位说明书梳理一事，乐乐不知道该怎么说了，卡住了。

"乐乐，你告诉过我要开展一项大工程。好像没见到有什么动静。具体讲讲吧。"老板似乎有点不太耐烦。

“各位领导、同事。关于开展编写岗位说明书一事，我发出过邮件，上面也有讲述关于开始时间、具体做的内容等。但一直也没有得到大家的回复，所以目前此项工作还没有正式启动。其实岗位说明书对人力资源各个方面的作用都很大，具体的作用慢慢就会体现。”乐乐声音越来越高，音调也开始急促。

“那具体有什么作用？又没有培训，又没有指导，我们不知道做什么。”会议室里有点吵。“而且平时工作本来就非常忙，还要做这些。我们又不专业，这个本来就应该是人力资源部来主导进行的。”听到不少这样的声音。

会议室一下子吵闹不堪，像个集市。乐乐一下子变成了众矢之的，说什么的都有。似乎大家把以前对人力资源的怨恨都一股脑儿发出来了。乐乐站在那里一动不动，似乎被凝固了。

最后老板帮忙解了围，“乐乐，这个工作既然很重要，我们还是要一起做好。但在做之前需要开个解释会，让大家明白。你觉得怎么样？”

“好的，老板。我准备好之后就会给大家做一下培训，谢谢大家的支持。”乐乐早就想找个地方躲起来了。

匆忙做出编写岗位说明书的培训PPT，还没准备好，就发生了一件急事。

新官上任第三把火——沟通餐

“乐乐，接下来你觉得还需要解决些什么问题吗？”老板又问。

“我感觉公司加班的现象挺严重的，员工之间的沟通也不够。可以开些沟通会之类的，老板也可以多了解一下员工的想法，您觉得呢？”乐乐提了个建议。

“嗯，好的。你把具体方案告诉我一下。我觉得这个意见不错。你具体说说看。”老板很想听听。

“平时大家也很忙，可以定期进行个沟通工作餐，可以采取半报名半指定的方式进行。老板可以选经理参加，也可以全体员工一起参加。”乐乐笑呵呵地说。

“好啊，那我们明天中午就试一次。”老板说风就是雨，一定要立即做。

“这么快啊？都还没做准备。”乐乐有点迟疑。

“我们这样的公司要的就是速度，讲的就是效率。明天的午餐就看你的

啦。”入职这么久，乐乐还是第一次见到老板这么开心。

老板任务一下达，可忙坏了乐乐，又是选人选，又是考虑吃饭的地方。想了很久，第一次先从司龄比较久的员工开始吧。和老板确认了几次名单，终于选定了沟通餐的人员名单。乐乐就发出邀请邮件了。

各位亲爱的小伙伴们：

你想有和老板近距离沟通的机会吗？你想和老板吐露你的心声吗？机会来了。明天中午我们将和老板面对面，心与心的交流，让我们不见不散！

邮件发出去不久，就有被邀请的同事打来电话咨询了。

“乐乐，明天中午吃沟通餐？还要和老板一起吃？”同事很惊慌地问。

“是啊。多好的机会。可以和老板面对面，还有很多同事一起，还省了饭钱呢。”乐乐开玩笑地说。

“可以不去吗？”同事迟疑地问。

“名单都确定好了，不能不去喔。”乐乐强调说。

“我没做错什么吧？怎么老板要我去啊？”同事还是很担心。

“没有啊，是随机抽取的。你不用担心。好好想想和老板说点啥吧。”乐乐安慰说。

第二天中午沟通餐如期进行，乐乐还进行了简短的开场语，大家就开始闷头吃饭。乐乐觉得情况不对，主动和同事们聊天，让大家说点对公司的建议。大家也不知道说些什么，后来终于有一个同事提到以后要提高工作效率，少加班。

“很好，说得不错，但是我们现在还处在创业期，不加班项目就完成不了，就会被其他公司吃掉，还是得努力。”老板的一席话说完，再也没人说什么了。第一次沟通餐就这么结束了。 乐乐发现老板似乎不太开心，自己也觉得沟通的效果不好，估计又要挨骂了。

“乐乐，来我办公室一下，有话和你说。”电话里已经感觉到乌云密布。

“你说员工需要沟通，没有倾诉通道。我们也非常配合做了不少工作，也花了钱。最后的结果呢？沟通餐，吃也吃了，结果还是不了解员工的心声。让我如何再支持你的工作？你好好想一下。工作做了不少，问题却解决不了。”老板噼里啪啦说了一堆。

乐乐也听不下去了，回到办公室。静静地想了一下，乐乐觉得自己再做下去

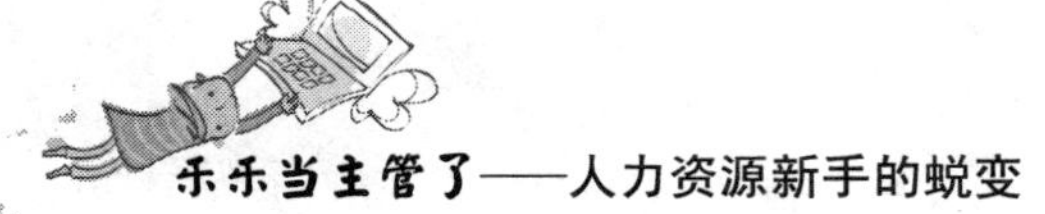

也仍然就那样，觉得应该离开了。虽然入职的时间不到三个月，乐乐想离开的意愿却非常强烈。

新公司的风险——防君子不防小人的协议

乐乐刚入职就觉察到公司的制度不健全，存在很多风险，没想到很快就发生了一件事。乐乐还犹豫着自己下一步的打算，老板的电话就打过来了。

“乐乐，到我办公室来一下。”老板语气很严肃。

乐乐心里一惊，发生什么事了吗？

“乐乐，公司一名程序员把公司里的一些程序源代码偷走了。人也不见了。”老板的脸铁青铁青的。

“嗯……”乐乐不知说什么才好。

“你说怎么办？员工有签什么文档吗？”老板问。

“我去找一下档案。”乐乐急忙说，其实心里早知道，档案里基本没啥东西。连员工的基本信息都不全。乐乐的肠子都悔青了，自己担心的事这么快就发生了，但自己却束手无策。

乐乐赶紧下楼，翻开员工的档案。本来还抱有一线希望，可是结果和预想的完全一样，真的是要啥没啥，再去翻翻电子档案，也啥都没有。这可糟了。乐乐心里很虚，又非常紧张，脑袋里不断地冒出“怎么办，怎么办？”

乐乐尝试打电话给员工，关机。又很低调地问了问员工周围的同事，也都不知道员工的其他联系方式。

老板的电话又打过来了。“乐乐，找到什么没有？”乐乐慌忙接起电话，尴尬地回答：“没有。”其他什么也不敢说。

“怎么会这样，那你这段时间到底忙什么呢？你赶紧找一下他的家人，看可否联系到他。”随后乐乐听到老板重重挂断电话的声音。

乐乐使出浑身解数，想联系到员工。感觉也没什么办法。程序源代码被盗走了，公司的产品会受到影响这可是大事。乐乐只好去老板办公室，承认错误，人力资源这块做得不够。既没有让员工签订保密协议，也没有与关键岗位员工签订竞业禁止协议。

老板语重心长地说："希望你之后的工作能抓住重点，近期需要把一些潜在问题赶紧解决。虽然这件事涉及很多方面，但是投射出人力资源很多方面的漏洞，得赶紧补。"

乐乐低着头："我会抓紧时间把人员信息、员工需要签署的协议等补充全面。"

下班的时候，乐乐抓紧时间在进行各项文档的准备和打印，行政部的女孩也一起帮忙。突然看到偷走代码的同事回来了，乐乐非常惊讶。

"你回来了？今天找了你一天。"乐乐既高兴又生气。

后来乐乐才知道，员工拿了公司的程序源代码后又觉得很后悔，所以最终决定回公司认错。

有惊无险的事件发生之后，乐乐在第二天让全员进行保密协议的签订，并且要求大家将个人档案信息补充完整。

保密协议的范本如下：

保密协议

甲方：******公司

地址：广东省广州市******号

乙方：__________

身份证号码：__________

住址：__________邮编：__________

鉴于乙方在甲方工作或提供服务期间，可直接或间接接触、知悉、了解或掌握甲方(包括甲方分支机构及其关联方)的保密信息，乙方愿意保护甲方(包括甲方分支机构及其关联方)的保密信息而承担保密义务，甲乙双方经平等协商，就乙方在工作或提供服务期间及结束工作或服务以后保守甲方(包括甲方分支机构及其关联方)的保密信息的有关事项，甲、乙双方同意共同遵守以下条款约定：

第一条　保密信息

本协议所称的保密信息是指，乙方因在甲方工作或提供服务而获得、接触或以其他方式知悉的任何信息，不论此种信息以口头、书面、电子或者通过其他介质形式存在，亦不论是在本协议签署之前、当时或之后知悉。保密信息的内容包括但不限于：

(一) 依据国家相关法律法规，甲方承担保密义务的国家秘密信息。

(二) 甲方现有的信用卡用户数据、信用卡业务数据、信用卡业务流程、信用卡管理及销售流程、经验公式、计算机软件及其算法、设计等方面的信息、资料和图纸，以及模型、样品、源程序、目标程序和技术规范等实物。

(三) 乙方为甲方开发系统形成的信用卡用户数据、信用卡业务数据、信用卡业务流程、信用卡管理及销售流程、经验公式以及形成这些数据、流程、经验公式、过程中的中间数据。

(四) 甲方现有的以及正在开发或者构想之中的服务项目的信息和资料。

(五) 甲方(包括甲方分支机构及其关联方)的财务、投资(和潜在投资)、预算、业务计划、营销计划、业务联系、产品、客户资源、人事、流程、专有技术信息、商业秘密和其他著作权作品的信息等有关的信息等。

(六) 根据甲方与第三方签署的协议约定，甲方负有保密义务的信息。

(七) 根据甲方的规章制度应当保密的信息。

本协议所称的保密信息不包括非由于乙方违反本协议的原因而进入公共领域的任何信息。

第二条　保密义务

乙方应履行如下义务：

(一) 只为甲方利益而不为任何其他目的将保密信息用于在甲方的工作或提供服务行为以外。

(二) 未经甲方书面同意，不以任何方式向任何第三方泄漏保密信息。

(三) 除为在甲方工作或提供服务需要之目的，不得复制保密信息。

(四) 如发现保密信息已经或可能被泄漏或者自己过失泄露，应当立即采取为保护甲方利益的一切合理措施并立即报告甲方。

(五) 遵守甲方制定的保密制度，并本着谨慎、诚实的态度；采取一切必要、合理的措施，维护甲方保密信息的机密性。

(六) 不得刺探与本身工作或业务无关的商业秘密；除了工作或提供服务的需要之外，未经甲方书面同意，乙方不得以泄露、告知、公布、发布、出版、传授、转让或其他方式使第三方(包括不得知悉该项秘密的其他职员)知悉商业秘密信息。

(七) 乙方不得允许或协助不承担保密义务的任何第三人使用甲方的商业秘密；也不得在工作或提供服务之外使用这些秘密信息。

(八) 乙方结束工作或服务之后仍对其在甲方工作或提供服务期间接触、知悉的属于甲方或者虽属于第三方但甲方承诺有保密义务的技术秘密和其他商业秘密信息，承担如同工作或提供服务期间一样的保密义务和不擅自使用有关秘密信息的义务，而无论乙方因何种原因结束工作或服务。

第三条　保密期限

(一) 本协议的保密期限为自乙方首次获得、接触或者知悉保密信息之日起直至该保密信息依照法律或被甲方宣布解密之日止。

(二) 乙方是否为甲方工作或提供服务，不影响保密义务的承担。乙方认可，甲方在支付乙方的报酬时，已考虑了乙方结束工作或服务后需要承担的保密义务，甲方无须在乙方结束工作或服务时另外支付保密费。

第四条 保密信息的返还

乙方终止在甲方的工作或服务，乙方应在甲方安排的时间内无条件地将其持有的保密信息移交给甲方或其授权的人。

如果保存保密信息的载体(包括但不限于硬盘、移动硬盘、软盘、光盘、优盘、磁带、储存卡)属于乙方所有，则乙方应当将甲方的保密信息从载体上永久删除。

第五条　违约责任

如乙方违反本协议的任何条款，则：

(一) 乙方应协助甲方采取一切合理的补救措施。

(二) 乙方应承担相应赔偿责任：

1. 乙方未就本协议第一条第(一)、(二)、(三)款履行本协议的保密义务，应一次性向甲方支付违约金人民币贰万元整；

2. 乙方未就本协议第一条第(四)、(五)、(六)、(七)款履行本协议的保密义务，应一次性向甲方支付违约金人民币贰仟元整；

3. 如甲方实际损失超过上述金额，乙方应按实际损失进行赔偿。

(三) 因乙方的违约行为而使甲方被提起诉讼或仲裁，或/和须向第三方承担违约、侵权或其他赔偿责任的，乙方应当赔偿由此产生的任何成本和费用。

(四) 甲方有权要求乙方因违约行为而获得的收益归甲方所有。

(五) 甲方有权随时单方面解除或终止乙方的工作。

(六) 乙方应依法承担的其他责任。

第六条　争议解决

(一) 本协议适用中华人民共和国法律。

(二) 因履行本协议发生争议协商不成的，双方可通过诉讼解决，向甲方所在地人民法院提起诉讼。

第七条　其他约定

(一) 任何对本协议内容的修改或变更均须双方共同书面认可。

(二) 本协议具有独立性。不因本协议的某条款被认为无效而无效；不因其他协议或合同的效力而改变。同时，也不因乙方在甲方的工作或服务终止而终止。

(三) 本协议一式两份，甲乙双方各执一份，具有同等法律效力。

(四) 为本协议之目的，除协议中有明确的说明外，下列术语解释为：

1. 甲方工作中的甲方是指包括但不限于甲方及其分支机构。

2. 甲方保密信息中的甲方包括但不限于甲方及其分支机构和关联方。

甲方(盖章)：　　　　乙方(签字)：

(或授权签字人)

年　月　日　　　　年　月　日

对于保密协议的签订，乐乐和老板确定了需要签署的人员名单之后，也全部进行了签订。乐乐觉得应该万无一失了，赶紧提离职吧，老板也没有挽留，乐乐就这样，在短短不到三个月的时间就从新公司离开了。

失利总结——解决问题才是关键

离职后的乐乐像霜打的茄子，沮丧、无头绪，心情一直很低落。很想找师傅聊聊心事，但羞于自己当时的冲动和任性，也觉得无脸见师傅。总觉得自己的职场之路就要这样中断了。怀疑自己是否还能做人力资源工作。乐乐觉得可能有些道理需要自己去想、去思考，想明白了、想通了、想透了就会顺了。

乐乐把自己关在房间里，闭门思过了一个星期，回想在公司里发生的一切。自己也非常努力，也非常想把事情做好，也想把自己以前学到的知识都用上。但似乎怎么都用不上，自己的强项也发挥不出优势，为什么呢？

思前想后还是没有想法，只好厚着脸皮打电话给师傅，没想到师傅很爽快就答应了，师徒两人约在一家港式茶餐厅见面。

“乐乐，你气色不太好。是不是太累了？”师傅如沐春风的关心。

“哎，师傅。我挺后悔当初自己太冲动，没听您的劝。现在又得重新找工作了。”乐乐垂头丧气地说。

“也不能这么说。每一份工作都是一次经历，都是很宝贵的。关键看你能否从中学到什么或者受到什么启发。”师傅轻声说，想开导开导乐乐。

乐乐把自己从离职到后来所有经历的事情和师傅描述了一遍，终于觉得心中舒服了不少。

“不少老板都是追求短、平、快，迅速见成效，所以你开始选择要做的事里，做岗位说明书、做流程可能是需要放在后一步的。就像时间管理里说的那样，分清什么是紧急且重要，重要不紧急。你所服务的公司，还在初创期，流程、制度都是大工程，而最需要解决的问题是哪些，这个是一开始就要去做的。大工程需要很多人力、物力、财力的配合，而你最关键的任务是如何吸引优秀员工，如何用好成本，把每一分钱用好，用在刀刃上。我们一起来看看关于岗位说明书的一篇文章。”

作为人力资源工作中的一个文档工具，不得不提到岗位说明书。岗位说明书是什么？有什么用呢？其实最重要的作用是说明企业期望员工做些什么、员工应该做些什么、应该怎么做和在什么样的情况下履行职责的说明。在规范的企业中都有岗位说明书这类文档，是根据公司的具体情况制定的，而且在编制时，文字简单明了，并使用浅显易懂的文字填写，内容要越具体越好，避免形式化、书面化。对于不少人力资源的从业人员，刚进入新公司，想了解公司的岗位关系、岗位内容首先都会从岗位说明书入手，所以对于很多人来说，岗位说明书很重要，可以看到岗位对员工的具体要求。而岗位说明书最直接的作用是在招聘中就可以依据它的要求对人员进行选择。

在实践过程中发现岗位说明书的使用会遇到很多问题和困难。请看以下情景。

情景一：小王刚考过了人力资源执业资格证，在考前培训中老师不断强调岗位说明书的意义和作用。小王认为做人力资源工作首先必须做的就是好好完善岗位说明书，如果缺失，这个公司的人力资源工作就很有问题。正巧小王应聘到一家新公司，这个公司成立时间不短，制度流程也都有，看上去各方面都很完善。小王心中暗喜，只要赶快把这些资料看明白了，对公司的了解应该也有个七八分。可没想到很快发生了一件事，公司领导让小王去进行一类岗位的整合，小王根据岗位说明书上的内容及自己的设想做出了一个方案，但很快被领导退了回来，原因是不符合现实状况。小王很疑惑，这些不都是根据岗位说明上的介绍来设计的吗？怎么会不符合现实状况呢？后来小王才了解到原来公司因为想做的规范，很多制度流程并没有按照公司的具体情况来进行编写，只是照抄照搬一家同行企业的制度流程，结果就是看上去非常完善，实际上完全不对版。小王因为刚来，而且太相信文档，却没有真正去了解过实际情况，最后的结果当然就不尽人意了。

情景二：小李应聘到一家发展不完善的公司从事人力资源工作。小李觉得自己对人力资源各个模块都有一定的了解，所以一定会在这个平台上大展拳脚。看到公司人力资源方面各项制度流程都不完善，连最起码的岗位说明书也没有，小李决定自己到公司最首要的工作就是把公司所有的岗位的岗位说明书整理出来，这个可是基础。在花了很多时间进行访谈、不断了解各岗位的实际情况之后，历时一个多月，岗位说明书终于问世了。小李觉得很兴奋，觉得这个说明书可以对人力资源很多模块的工作有所帮助，但很快他发现并没有什么人会主动使用这个岗位说明书。领导也问小李说："小李，你忙前忙后时间也不短了，但发现人力资源工作没有太大的变化，做出的岗位说明书对公司似乎也没什么帮助。你要好好想想怎样把人力资源工作落地。"小李听完心里很委屈，我辛辛苦苦做了人力资源基础的工作，还得不到理解，真是很冤啊。

其实在现实的人力资源工作中，经常会有类似的情景发生。情景中的小王、小李对岗位说明书的意义认知有一些偏差，最后的结果当然不会理想。

岗位说明书的意义是什么，我们该如何用呢？通过岗位说明书我们确实可以对各岗位的工作内容、岗位职责、岗位核心能力、重点、岗位与岗位之间的关系做到一定的了解，对于人力资源工作的各个领域都有一定的帮助。但是岗位说明书也需要花时间去维护和更新，而且一定要根据公司的实际情况去编写，如果像情景一中公司的做法，为了让制度流程好看而照抄照搬同行企业的，岗位说明书就只是花架子。对于使用岗位说明书的人来说，在看岗位说明书的过程中一定要结合实际去了解目前岗位的情况，要向正在从事这个岗位的人员和直属管理者去真正了解岗位是否有变化，例如对于岗位从业者的要求、岗位胜任的能力，如果是新兴的岗位，是否可以找到岗位从业者的模型等，这样才可以把岗位说明书真正用到实处。

另外对于建设人力资源模块、完善人力资源工作，并不是一定要从岗位说明书的编写开始。像情景二中的小李，到一家新公司工作，在还没有了解公司的具体情况和领导对他工作的期望就一头扎进岗位说明书的编写工作中，虽然下了很多工夫，岗位说明书是编出来了，但给公司带来的作用是什么？可能小李并不清楚。我们并不是为了做而做，一定要清楚我们做的目的是什么，可以给公司带来什么效果。我们可以先找到公司当下必须要做的事，岗位说明书的编写可以在处理必须要做的事的同时进行。毕竟人力资源工作在企业中是需要解决实际问题的，一切工具也是为解决实际问题而存在的。

师徒两人一起看完了这篇文章。“乐乐你看，不管用什么人力资源工具，关键之处是要解决企业中存在的实际问题。”师傅很认真地说。乐乐心里想，这文章里不就是在写自己吗，太精准了。

“是啊，师傅。和我一起入职的财务主管就完全不同。他一入职就发现公司在某些成本上没有合理控制，而且很快找到了解决方法。在处理税的事情上，对公司、对员工都受益，两全其美，何乐而不为。而且他选的切入点很好，覆盖面广，受益人群多，所以他的第一把火就烧得非常好。所以我觉得初到一家公司，一定要能找到突破口，而且一定要找到一个有利、见效快、利益直接的工作进行开展。这样很快可以得到大多数人的支持，而且很快建立自己的内部人脉圈，这样接下来的工作才好开展，自己在公司也能站稳脚跟。”乐乐感慨万千。

“新官上任的几把火确实很重要。你现在回想一下，自己最应该解决的几件事是什么呢？”师傅想考考乐乐。

“我觉得应该先把自己看到的问题找到解决方法。例如员工严重加班问题，档案不完整的问题，随意调薪的问题，这些都和员工和公司的利益密切相关。其实后来我发现员工加班严重，公司一直是以加班费的方式支付，所以有些员工为了加班费存在混加班的情况。而且没有严格的加班申请审批，所以每个月公司需要支付的加班费用占比很高。如果当时把这个加班问题进行严格控制，将员工和公司的利益做好平衡，老板估计会很满意。可惜当时没想到。”乐乐猛叹了一口气。

“做人力资源工作也像医生一样，必须先进行组织情况的诊断，当发现了问题之后，接下来就是进行解决方案的设计，系统地进行思考执行，最后解决问题。这种思路和方法可以慢慢进行学习。你看医生用医疗器械检查病人，根据病人的症状和检查的结果初步得出诊断结果。但是在诊断的过程中，还需要结合一些经验来进行，并不是直接套用。我们也一样，虽然有各种制度、流程，网上也有各种各样海量的资源，但如果没有结合公司的实际情况，最终是没办法解决任何问题的。看来这次的经历，你还是收获很大的。可以好好总结一下。”师傅拍了拍乐乐的肩膀。

“师傅，收获很大，感觉像一场梦一样。自己走出来才发现其实自己缺乏的东西还很多，还有很多地方需要向您学习。”乐乐从内心觉得自己太不成熟。

“那你下一步打算怎么办？”师傅很关心地问。

“想找一份新的工作，然后去参加人力资源管理师的学习和考试。我觉得自己需要补充的知识太多了。不知道师傅有没有好工作可以介绍介绍？”乐乐忍不住问了一句。

“不知道你是否愿意再回来，我倒是不介意。”师傅笑着说。

“谢谢师傅还愿意收留我，我还是挺不好意思的。”乐乐害羞地低下了头。

“你回来可以好好学习，努力干出成绩喔。你肯定可以的。你回来主要是侧重做员工关系、企业文化建设、还有一些项目性的工作。另外还有一个重要任务，就是培养后备人力资源人员。”师傅还是一如既往的关心乐乐的成长。

回归老东家——特殊时期辞退员工

毕竟是回到老东家，乐乐觉得各方面还是很熟悉的。制度流程规范有序，乐乐觉得还是在这样的公司工作比较好。乐乐也给自己定下目标，希望可以学到更多的东西，能够有更大的突破。

“乐乐，等会有个员工会过来找你，你直接把离职表递给他填吧。”张经理向来说话就是这样，还容不得你半秒钟的思考，对方的电话都已经放下了。

乐乐缓过神来，赶紧回拨电话问：“张经理，您刚才说有个员工要过来办离职？这么突然？发生什么事了？”

“没什么事，我们都谈好了。今天就办离职，他这个月的绩效又没达标。”电话里感觉到张经理又急又烦，恨不得员工立刻消失。

“张经理，这个员工我们每个月都有沟通，目前看到他的绩效也在逐步提升

过程中，而且员工的工作态度也很不错。一定要这样处理吗？况且过两天就是春节了，这个时候处理有点不妥吧？”乐乐尽量用平缓的语气说。

“没什么好谈的。我们销售压力这么大，也没时间再让他慢慢进步了。赶紧炒了他，招个新人还好培养很多。我们还帮公司省了成本，一举两得。”张经理依然不肯松口。

乐乐心想，这张经理也真够狠的，虽然这个员工绩效并不理想，但其实还是可以达到公司规定的基本目标，只是排名在团队里总是垫底。既然张经理一定要这么做，怎么办呢？乐乐还在想办法的时候，没想到员工已经出现在面前了。

“乐乐，你好。张经理让我过来找你。”员工头也不敢抬地小声说。

“好的，张经理让你过来找我做什么？”乐乐反问一句。

“张经理说你会找我谈话。”员工抬头并看了乐乐一眼。

“这个张经理，不是说让员工找我拿离职表吗？不是都谈好了吗？怎么员工似乎什么都不知道一样。”乐乐头有些发胀，心里像堵了一口气，真想骂人。“冷静、冷静、千万别冲动。”有一种声音一直在告诉乐乐。

乐乐赶紧把员工带到会议室，让员工坐下并给他倒了杯水。“你先稍微坐一会，休息一下。”

乐乐又拿起电话打给张经理，“张经理，员工说他什么都不知道。你和他谈过离职的事吗？”

“哎呀，没啥好谈的。这些事你们处理专业，反正他过来找你，你搞定就好了，我们这些粗人做不了这些事。我要开会了，交给你了。”话音未落，电话就断了。

乐乐心想，再这样打电话也没用了，想想怎么处理吧。赶紧把之前关于这个员工的培训辅导、绩效记录全部调出来，这个员工确实绩效一般，但问题是去年的时候员工本来自己就主动提出过离职，当时部门比较缺人，所以去年他是被挽留下来的，现在不管怎样，就这样让员工离职肯定不合理。先和员工聊一聊，看看他是怎样想的。

乐乐赶紧走到会议室，推门落座。

“王丰，你好。是这样，今天刚出了上个月的绩效情况，你的排名在整个区是后5%，张经理已经和你沟通了你的绩效状况了吧？”乐乐看着员工。

“是的，刚才我来之前，经理和我说了。这个月的绩效排名我又是比较靠后。”王丰很丧气地垂下了头。

“你的绩效状况我一直也有关注，虽然看得出你做了不少努力，但还是不太理想。之前上级给你做过一些辅导，似乎效果还是不太理想。你有没有想过原因？”乐乐继续问。

“乐乐，你不是想要辞退我吧？”员工突然绷紧神经似的说了一句。

乐乐第一次独立处理这样的事儿，本来心里就有点虚，员工这么一提心里更是一惊，没想到员工直接点破。按照公司以往对于绩效不理想的销售人员进行淘汰的制度，常规的处理是希望员工可以自己主动提出离职申请，公司不希望对于这种情况还需涉及经济补偿方面的问题。乐乐心里明白公司的想法，但自己觉得还真没把握，特别是在马上就要过年这一敏感时期。

“呵呵，我们的沟通是想了解一下你心里的想法，这样才能更好的帮助你。”乐乐有点心慌，但还得故作镇定。

“乐乐，不瞒你说，我一直也在想，我以前一直做面对面的销售工作，那个时候自己做得很不错，业绩也好。后来改做电话销售，刚开始还可以，后来觉得自己有点疲倦，虽然下了苦功，也学习了不少方法，但总是拼不上去，我自己也很苦恼。”员工苦恼地说着。

“那你有没有什么计划或打算？”乐乐试探性地问了一句。

“其实还没想好，我很想做好，让其他同事对我刮目相看，但总是没太大起色。正好快过年了，我也想好好思考一下，是否还要继续做下去。”员工似乎有些犹豫。

“确实需要好好想想，找到适合自己的方向做起来更加顺手，心情也好。”乐乐笑了。

“是啊，你说的没错。现在每天上班我的心理压力挺大的，总是觉得自己做不好拖累其他同事，影响团队的业绩，但又觉得现在这份工作各方面比上不足，比其他还是有余，所以又舍不得放弃。我也知道张经理不想让我继续做了，但我真的不想过年前辞职。”员工有点哀求地说道。

乐乐于心不忍，但是谈话还得继续。

“你也不容易，早点规划好自己，找到适合自己的方向长远来说更重要。你仔细想想，我也可以帮你好好分析分析，如果你愿意的话。”乐乐真心想帮助这个员工。

“你可以帮我和张经理说说吗？”员工很难过地问。

“和张经理说什么呢？你可以把自己的想法告诉我吗？”乐乐继续问。

“我真的不想过年前离职，求你们了。即使你们想年前辞退我，给我补偿我也不愿意。”员工的语气很坚决，也有些激动。

乐乐最怕这种情况，用人部门把员工推到人力资源这边，但既然要谈肯定要有个结果。而且之前也给了员工缓冲时间，培训、辅导各方面都有做到，但员工还是没有达到既定的目标。乐乐也考虑过公司内部有没有其他岗位可以调配，可是也没有合适的岗位，一直拖着也不是办法。

“我理解你的心情。我给你一些时间，你在会议室里静静想一想。我也会和张经理那边沟通一下。”乐乐走出会议室。

“张经理，我和员工沟通了。其实这个员工应该是有离职的打算，只是不希望过年前离职，人之常情，心理上也有点难以接受。你看在离职时间方面可以调整一下吗？”乐乐用商量的语气说。

“其实也是，过年前离职，发生在谁身上都难受。我也是没办法，上面领导给的业绩压力大，一个人占着编制，但又不出绩效，我也顶不住。”张经理似乎松了点口。

乐乐心里暗想，这个张经理真是，刚才疯了一样，现在又开始有点人情味了。

“那既然一定要员工离职，离职时间可否放在过年后的第一个工作日？”乐乐试探着问。

“这怎么行？上班第一天办离职，多不吉利。”张经理立刻反驳。

“别急嘛，张经理。我是这样打算的，今天可以让员工把离职的手续办理了，只是离职时间写在年后的第一个工作日，可以吗？”乐乐慢条斯理地说。

“哦，这样，可以考虑一下。我和总监请示一下，等我电话。乐乐，不错啊，考虑得很周到嘛。”张经理似乎卸下了一个包袱。不一会儿，张经理打电话来说总监同意这种方法。

乐乐再次走进会议室，不同的是这次她拿着离职申请表，员工还坐在椅子上。一见到乐乐立刻站起来，似乎像看到救星一样。“乐乐，怎么样？张经理怎么说。”

“别急，你自己考虑的怎么样了？”乐乐莞尔一笑。

“我仔细想过了，决定申请离职，只是还是希望可以年后。现在离职，太没面子了。”员工尴尬地苦笑了一下。

“嗯，我明白，人之常情。我和张经理沟通了，同意你的辞职申请，时间放在年后第一个工作日，只是今天需要把离职手续办一下。”乐乐看了看员工。

“嗯，非常感谢！我突然觉得心里轻松了很多。”员工笑了笑。

“希望你很快找到自己的方向。如果有什么需要可以找我，看我可不可以帮点什么忙。你把个人简历的电子版发给我，如果有合适的岗位我会推荐你的。”乐乐从心底真诚祝福员工。

员工很快填写离职申请，在离职原因那里，员工主动填上因为个人原因。突然员工停下来了，乐乐在旁边愣了一下，心想：他要反悔吗？

“乐乐，可以拜托你一件事吗？”员工说道。

“只要我可以做到的，不用客气。”乐乐豪爽的一面完美体现出来。

“我可以在以后找工作，留背景调查人的时候填写你的名字和联系方式吗？”员工小心翼翼地问。

“当然可以，希望你找到自己的方向，找到适合自己的工作。”乐乐开心地笑了。

员工填好了离职申请，如释重负地走出了会议室。乐乐也舒了一口气，这可是自己第一次独立处理这样的事情。乐乐觉得自己处理得还算不错，非常想尽快分享给师傅。

“师傅，我今天处理了一个绩效不佳员工的离职事宜，最后员工主动申请离职。而且员工走的时候挺开心，还谢谢我呢！”乐乐很得意。

“那你总结一下今天为什么可以处理得这么圆满呢？你觉得自己做到了些什么。”师傅继续问。

“我觉得处理这种事情，首先需要做好充分的准备工作，把员工的各项情况都了解清楚，不要过于依赖业务部门的说法。就像今天这个事，张经理说我只要把离职表给员工就可以了，其实他都没明确和员工说清楚，幸亏我没有直接给员工离职表，而是主动了解他的状况和诉求点。我控制好自己的情绪，不慌不忙、不急不躁。

今天我刚知道其实张经理和员工没谈过，就把员工直接推到我这里，让我办理员工离职手续的时候，我心里直冒火，但后来我学会了冷静。在和员工交谈的过程中，学会多引导员工，不纠结某个方面，可以选择冷处理的方式。在双方达不到共识的时候，可以不用着急说话，选择保持一小段时间的沉默，在这个过程中有的问题便会迎刃而解。”乐乐说了很多。

师傅笑了笑：“乐乐，你在处理这件事上的收获不小。这次的事情可以作为一个学习的案例，以后辅导人力资源人员时可以用上。”

辞退不是解决员工问题的唯一方法

快过年了，放假前大家的心情都特别放松。但员工的事情反而还不消停，出现问题的频率反而不低。早上才10点多，又出了一件事。

“乐乐，真是烦死人了，这马上要放长假了，事情还一桩接一桩。”徐经理先到乐乐办公室里先发了顿牢骚。

“我们团队的程峰，你知道的，那个鬼家伙，今天违规操作，在与客户家人沟通的过程中主动透露客户的个人信息，情况比较严重，我们希望今天之内让他立刻走人。”徐经理说完还习惯性地抓了下头发。乐乐感觉到徐经理内心其实也不想这么做，估计是上级给了压力。

“可以把事情的具体经过告诉我吗？即使要辞退，也要看看我们是否有制度做支持。”有了昨天的处理经验，乐乐明显感觉心中有底。

“是这样的，我们明确规定，在与客户沟通的过程中，不可以提供客户个人信息给除客户本人以外的人员，这个规定反复强调过，而且这个员工也是老员工，不应该违反操作规定。这次不下狠心处理，以后还不知道还会发生什么。”徐经理语气坚定。

“徐经理，我理解你的想法，但是在我们所有的制度上都没有提到员工第一次出现这种行为就必须辞退的说法，所以目前没有办法辞退员工。”乐乐气定神闲。

“你们人资总是会有办法啦，这种事情对你们来说不就是小意思嘛！帮忙想想办法。”徐经理继续说。

“亲，不是帮不帮的问题，如果该处理的，我们一定不会手软，但员工的这次行为确实没有达到必须辞退的标准。我们还可以用其他方式警示他。”乐乐缓和了一下语气。

“这可不行。总监都下了死命令，一定要严肃处理，今天就辞退这个员工。我也没办法。”徐经理的语气越来越强硬。

“徐经理，处理员工方面的事情，你是非常有经验的。这个员工的行为确实还没有达到要辞退的地步，如果非要这样做，那得由你和员工谈了。毕竟员工违规操作的具体情况你是最清楚的。”乐乐也不客气。

“乐乐，你这样不行吧。员工关系的问题肯定是人资来处理，如果这些也是交由我们业务部门来进行，我们的业务还用不用做了？”徐经理声音越来越高。

两个人突然沉默了，谁也没说话。

“徐经理，我们一起找员工谈一谈，了解一下员工的想法和打算。”乐乐说。

“行吧，那快点，忙死了。”徐经理很不情愿。

谈话很快就开始了。经过询问了解，员工其实已经意识到自己的问题，作为老员工他也明白自己的行为非常严重。程峰手上还拿着一张纸，上面密密麻麻写满了字。乐乐拿过来看了一下，原来员工写了一封检讨书，从字面上看态度还是很诚恳的，上面还写着希望公司给予惩罚，也希望自己可以接受教训，下不为例。

“你再好好反省一下，你希望公司给你什么惩罚？”乐乐问。

“公司给予什么样的惩罚我都接受，我知道自己很不应该犯这样的错误。但还是希望公司可以给我一个改过的机会，不知道有没有可能。”员工眼眶都湿润了。

徐经理又动之以情、晓之以理地说了一大堆。乐乐给徐经理眼神示意了一下，两人从会议室里走出来。

“徐经理，还是得辞退他吗？”乐乐调皮地问了一句。

“乐乐，你说我们做经理容易吗？培养一个人花了这么多时间心血，也不想就这样浪费了。但他确实也不争气，就这一下子违规，我的绩效就被扣了5分，整个团队也受到影响，你说我气不气。若不杀鸡儆猴，以后工作还怎么做，团队里的员工都看着呢。”徐经理一脸无奈。

“我明白，你们确实不容易，但辞退也不是解决员工问题的最好方式。虽然员工认识到自己的错误，并且提出了建议，我们看看有没有可能采纳，避免以后还有人会再次出现类似的错误，但对于他的行为还是不能手软。他本人已经写了一份检讨，再让他写一份行为承诺，另外发一份违规处罚的通知给整个业务团队，让大家警醒，您觉得可以吗？”乐乐说了自己的想法。

“我和总监商量一下，不知道是否可以。”徐经理思考了一下。

“徐经理，麻烦您了。如果需要，我可以和您一起找总监谈，您觉得怎么样？”乐乐主动问了一句。

“呵呵，没事没事，我等会找总监聊，这个员工先放你这里，我现在不想看到他。”徐经理的气还没消。

没过一会儿，徐经理来了电话。“乐乐，先按你说的方案进行吧，以观后效吧。我的情绪没控制好，以后还得多向你学习学习。”

“没问题，等下我把相关的资料、处罚通知等都给您过过目，您帮忙审审。员工先在我这里处理完了，我再送上去给您。”乐乐回应。

事情终于处理完了，在业务部门内部发出了处罚通知，员工坦然接受了公司的处理。

乐乐开始逐步养成了一个习惯，每天会把自己处理的事情记录下来，还会总结自己做得好的方面和不足。乐乐觉得一定要把这个好习惯坚持下去。

培训人力资源人员

计划很重要

师傅希望乐乐可以对新入职的人资做一些系统的培训。其实之前乐乐也零零散散做过一些，只是不够系统，正好趁着放假休息，乐乐也仔细考虑了一下培训人力资源人员应该怎么做，因为很快就会有三位新同事入职，师傅希望新同事可以迅速上岗。

乐乐做了一个大致的计划，对于新入职的人力资源同事应该如何进行培训。首先进行一周的脱岗培训，主要是将上岗后即刻会用到的、必须掌握的制度、流程、规范、方法进行培训，以案例分析和讨论的方式进行。乐乐在放假期间，把自己之前遇到的情景制作成了很多故事案例，希望通过案例分析讨论的方式，让新员工迅速消化吸收。

在培训结束后，乐乐打算安排一次考试，考试采用是笔试和面试相结合的模式。面试的方式是情景模拟的形式，将工作中可能遇到的场景进行实地模拟，考察新员工的实战能力。

脱岗培训结束，员工通过测试之后，在入职三个月内，每周会进行专题分享活动。包括工作中涉及的人力资源所有模块的内容，每一位新员工都需要进行分享。主要的作用是促进专业知识和解决问题能力的提高。乐乐把自己的想法做出了一个计划表，希望培训能够按照制定的计划进行。

乐乐把自己的想法告诉了师傅，也把计划给师傅看了看，希望师傅可以给一些建议。师傅还没看，却谈起了以前培训人力资源新人的故事。

“记得以前我接受过一次新员工培训，当时的公司也是第一次给人力资源人员做培训，负责培训的第一个人力资源经理从公司组织架构到各部门领导、制度流程、薪酬福利、招聘技巧等等，从早到晚地讲个不停，一直在说，我们连问的机会都没有。负责培训的第二个人力资源经理就是不断的有事、有电话要处理，第二天的培训就成了看书、看制度，可公司的制度太多了，看得大家一头雾水，晕头转向，所以当时还没入职就感觉压力很大。后来再回想这段培训，翻开当时的笔记，其实如果换一种方式或许会更好：把最关键的、最需要掌握的内容理出来，把原则性的东西告诉新员工。”师傅似乎想到了以前很多往事。

“师傅，确实是这样的，我也有点体会。”乐乐笑呵呵地说。

“对于不同的行业，可以把关于这个行业人力资源工作必须掌握的知识讲述一遍，让跨行业的人力资源人员有一个大概的认识。在过程中可以穿插故事分享、个人感想，让大家更有感性的认识。如果新入职的人力资源人员都是有一定工作经验的人员，只需要把在实际操作过程中容易出现的问题和特殊处理方法和大家进行详细讲解即可，而不用事无巨细，说太多反而让员工没有心思学下去。另外在培训的过程中如果可以针对成人学习的特点，以实用式、特例式、分享式的方式进行参与式学习，估计效果会大不一样。我看你的这个计划挺好的，很用心，我给你点个赞！”师傅好好夸了一下乐乐。

“师傅，谢谢您的夸奖，这些只是我自己认为用这样的方式会更好，但之前也没有尝试过，所以还不知道最后的效果。”乐乐有点不好意思。

“没关系，我们一起尝试先这样做。如果遇到问题再调整。”师傅很有信心。

乐乐把自己做的计划打开，仔细看看还有没有需要修改和补充的内容。

新员工入职一周培训计划(见表2-1)：

表2-1　新员工入职一周培训计划

序号	培训内容	时长	培训方法	负责人
1	人力资源现状及行业介绍	1.5天	讲授+视频	
2	人力资源制度及操作重点	1.5天	案例讨论	
3	人力资源常见问题及分析	1天	讲授+案例讨论	
4	人力资源人员的职业发展和答疑	0.5天	讲授+视频	
5	考试	0.5天		

新员工入职三个月分享计划(见表2-2)：

表2-2　新员工入职三个月分享计划

序号	分享内容	时长	培训方法	负责人
1	紧急招聘如何应对	1小时	案例讨论	
2	心理学在人力资源工作中的运用	1小时	案例讨论	
3	如何望闻问切了解员工	1小时	案例讨论	
4	招聘团队如何建立	1小时	案例讨论	

理性的行为，感性的语言

按照情景模拟和实操的方式进行了新人力资源人员的培训，乐乐觉得这种培训不过是一种引导，而真正的培训应该无时无刻不间断地进行，乐乐一直在思考，如何才能把培训做得更好，更有成效。

做人力资源工作每天就像上战场，像一个勇士总是冲在最前面，但仅有勇猛不够，优柔寡断也不行。乐乐在人力资源这个战场上，拼搏的时间不短，越来越有体会和收获，虽然知道自己是个感性偏重的人，但经过了种种事情之后，深刻体会到处理事情的时候理性感性的尺度。但周围的同事还是会因为把握不好而导致问题的发生，乐乐也在思考如何把这种理念和方法传授给周围的同事。

前几天公司发生了这样一件事，有一个员工在公司组织的活动中因为违反安全流程而导致身体受伤。负责处理的新同事非常同情员工，想到对方家里很困难，又是在工作场地受伤，所以想尽量给员工争取更多的补偿和工伤费用，在未确认清楚具体可以支付的费用数据后就和员工做了沟通。她告诉员工，公司可以为其支付一大笔可观的费用，员工当然很开心，也觉得理所当然，可是后来的结果却并没有那么多。当所有该支付给员工和公司额外支付给员工的费用都批下来，人力资源人员告诉员工的时候，员工的家属觉得公司亏欠了员工，应该赔更多，天天到公司里大吵大闹，影响了公司正常的工作秩序。最后通过协商，公司额外给员工多支付了一笔慰问金才终于平息了这件事。负责处理的人力资源人员觉得很自责。

乐乐问：“你当时怎样想的？”

她说：“当时是觉得员工毕竟是在工作场合受伤，帮他尽量申请补偿是应该做的。”

乐乐又问：“那这位员工为什么受伤，原因是什么呢？”

回答：“是违反了流程引起的。但当时我觉得员工很可怜，因为受伤，估计几个月不能上班。”

“还记得你入职的时候，我们分享过的案例吗？做人力资源工作应该说什么，不该说什么，底线在哪里等。还有没有印象呢？”乐乐又问。

“嗯。我记得当时你有和我们讲过人力资源人员善良的底线。”她嘀咕了一声。

乐乐又继续问：“那你记得这些原则，你当时是怎样和员工谈的呢？”

“当时我和他说，我会帮你申请例如工伤补贴等费用，应该会有一笔比较可观的金额，让他放心修养，早日康复。”

乐乐又继续问：“现在回想起来，你当时和员工说的这句话有没有需要改进的？”

这名同事很有感触地说：“我觉得自己没有把握好原则，太感情用事了。其实员工虽然受伤了很可怜，但是也是因为违反了流程导致的，所以还是得和员工说清楚。另外在帮员工申请补助之前，不能把所有可能申请到的费用都告诉员工，需要降低对方的期望值，否则万一出现补贴无法申请到预期情况的时候，员工心理上的感觉会很不好。最后我总结了一下，以后遇到类似的事情还要和员工家属沟通，取得家属的理解和信任。”

“确实是啊，做人资工作一定要理性的行为、感性的语言，把握好度，不能因为同情而放弃了原则。这个教训一定要记住啊。在和员工沟通的时候，一定要有分寸和度，否则就是好心办坏事。不能一开始把所有还不确定的结果都告诉员工，因为有些事情并不可控。另外在处理这些事情的时候还要注意沟通的关键人物，这个员工的家属就是一个关键人物，如果处理不好，就会发生闹事的情况，大家都为难。”乐乐抬头看了看天花板，觉得员工的培养是个长期的过程，应坚持不懈，也体会到当师傅的不易。乐乐心想：“除了课堂教学，日常也应该带着新人一起做，让他们多参与，使他们的技能提高得更快。”

剪不断、理还乱、还得办的员工关系

突然接到总监秘书的电话，电话里说两个激动的员工准备直接冲进总监的办公室，说要评理，怎么都拦不住。

乐乐觉得这是培训新人的好机会，赶紧带上一个新人资跑上楼，就看到两个眼睛瞪得超大，激动不已的员工。“有话好好说嘛，冲动是魔鬼喔。”乐乐好说歹说，好不容易员工终于愿意坐下来了，但什么话都不愿意说。乐乐让新人资坐着陪一陪员工。

乐乐赶紧走向总监办公室，发现总监助理也匆匆走过来。秘书一见到她们，就像见到了救命恩人似的，赶紧把乐乐和总监助理拉到一边。

“刚才好可怕呀，那个女孩子真是个女汉子，一声不吭就往办公室里冲，不知道怎么了，吓死我了。幸亏总监正好出差不在，要不我肯定要挨骂了。”秘书的眼里有一丝委屈。

“我先和员工谈一下，看看具体什么情况。”乐乐赶紧去找员工谈。因为多次的经历，乐乐对处理员工的事件已经胸有成竹了，唯一不同的是现在还需要带着新同事一起做。

沉默许久，两个员工互相对视，不知道从何说起。“不想说了？不说我可要走了喔。”乐乐故意打趣，想缓解一下紧张的气氛。

员工终于慢慢说出了自己的委屈，事情的原委是这样。“乐乐，其实不瞒你说，因为公司即将开展表彰会，但必须是符合一定的条件的人员才可以获得嘉奖，虽然进行评比的标准更改了几次，但由于我们的绩效一直都名列前茅，所以我们心里认为一定可以获奖。”员工说着说着有点哽咽。

“但前两天偶然听到一些同事在聊天，提到了一些可能受表彰的同事，但听说获奖名单里并没有我们，我们就觉得奇怪，关键问题是听到有绩效不如我们的同事都在受表彰人员名单之列。你也明白，那种不舒服，心里很难受。我们就赶紧跑到主管那里问评选的标准是什么，为什么自己没有评上奖。”员工说着说着有点激动起来。

“但是主管也没说明白，虽然答应等经理开会回来后再告诉我们，但也没说具体的时间，而且后来等了一两天还是没得到明确答复。我们当然很不爽啊，就直接打电话给经理，但得到的答复仍然是等。你说表彰会一两天后就要举行了，我们觉得真不能再等了，所以我们今天就直接来找领导，想解决问题。”员工觉得理直气壮。

“我理解你们的想法，有疑问确实是需要了解清楚。只是你们今天这样横冲直撞的行为是不是有点莽撞，欠考虑呢？”乐乐直接点了这句。

“额……额……”员工有点语塞，两个同事低头互相看了看对方，“我们也知道这样的行为不好，但也是没办法，总是得不到答复，只好孤注一掷了。”

“以后千万别这样了，大家都是想解决问题，这样莽撞的后果是问题还没解决，反而违反了公司的制度，得不偿失，你说呢？”乐乐拍拍两名员工的肩膀。

“你们好好工作，我今天之内肯定给你们满意的答复。”乐乐坚定地说。

谈话结束后，乐乐赶紧去了解具体的情况，原来标准确实更改过几次，而且对于这个评比整个过程虽然向管理层进行过宣导，但对员工从来没有进行过讲解，所以员工觉得疑惑。这两个员工是在候选名单里的，只是因为管理层想给大家惊喜，所以一直遮遮掩掩。了解清楚之后，乐乐赶紧把员工叫到办公室进行了详细的沟通。

“首先明确的是这次评比的标准及你们得分的情况，你们绩效好，表现突出，公司肯定会奖励你们，希望你们继续努力。另外早上发生的事情，你们做的确实不对，所以今天会发警示函给你们，等会你们签个名。以后有什么解决不了的问题希望你们能通过更理性、更职业的方式进行反馈。希望你们继续努力。”乐乐语重心长。

“谢谢乐乐，我们清楚了。今天的事是我们做得不对，以后不会再这样了，也不会道听途说，会以正规的渠道去了解。”两个员工很快签好了警示函并向乐乐告别。

坐在办公桌前，乐乐回想起今天发生事件的一幕一幕，突然想了解一下新的人力资源人员对今天这件事的想法。

“其实这件事本来不应该发生。首先对于优秀员工的评比标准、数据没有向员工公开，虽然是希望给获奖人员惊喜，但评比的标准不公开透明化就容易出现员工的不理解和不信任。其次对于员工的不断反馈，所属管理人员没有一定的敏感性和技巧导致员工投诉的升级。为什么主管不清楚的时候没有及时解决员工的疑问，总是拖延呢？主管们的管理能力和技巧也非常需要提升。”

“乐乐，我觉得今天学到了很多东西。刚开始员工的状态还是挺可怕的，很佩服你的淡定。”新人资以很崇拜的眼神看着乐乐。

“其实我也担心员工有过激行为。只是我们要学会降温。解决员工关系的问题需要把握关键要素，例如对员工个性的把握，对于急性子的员工怎样、慢性子的又应该怎样处理。像这两个员工的特点就是急性子、冲动型，解决了她们的疑问，让她们心里清清楚楚明明白白之后就什么都好办，但如果不解释清晰，含含糊糊，她们可能一直纠结，还有可能做出过激行为，甚至可能传播负面情绪。所以及时有效给出答复是关键。

另外管理者对于公司任何制度的了解、理解一定要做到清晰明确，在和员工讲解的时候，一定要将正确的信息简洁、清晰、准确地传递给员工。如果管理者自身对制度、规定、方案等的认识含糊不清，很容易让员工产生不信任感，直

接影响解决问题的效果。”乐乐啪啦啪啦说了好多体会。“员工关系是一个永远的话题，回忆起我曾经解决过的一些员工问题，有不少问题刚开始看起来都很微小，似乎微不足道，容易让我们忽略，但后来的发展却超乎想象，曾经自己也出现过不少失误。所以防患于未然，解决可能发生的问题是非常重要和必要的。”

人员优化计划

这几天徐经理总是过来找乐乐。事情是这样的，今年公司对市场部门的任务量增加了近30%，徐经理就想方设法一定要乐乐帮忙申请增加人手。乐乐也和徐经理沟通了很久，从岗位设置、部门的定位、岗位工作量分析、部门职责的细化方方面面和徐经理聊了不少。乐乐觉得目前还没有必要增加人手，因为根据目前人员的工作量和工作任务分配来看，进行适当合理的配置是可以完成任务的。目前部门人员岗位职责有一些交叉的现象，如果做一些合理的合并是有一些人力调整空间的。但徐经理总是觉得不增加人手就做不完工作，所以还是一直找乐乐解决这个问题。

师傅最近总是忙忙碌碌，又很神秘，不知道在忙些什么呢？乐乐很好奇，但又不好意思问。

“乐乐，过来一下，和你说件事。”师傅轻声说。

乐乐赶紧走过去，坐到师傅身边。

“乐乐，为了提升人力资源最优化的配置，现在公司要对一些岗位进行合并，我们要一起想一想该如何操作。例如行政专员岗，现在很多个部门都设有这个岗位，这样类似的岗位都需要进行考虑，明白不？”

“师傅，我可以理解为公司有计划地进行减员吗？把同类岗位职责进行整合设置，将人员尽可能进行合并或减少？”乐乐很直接地问。

“目前还是先计划合并，是否要‘瘦身’可能要等到下一步。目前公司人员确实有点多了。”师傅回应。

“师傅，我是这样想的，先把所有同类岗位、部门做一份表，然后把各部门同岗位的岗位说明列举出来，再梳理岗位职责和要求。对于目前公司的岗位进行梳理，看看是否有可以外包或者合并的岗位。”乐乐说出了自己的想法。

“嗯，可以这样。你先大致做一个方案，我们一起再讨论一下。三天的时间是否够？”师傅问。

乐乐愉快地答应了。

经过思考和对公司的了解，乐乐写了一个基本的方案：

为提升人力资源最优化配置，加强公司人员编制的有效管控，现拟实施“人员优化计划”，具体方案指引如下：

一、实施目的

为打造优秀高效的团队，同时建立资源与业绩联动的全面经营理念，实施岗位胜任力考核指标。

二、方案思路

1. 优化组织架构，梳理岗位职责，评估人岗匹配情况，精简高效

业务部门以扁平化管理为目标，重新审视架构设计合理性，梳理岗位职责分工，并对人岗匹配情况进行评估，实现人员高效管理，并能快速应对业务变化。

前端业务部门以提高一线业务效率为目标，对现有单位工时重新进行测算。工时测算由各业务部门主导、人力资源部及业务团队一起参与。实现提高业务考核要求，实施岗位胜任力考核指标机制，使人员工作饱和度更高。

2. 优化现有业务流程

各业务部门应检视业务流程，整合重复或低价值审批环节，合理运用授权，重新审视相应环节，优化流程，实现业务快速响应，减低业务运营成本。

3. 强化淘汰机制

人力资源部将加强绩效预警机制。人资处将连续两个季度绩效排名均后5%的人员向业务处反馈，此部分人员作为重点调整群体，业务处需及时跟进并采取如发放提醒函等有效的措施。人力资源部对措施及结果进行监督。

4. 加大非核心业务外包，细化编制管控

各部门评估总体业务情况，审视可以进行外包的非核心业务，大力推动非核心业务的外包工作。集中管理，发挥资源优势，提高业务质量及效率，降低人力成本。

5. 推进办公自动化、信息化管理

大力推动信息化的业务管理手段，减少手工作业及大量的业务辅助性管理的设置，提高工作效率。

6. 控制辅助性岗位人员配比

各业务部门重新审视自身业务情况，严格控制辅助性岗位人员配比，资源向一线业务团队倾斜。

三、具体实施步骤及措施

1. 将各部门同类岗位进行梳理。

2. 各部门将同类岗位的岗位职责进行确认，同时将岗位主要工作内容、时间占比等整理成文档并进行提交。

3. 梳理整合各部门通用性较大岗位的人员编制。

4. 根据业务波峰波谷情况，合理配置人员需求。

5. 使人员更合理地横向流动，人员调配更灵活。

6. 流程进一步优化，资源合理运用，精简高效。

四、考核及奖励方案

实施后三个月对各业务部门优化效果进行考核评估。各业务部门及负责人按下述方案进行考核：

(一) 考核原则

1. 根据优化效果，考核结果按A、B、C、D四个等级划分。

2. 除KPI考核外，对负起主要责任的部门负责人及主管领导，可参与奖励方案中的奖金分配，并在分配比例上进行一定程度的倾斜(建议可占部门整体奖金比例的30%)。

(二) 考核标准

等级描述考核标准如下。

A级：大力推动计划，执行效果优异，有效控制人员编制幅度大于10%(含)，关键胜任能力考核模块总分加10分。

B级：配合执行“精兵”计划，执行效果良好，有效控制人员编制幅度在5%～10%之间，关键胜任能力考核模块总分加5分。

C级：配合度一般，执行效果普通，人员编制精简幅度在0～5%之间无加减。

D级：配合度差，无主动提出“精兵”计划，人员编制精简幅度为0，关键胜任能力考核模块总分扣10分。

计算公式=原关键胜任能力得分×关键胜任能力模块权重30%+“精兵”加减分

举例：某负责人原关键胜任能力评分为110分，本部门“精兵”人力精简幅度为8%，则其负责人的“精兵”考核等级为B，可在年度考核的关键胜任能力模块总分加5分，即关键胜任能力总评分=110×30%+5=38分。

(三) 奖励方案

对于有效实施优化的业务部门，根据预算节余按比例进行奖励，奖励可用于部门奖励或奖金评优发放。

团队奖励方案如下。

1. 奖励额度=2015年业务部门统筹人力预算节余费用×50%。

2. 奖励上限为2015年业务部门统筹人力预算的5%。

师徒两人把方案又仔细推敲了一番，同时考虑了一下如果进行宣导，各部门负责人的反应会如何，该如何应对。之后，师傅把方案提交给了上级领导审批。很快方案批下来，可以开始进行宣导了，没想到所有的过程都很顺利，员工们也非常赞同这个方案。但毕竟是需要进行人员优化，所以乐乐和师傅决定对于合并后新设置的一些岗位采取内部竞聘的方式。

内部竞聘不简单

和师傅商量了，决定将内聘的方式分为三个环节。主要是笔试、结构化面试、个人PPT展示。第一次大范围进行内部竞聘，乐乐对所有准备参加的人员进行了简单的辅导。首先让大家了解清楚需要竞聘的岗位要求、岗位内容、岗位需要具备的能力等。对于PPT展示，乐乐提醒大家要注意需要针对汇报的对象调整自己需要展示的内容，对于个人的优势进行SWOT分析等。

内部招聘热火朝天地开展着，但问题也随之而来。对于在员工内部呼声很高的员工，竞聘失败了怎么办？有同事来找乐乐诉苦了。

“乐乐，你有空吗？我心情好糟。”

“怎么了，一大早就苦恼了，有啥烦心事，让知心姐姐了解一下。”乐乐还很幽默。

“还不是这个内部招聘闹的。”员工撇了撇嘴。

“我在公司也干了五年多了，在部门内部也有不少支持者。本来我还没有想法去参与这次经理的竞聘，但是不少同事支持我，鼓励让我去参加竞聘。后来我想既然这么多人支持，而且自己在部门里面经验也算比较多，还热心帮助了不少新入职的同事，觉得可以尝试一下这个管理岗位，想想自己也奔30了，也可以朝管理方向发展了。所以我也下了很大的功夫进行准备，而且部门的老老少少都知道我要竞聘。可是现在的结果让我很没面子，本来在部门内部我算是标杆人物，这下子掉份儿掉大了。”员工脸红红的。

“这种心情我可以理解，毕竟上级及同事们对你的认可度是很高的。没成功

的原因你觉得会是什么？”乐乐关切地问。

“乐乐，其实不瞒你说，我觉得对要竞聘的这个岗位我并不太了解，只是通过内聘公告上的介绍知道一点皮毛。你也知道岗位说明书上的内容比较书面化，我对岗位的实际工作内容还是了解得不太清楚，所以在竞聘准备上有点问题。”员工有点不开心地说。

“其实你可以通过更多的渠道对岗位近一步的了解。例如向上级和同事了解。之前我也专门和你们介绍过，其实如果你还是不清楚可以再找我了解，我是很乐意的。”乐乐建议道。

“我自己也没什么经验，而且总觉得自己肯定可以的，毕竟做了几年，也比较有信心，但没想到我对岗位的认知和实际的岗位定位不一致，我开始怀疑自己的判断。我认为职业发展只能走管理路线，专业路线上是没办法发展的，所以削尖脑袋都要向管理路线上爬，虽然我自己觉得其实做管理我并不是太合适。更适合继续朝专业方向发展。”员工叹了口气。

乐乐觉得作为同事还是得帮助员工度过这个心理关卡，否则弄不好竞聘失利的员工可能会选择离职。

“其实在职场的发展并不是只有管理这条出路，专业方向也是一个很不错的职业发展路径。通过这次竞聘，你应该也有不少收获对吧？至少你对自己之前的工作经历做了一个比较好的梳理，而且这次竞聘没成功，只能说明这个岗位不太适合你，并不表示你能力不足，所以你完全没必要有心理负担。”乐乐安慰员工。

“谢谢你，乐乐。我会好好总结一下，虽然这种失落感可能还会持续一段时间，但通过这次我更加明确了未来的方向。感谢你今天和我的聊天。”员工露出了笑容。

员工离开了办公室，乐乐认真想了想今天的事情。其实任何事物都有两面性，首先在竞聘结束后直属上司需要和参加竞聘的人员做一个一对一的沟通。沟通中需要将竞聘过程中表现好和不足的地方告诉员工。同时告诉员工在接下来的工作中可以进一步挖掘的地方，让员工继续努力，不断进取。在沟通的过程中需要给予员工充分表达的机会，让员工把自己心中的疑问和困惑说出来。如果员工竞聘成功，可以继续把对竞聘职位的期望、要求等一一列举出来，当然薪酬的定位也可以一并沟通。

如果员工竞聘不理想，首先需要做到充分的安抚，同理心的体会员工心里的担心和困惑之处，充分给予员工信心和反馈建议。例如："这次的竞聘是一次自己对过往经历的总结和展示。虽然没有成功，并不代表你的工作不优秀、不出色。只是你在这个岗位的要求上有一部分不太适合。接下来我们一起做一个计划，一步步提升这一部分的能力，你觉得怎样？"

如果是员工确实和管理岗位要求完全不匹配、不适合，可以尝试这样表达："你在这些方面的表现确实很优秀，你在专业方面确实是标杆，但并不是所有专业型的人员都适合做管理。按照您目前的情况，我们综合评估之后认为确实还不适合。你看其实公司对专业型的人员也有晋升通道，你可以把更多的精力投入到专业的钻研中，收获或许更大。你觉得呢？"

乐乐觉得公司开展内部竞聘是一件好事，但在操作的过程中怎样更好的关注参与其中的人员，保证人员的良性循环值得深思。人力资源工作者们更需要和用人部门的经理一起正确引导员工朝更适合自己的职业方向发展，并给予员工更正确的鼓励。

校园招聘过程的"五心"

每年到了固定的时间，各个公司都会去校园进行招聘工作。其实校园招聘并不是任何公司都适合，也不是任何岗位都适合采用校园招聘的方式。

公司对校园招聘的定位主要是为了更好地建立公司的品牌，其实对于校园招聘，乐乐还是有不少自己的想法。校园招聘是一个项目性工作，从前期渠道选择、网上测评、行程安排等都是非常让人操心的。

这次的校园招聘，师傅把乐乐安排到华中的一个城市，作为参与者，所有的环节都是由合作的招聘公司安排好的，只是如果遇到突发状况，没有办法提前准备，只能积极处理、灵活应对了。乐乐也参加过两次校园招聘，还是比较顺利的，只是这次因为公司优化人员，所以去华中的一个城市进行校园招聘，人力资源部只安排了两个人，乐乐和一个90后小帅哥小骏一起。领导对这条招聘线寄予了很大的希望，按以往的规律，这个城市的学生还是非常愿意来广州发展，而且目前不少当年入职的学生如今都已经成为公司的骨干力量。

第二天的宣讲会，面试都如期进行，但乐乐却在活动中发现很多问题。学生到场率不足50%，当天的宣讲会和其他公司、同行的时间有冲突，宣讲会的时间偏长，没办法完全吸引同学，一大堆的问题。但不管有多少困难，乐乐和同伴还是一起想办法，希望在当地的四天时间里，可以尽量招聘到足够数量的学生。

乐乐和小骏一起将宣讲会的内容进行调整，将学生们关心的问题，例如公司福利、岗位发展等内容在宣讲时做充分的描述，并且加入了更多的互动，让同学们充分了解。同时将初试的时间进行调整，将宣讲会和初试进行统一安排，让学生们在最短的时间内完全被公司吸引。

两个人通过几天的校园招聘总结了一下，其实如果在校园招聘的整个过程中做到了五个“心”，效果应该完全不同。五心包括什么呢？关心、信心、同理心、安心、决心。分别体现在什么方面呢？两个人一起回忆了几天的招聘。

在关心方面，体现在招聘流程的时间、面试地址的安排上，尽量安排学生到达较方便的地点进行面试，通过短信、微信等方式，详细介绍校园招聘岗位的职位要求、行业知识等。记得当地的气温较低，担心学生容易感冒，还特地在通知面试的短信中提醒学生注意保暖等温馨提示。

在信心方面，不论在宣讲会环节还是面试环节，都会将公司的岗位内容、培训的方式、岗位的难易程度做详细的介绍，同时将公司对员工的培养计划、职业发展进行说明，尽可能让学生理解，建立足够的信心。因为前期的工作做得很到位，让学生们下定决心应聘并且加入公司的意愿强烈，所以校园招聘比拼的不是“高大上”，而是真正的人性关心、关怀。

同理心方面更是所有参与校园招聘人员需要做到的。从招聘信息的发布到最后的录用，多从学生的角度思考，怎样可以高效顺利地达到双赢。

其实在校园招聘的过程中，每个企业的宣传力度、宣传方式及方法大同小异，而最终学生们选择哪个企业却很多时候取决于整个校园招聘过程及后续的录用各项环节中是否给学生们安心的感觉。安心取决于每一个细节，细节会给学生们带来深刻的感受。

当然在所有环节都确保万无一失的情况下，学生们最终花落谁家，除了薪酬福利、发展前景等硬性指标之外，在面试过程中适当给学生们进行职业规划和职业发展的引导，会起到很大的作用。

如果做到了五个心，校园招聘也就成功了一大半。工作稳定、生活精彩，校园招聘的成果显而易见了。

为什么领导不亲自告诉我绩效

校园招聘风风火火，终于完成了。校招差不多结束的时候，最忙的年尾也来到了，让人欢喜让人忧的绩效评定又来了。年终绩效公布的时候，不用问什么，一看同事们的气色就知道对方的年终绩效大概是什么情况。每到这个时候，乐乐也会很主动地了解各部门的绩效沟通反馈情况，但往常也就是收集各部门的绩效确认书。

在饭堂里，一个同事说起她的闹心事："为什么不是领导亲自告诉我我的年终绩效？"

"怎么回事？我看到你签名的绩效确认书呢。"乐乐很疑惑。

"哎，别提了，我这个签名都莫名其妙签的。前两天我们领导的编外助理把绩效确认书拿过来给我，我问她里面的内容，她说不知道，爱签不签。晕死了，你说郁闷不郁闷。"同事直摇脑袋。

"这样啊，你们领导太忙了？没时间？"乐乐还想打个圆场。

"怎么可能呀，我看到她和其他同事也聊了一下，不明白怎么回事。乐乐，你说我今年多辛苦，校园招聘忙了一个月没有休息过。管理培训生项目、员工培训项目都做了很多工作。可结果呢，今年年终绩效比去年还差，只给了个C，只是合格水平，你说，合不合理？是不是领导也觉得不好意思，所以干脆不面对我了。"员工的怨气不小。

"你对这个结果接受吗？虽然你签了名。"乐乐问。

"其实也没什么不接受的，只是觉得不管结果如何，领导至少要亲自和我面对面的谈一下。我也明白，即使自己做得再好，还是有很多不足，可以继续提升。绩效管理的最终目标还是通过反馈和评估的方式提升绩效。我也很想让领导给我一些指导，让我知道新一年的奋斗目标和方向，这个对我来说会更重要。"员工用力搓了搓手，有点不知所措。

"你这样想挺棒的。我想找个机会和你的领导聊一下，看看可否帮到你。"乐乐挺自信。

"谢谢你工作这么细致到位。" 这个午餐让乐乐吃得有点担忧，担心这种情况还会发生在其他部门里。虽然绩效沟通、宣导、培训也做了不少，可是经理们依然按照自己习惯的方式工作。这样下去，绩效工作的开展依然流于形式，没有起到真正的作用。

中午午休，乐乐一直在想绩效沟通的事，为什么部门经理连年终绩效沟通的动作都没有进行，只是交差了事。到底是什么原因呢？今天看员工反馈的情况，其实对绩效并不满意，只是因为员工成熟度高，愿意理解和接受这个结果，但不能因此就一直这样下去。

下午上班时间刚到，乐乐就联系了员工的上级经理："张经理，我昨天已经收到了您这边交过来的绩效确认书，谢谢您，但有个问题，您这边提交过来的绩效确认书都没有写反馈建议和期望喔。"

"是吗？你也知道我忙得要死，每天正常业务工作都一大堆，哪有时间写这些文字的东西。反正员工都签名了，也没风险了，体谅一下我们呗，乐乐。"张经理向来就是这样。

"张经理，我知道您不容易，业务压力大，但如果你把部门内部的员工都培养起来，你就不会那么累了，所以如果你可以抽一点时间写下对员工的建议，然后和员工聊一聊，建立共识，估计会有很大的作用，您觉得呢？"乐乐还是尽量想把自己的想法告诉张经理，希望有一定的影响。

"哎呀，乐乐，你们人力资源的人成天就给我们没事找事，反正大家对绩效也没意见不就结了。对员工的期望太多了，日常都会沟通，没啥必要写了，麻烦。"张经理依然不依不饶。

"张经理，关于绩效沟通的作用你也很清楚，要不您先尝试与20%的员工沟通，看看沟通之后的情况。然后再进行下一步，您觉得呢？"乐乐也毫不让步。

"好吧好吧，我下午抽点时间。"张经理似乎还是不耐烦地结束了电话。

快下班的时候，张经理突然来到乐乐的办公室："乐乐，我今天突然发现绩效的反馈、给员工的建议很重要。"张经理似乎像发现了新大陆。

"怎么说呢？"乐乐反而不解。

"我第一次把自己的期望和建议告诉员工，没想到他们非常认同，而且还主动把自己之前写的计划告诉我，我觉得很棒，可以好好培养一下。我觉得要好好利用这个方法。"张经理像个学生一样，认真汇报着自己的成果。乐乐觉得做人力资源工作的价值开始有一点点体现了，很想把自己的体会告诉师傅。

"师傅，我突然觉得业务部门似乎开始有点听我们人力资源的建议了。"乐乐很幸福地笑了。

"是啊，只要我们真的做到位了，真的可以帮到他们。用人部门也会逐渐体会到的。"师傅表情很平静。"乐乐，和你说件事。"

乐乐心里有点说不出来的感觉，每次师傅用这种语气说话都让人很紧张。"乐乐，因为家里的原因，我下个月就离开公司回上海了。"师傅笑着说，"人力资源的工作你现在做的也是游刃有余，成长速度挺快的，晋升应该指日可待，肯定有机会，不用担心。这段时间你需要承担的工作会比较多，注意细节，保持冷静，如果遇到问题我们可以多讨论。”

天下没有不散的宴席，虽然不舍还是得面对。铁打的营盘流水的兵，师傅离开后，乐乐会觉得突然少了一个拐棍，但必须得慢慢适应。

关于薪酬

要学些什么

说起薪酬大家都觉得挺神秘的，在人力资源的几大模块中，薪酬模块大家也认为是含金量最高的。

乐乐一直非常想了解薪酬模块，但不知道从哪里入门。正好碰上师傅所在的咨询公司开课，乐乐去好好学习了一下，深入了解薪酬到底是什么。

其实要了解薪酬，首先需要了解一些概念，这是基础。像以前提过的薪酬；薪酬结构；对于不同类型的岗位，薪酬的设计模式等等。

乐乐所在的公司对于职能部门的员工采用宽带薪酬的方式，经常会有岗位调动调薪的情况出现，如何操作呢？

例如带宽，薪酬等级的宽度随着层级的提高而增加，即等级越高，在同一薪资等级范围内的差额幅度会越大。重叠度，主要是由每一薪资等基准职位的市场水平决定。从某种程度上能够反映出公司的薪资战略及价值取向。一般来说，低等级之间的重叠度较高，等级越高重叠度越低。对于薪酬在每个带宽中会有自己的位置，例如每个薪酬级别中，就有最大值和最小值。

首先我们需要解决三个在企业中常遇到的问题。

第一个问题：如果有新的员工入职，对于应聘者的岗位将如何定薪呢？

乐乐回顾了自己曾经遇到的情况，对于新招人员的定薪其实是有规律可循的。先对公司内部所有的岗位需要进行归类，不同的职位有不同的薪酬体系。在定薪的时候，需要的信息有这样几个方面：首先，对照拟入职人员离职前总体原收入水平信息(可以以原单位出具的收入证明作为依据)；其次，对拟入职人员的个人背景、工作经历、工作能力和与岗位的适配程度进行评估；第三，面试中的评价，以最终面试的评价分数为标准；第四，候选人期望的最低年薪。

第二个问题：关于人员晋升后的薪酬调整应如何进行？

例如公司的薪酬级别分为十个等级，而会计处在等级中的第5等，目前的薪酬水平是18 600，而在第5等级中最小值是15 000(见表2-3)，当这个会计岗位的同事需要晋升至财务经理，如何进行调整呢？

表2-3　薪酬调整表

职　务	等　级	目前的薪资	起薪点	中位值	最大值
会计	5	18 600	15 000	18 750	22 500
财务经理	6		18 000	22 500	27 000

当会计将被提升为财务经理，但目前会计的薪酬已经超过财务经理所在级别的起薪点的时候，应该如何处理呢？

(1) 以中位值差异率的增长来计算：

中位值差异率=22 500/18 750=1.2

新的薪资=目前的薪资×中位值差异率=18 600×1.2=22 320元

(2) 以最低值的差异额的增长来计算：

最低值的差异额=18 000−15 000=3000元

新的薪资=目前的薪资+最低值差异额=18 600+3000=21 600元

增幅=(21 600/18 600)×100%−1=16%

乐乐觉得很有收获，自己之前对薪酬方面的不少概念理解不到位，所以有时候不知道该如何操作。但只要理解了基本概念，很多问题还是可以迎刃而解的。

老员工的薪酬和新员工薪酬的平衡

老员工会抱怨自己的薪酬永远赶不上新入职的同事。

“乐乐，我想找你聊一下。”一位工作了五年的老员工愁眉苦脸来找乐乐。

“咋啦，一大早这么苦闷。”乐乐喜欢把问题往好的方向想。

“工作没意思，太没意思了。”员工一顿抱怨。

“咋没意思了？想找点新刺激？”乐乐坏坏一笑，“坐下来，慢慢说，别急。”乐乐顺手倒了杯水给员工，员工也自然坐下。

“乐乐，你看我来公司这么几年了，干到现在也还是个普通员工。你看这刚来的应届生，才工作多久，昨天听同事们议论才知道都已经和我的薪酬差不多了。这样干下去还有什么意思。”老员工苦哈哈地抱怨。

“你主要想反映自己的薪酬和应届生的薪酬没有差距？觉得不公平是吧？”

乐乐想确认一下。

“是啊。确实不公平啊。你看我在部门里的技术是最好的，虽然工作几年没晋升到主管的位置，但工作能力没得说。薪酬方面也至少要有个体现吧。要不总这样干没意思啊，哪有干劲？”

“明白。你看这样好不？你稍微坐一下。我先把你的薪酬相关信息都查询确认一下，然后我们再聊。”乐乐起身走到电脑旁。

很快打开薪酬表，查询到了薪酬数据。乐乐一看，其实完全不是员工说的那样。乐乐迅速把员工的薪酬数据写下来，并查到目前员工薪酬在同等职位薪酬级别中所处的位置之后笑眯眯地走到员工身边。

感觉员工的心情已经平复了不少。“帅哥，瞧你刚才气成那个样子，是不是被气糊涂啦？”乐乐半开玩笑地说。

同事有点不好意思，低下了头：“我听到别人这么说，真的一股热血冲上头顶，心情很不好。一冲动就来找你了。”

“还好，你还是比较理智的职场人，不错！帅哥，我刚才在薪酬数据里仔细核查了一下，你的薪酬目前在同级别人员中已经是在75分位水平。应届生的薪酬水平只是在你薪酬级别的起薪点。你现在怎么想？”乐乐平静地说出了这个事实。

“不会吧？这个说法和今天我听到的情况完全不同。怎么会这样？有点不可思议。”同事的脸一阵红一阵白。

“用事实说话，你觉得呢？”乐乐看着同事，非常严肃。

“乐乐，真的非常抱歉，我刚才太冲动了，非常不好意思。”

“听到一些传闻有些情绪变化确实正常。只不过自己还是需要有一个大致的判断。别动不动就不想干了，觉得没意思了，这样不好。你自己也说自己是个老员工了，也要起个带头模范作用，对不对？”乐乐心平气和，希望同事可以理解。

员工乐呵呵地从办公室走出来，乐乐坐下来，倒了杯水也让自己冷静冷静，为什么员工会出现这样的情况呢？公司一直采取薪酬保密制度，但实际上越是保密的东西越让人好奇，薪酬保密和公开的原则到底是什么，应该怎么做，乐乐觉得值得思考。同时老员工和新员工薪酬之间的平衡也是个需要关注的问题。确实曾经发生过刚入职的新员工定薪偏高，让老员工失落的情况。

乐乐想了想，写下了这些：

1. 首先需要让员工了解公司定薪、调薪的原则规范，让员工了解自己的薪酬水平、具体分位值。

2. 需要对薪酬相关体系做一些宣传，让员工做到心中有数。

3. 对于各部门、各职级岗位的员工薪酬需要定期做好盘点，保持相对的平衡。对于薪酬水平低于平均水平或高于平均水平的人员，需要通过有效的方式进行调整。例如通过绩效评估、内部竞聘、晋升等多种方式给予更多的机会。

经过一段时间的了解和摸索，乐乐终于拟出了一份关于薪酬制订的相关制度。内容如下：

一、目的

为规范公司内部定薪规则，合理平衡岗位市场价格和公司内部薪酬标准，实现定薪合理、成本可控的原则，特制订本指引。

二、适用范围

适用于公司内部员工入职、晋降级及其他内部岗位调动情形的定薪管理。

三、定薪策略与原则

(一) 外部竞争性

定薪标准需确保适度的外部竞争性，对人员具备一定的吸引和激励力度。

(二) 个体差异性

薪酬标准应体现定薪对象的个人素质、能力、经验及过往工作业绩因素。

(三) 内部均衡性

薪酬的确定需要符合公司的整体薪酬体系，定薪水平与结构能确保内部统一与平衡。

四、招聘入职定薪

(一) 定岗定级类岗位入职定薪指引

1. 一般情况下，拟入职人员的薪酬确定在候选岗位对应等级薪酬宽带的起薪点。

2. 定薪需要超过起薪点的部分，根据以下规则核定浮动比例后确定：

(1) 定薪标准=定薪基数×(1+浮动比例)。

(2) 基数确定(见表2-4)。

表2-4　定薪基数

参考因素	浮动条件	基　数
拟入职人员的原总体收入水平(需以原单位出具的有效收入证明作为依据)	<起薪点的	以起薪点为基数
	≥起薪点的	以原总体收入水平为基数

(3) 浮动规则：建立基本要素和附加要素作为定薪评估因素，并设置相应的影响权重。

附加要素参考应聘人上一单位年度绩效(业绩)和求职时在职状况。其中绩效可根据应聘者提供的证明材料的可信度，由公司判断是否采信，并给予额外的附加评分(见表2-5)。

表2-5　附加要素

附加要素	附加评分		
	0.3	0.5	1.0
近1年绩效情况(描述)	合格/达标 (达到团队平均水平)	良好 (业绩前20%～50%)	优秀 (业绩前20%)
在职情况	根据候选人加盟意愿和职业可选择空间，区分候选人在职情况，按如下标准给予额外评分： 1. 求职时在职，在0～0.2分范围内评定 2. 求职时离职，在 -0.2～0分范围内评定		

(4) 浮动比例：根据以上评分规则确定候选人定薪浮动比例(见表2-6)。

表2-6　定薪浮动比例

得分区间	评分＜3分	3分≤评分＜3.5分	3.5分≤评分＜4.5分	评分≥4分
浮动上限(X)	X≤10%	X≤20%	X≤25%	X≤30%

3. 限制条件

(1) 专员级以下岗位原则上应在宽带50分位水平以内定薪。

(2) 经理级岗位应控制在宽带75分位水平以内定薪。

(3) 公司通过专才引进的特招人员，将参考原有总体收入水平、期望薪酬、外部薪酬水平等条件，在该岗位对应的薪酬宽带内，经与候选人协商达成一致后，对其薪酬进行专项报批。

4. 特招人员，指同时满足如下三项条件的拟入职人员：

(1) 应聘岗位为经理或专家及以上的专业或管理岗位，岗位在市场的稀缺度较高或公司急需该方面人才。

(2) 拟入职人员在相关行业专业领域内积累了丰富的工作经验，或具有突出专业技能。

(3) 公司内部目前没有具备管理能力或专业能力层次相当的储备人才。

5. 试用期薪酬

根据不同岗位层级确定试用期薪酬系数(见表2-7)。

表2-7 试用期薪酬系数

得分区间	基本工资	浮动奖金
经理以下岗位	80%	80%
经理、主管级	90%	90%
总监级	100%	100%

(二) 校园招聘定薪指引

根据业务需要和公司内部人才培养计划安排，应届毕业生招聘包括管理培训生和非管理培训生两类校园招聘计划。人力资源处每年根据应届毕业生的供需和市场情况，制定当年应届大学毕业生招聘起薪标准。

五、人员调动定薪

调动类型包括人员晋升、降级、平调和借调，各类调动定薪标准如下(见表2-8)。

表2-8 定薪标准

调动类型	职位等级	薪　酬
平调	不变	1. 原则不做调整 2. 若平调人员目前收入较低，为了提高内部公平性，经业务处申请，在业务处预算内，经人力资源部审核，可向总经理申请进行薪酬调整，但调整后收入不高于业务处内同类岗位
降职	降低	1. 员工业绩或绩效不达标，根据公司制度进行降级的，按新等级的起薪点/标准调整 2. 员工个人申请调动岗位的，可在满足业务开展的基础上，参考当期晋升调薪比例进行同比例申请降薪 3. 因公司业务/架构调整，员工需配合公司需求进行岗位变动的，可由业务处申请保持薪酬水平不变，整体费用控制在业务处预算内
晋升	提高	1. 按新岗位等级(含跨级晋升)的起薪点调整定薪 2. 员工已接近或高于新岗位起薪点，则按原同级别岗位平均收入的10%为额度进行调整

注意：以上调动人员薪酬涉及调整的，薪酬标准自岗位调动批准次月1日起开始执行。

六、地区薪酬差异及跨地区调动薪酬调整

(一) 地区薪酬差异

根据现有定薪规则，营销中心二、三类地区定岗定级类岗位薪酬按广州本部同一岗位等级的85%核定。

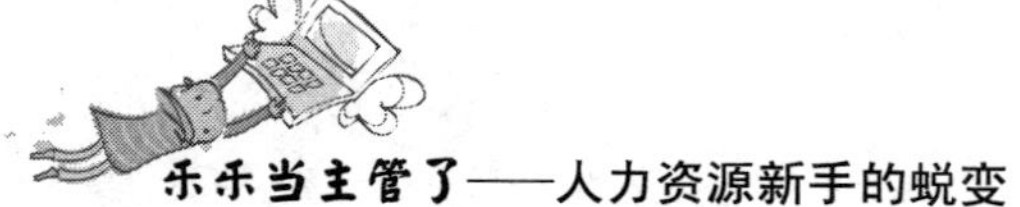

(二) 跨地区调动薪酬调整

1. 总部定岗定级类岗位(见表2-9)

表2-9　定岗定级类岗位

<table>
<tr><th>调动类型</th><th>职位等级</th><th>地区调动</th><th>薪　酬</th></tr>
<tr><td rowspan="2">平调</td><td rowspan="2">不变</td><td>低→高</td><td>按15%的地区薪酬差异率调整</td></tr>
<tr><td>高→低</td><td>1. 由公司安排，薪酬不调整
2. 由个人申请，按15%的地区薪酬差异率调整</td></tr>
<tr><td rowspan="2">晋升</td><td rowspan="2">提高</td><td>低→高</td><td rowspan="2">1. 按晋升(含跨级晋升)后岗位所在地的起薪点调整定薪
2. 员工已接近或高于新岗位起薪点，则按该地区原同级别岗位平均收入的15%为额度进行调整</td></tr>
<tr><td>高→低</td></tr>
<tr><td rowspan="2">降级</td><td rowspan="2">降低</td><td>低→高</td><td rowspan="2">1. 员工业绩或绩效不达标，根据公司制度进行降级的，按岗位所在地新等级的起薪点/标准调整。新岗位起薪点高于原薪酬的，原薪酬不变
2. 员工个人申请调动岗位的，可在满足业务开展的基础上，参考当期晋升调薪比例进行同比例申请降薪；降薪后低于新岗位起薪点的，按起薪点进行调整
3. 因公司业务/架构调整，员工需配合公司需求进行岗位变动的，可由业务处申请保持薪酬水平不变，整体费用控制在业务处预算内</td></tr>
<tr><td>高→低</td></tr>
</table>

2. 营销中心销售类岗位

按照对应的薪酬政策及标准直接定薪。

(三) 薪酬调整与后续评估机制

第一条　整体薪酬调整

公司会根据外部市场CPI水平、行业调薪率和公司内部整体效益情况、资源预算、员工收入水平及业绩考核结果等内外部因素，确定当年是否进行整体薪酬调整及调整幅度。薪酬调整幅度遵循工资增长率低于公司经济效益和业绩增长率的原则。具体的薪酬调整规则根据当年的实际情况另行制定，单独报批。

第二条　后续薪酬评估与回顾机制

(1) 非核心管理人员：业绩达标的情况下，原则上薪酬标准应满足岗位起薪点要求，年度整体薪酬调整之后仍低于起薪点的，可参与后续跟踪考核与调整。

(2) 核心管理人员：业绩达标的情况下，原则上该类人员薪酬定位于行业市场50分位水平或当年对应行业同职位类别薪酬水平。年度整体薪酬调整之后薪酬仍低于当年对应行业职位类别薪酬水平的，可参与后续跟踪考核与调整。

(3) 跟踪调整机制

① 公司每年的整体薪酬调整结束后，人力资源处确认未达到以上薪酬标准的人员名单。

② 参考员工上一年度工作绩效，由业务处提出拟跟踪提升的人员名单，并制定6个月业绩考核及跟踪计划；当业务处人员名单超过10人时，提议的人员不超过名单总人数的50%，上一年度全年在职且绩效等级排名为D等级的，不能纳入跟踪提升名单。

③ 考核期结束，根据人力资源处和业务处共同评估考核期绩效，并根据绩效评价结果给予补差性调整，调整幅度根据当年的资源使用计划另行申请确定。

④ 以上调整仍未达到目标薪酬的，则自然进入下一年度公司统一的整体薪酬调整，并重新核定需要跟踪的人员名单进入下一轮跟踪计划。

销售人员保护期的设置问题

记得师傅曾经说过，薪酬其实是前端流程的合理结果，如何合理用好每一分钱都是非常重要的。乐乐也经常苦恼，用人部门一招不到人就抱怨薪酬低，留不住人也说薪酬低，啥问题都和薪酬有关。确实也是，谁都想过更好的生活，赚更多的钱。为了解决薪酬是否对流失率有影响这个问题，这星期要开一个会。

“大家都说销售人员流失量大，但有没有想过是为什么呢？连续几个月只能拿到广州最低工资标准的工资，你说谁还能做得下去呢？”销售部经理一肚子火。

“那不是还有不少销售人员可以在入职第二个月就拿到提成吗？也不能这么绝对吧？”立刻有人反对。

“那你拿出个数据给我们看看。”销售经理总是咄咄逼人。

早有准备，人力资源部把做好的薪酬数据展示给大家看，确实还是有20%以上的新员工可以在入职两个月内做出业绩。但从流失率来说，主要还是入职六个月以下的人员占较大比重。而且从离职面谈的结果来看，绝大部分人确实是因为刚入职还没有办法出业绩，因薪酬低而辞职的。怎么办？

销售经理提出个建议：“要不这样，我们给司龄为六个月以下的销售人员设置一个保护期，在保护期内，不按照常规的提成方式，并且给他们一个相对容易达到的基准业绩值，达到就可以拿到保护期的工资标准。如果超过的人员，仍然可以按照常规提成计算的方案进行。大家觉得怎么样？”

“这个方法不错，因为我们的产品确实对于刚从事这行的人来说一个多月左右出业绩不容易，而且培训也占用了不少时间。给一个适当的保护期，给员工适当缓冲的时间了解熟悉公司的产品、文化到做出成绩。但是我们还得考虑到人力成本的问题，同时要验证设置六个月时间的合理性。”乐乐反应很快。

“从历史数据来看，设置六个月的时间是比较合理的。因为员工从招聘进来，到入职培训，上岗，在上岗过程中的培训整个流程至少要三个多月的时间，员工从了解到熟悉再到掌握运用也正好需要三个月的时间，所以正好。我们都测算过的，放心。”销售经理立即回应。

乐乐认真听完后，回应说：“张经理，您分析得很全面。确实从入职到熟练掌握一般需要半年左右的时间，只不过您看一下之前的一个数据。乐乐打开PPT，上面的数据显示50%以上的销售人员从入职3个月开始业绩有大幅度提升，当入职4个月的时候已经有超过50%的人员可以达到或超过业绩目标。综合评估，保护期的时间可以先设为4个月。超过50%的人员能提前实现达标，而且从入职4个月到6个月的过程中，员工业绩提升曲线已不太明显。我大致计算了一下，如果统一全部按六个月的新员工设置保护期薪酬，公司预计会多支出30%的成本，而且按过往的历史数据，入职4个月员工的业绩依然排名靠后，到后期基本还是选择离职的人员居多，所以即使多给两个月的时间，最后的成效也不明显。按目前的情况来看，六个月的新员工保护周期并非一定需要，看可否通过加强人员管理和培训，缩短保护期限。我们可以先做半年的尝试，观察一下情况和数据的变化，看是否可以把每一分钱都真正用到实处。”

“好的。我们先按这个方案尝试一下，看看是否会起到作用。”张经理回应。

“我们做一个详细的计划出来。如果有额外的费用，还可以对新员工做一些短期激励，这样对团队的稳定也是很有好处的。”乐乐又增加了一句。

当上主管了

竞聘主管

经过四年的磨炼，不论从心理上、心态上、经验上，各方面乐乐都有自己的为人处世方式了。师傅走后接替的部门经理也一直在默默关注、放手锻炼她，虽

然乐乐还是改不了表情都写在脸上的习惯，情绪控制方面也还需要岁月的磨炼。乐乐觉得在公司这个大平台上一定要扎扎实实走好每一步，不求突飞猛进，只求脚踏实地。

在大的经济形势下，人力资源部也在这个时候需要进行架构调整，正因为这个架构调整，出现了不少岗位需要竞聘。虽然在刚从事人力资源工作的时候，乐乐也和其他人一样，都有自己的三年计划、五年计划、长远规划。三年主管、五年经理、八年总监，终极目标就是成为职业经理人。不过真正做了这行之后，发现很多东西确实需要不断学习，机会也是可遇不可求，自从有了这个心态之后，乐乐少了浮躁、多了平和，少了激进、多了进取。

新来的人力资源经理介绍了调整之后的人力资源架构会产生新的管理职位，同事们便开始低头窃窃私语起来，不少人在猜测谁能升任。乐乐反而特别平静，如果论能力，自己肯定不会输，只是晋升到主管所需的条件不同，乐乐心里暗暗打气，反正不管结果怎样，一定要努力拼一次。竞聘的时间定在一周后，需要使用PPT商务展示的方式。

晚上一吃完饭，乐乐就坐在书桌前，思考该怎样做这个展示呢？平时指导应聘者时似乎有不少方法，但轮到自己的时候，头脑却一片空白。

该怎样做这个竞聘的PPT呢？想做得既简单大方，又新颖别致。不管怎样，还是需要一个整体思路。从哪里入手呢？乐乐左手撑着脑袋，右手拿着笔，在纸上分析起自己来。总体来说必须包括三部分：首先是自我介绍，突出自己的特色和应聘岗位的优势；其次是对于应聘岗位的分析，这一点很重要；最后是对应聘上岗位后自己的规划。

自己的优势是什么？乐乐想了想，自己曾经独立承担过新项目，人力资源的各模块也都有接触，算是见过大风大浪的人、有经历。机会又是什么？应聘上新的岗位会更多从整体系统角度思考，培养团队，虽然自己不是科班出身，对人力资源工作系统把握还需要一些时间。把这些想了一遍之后，乐乐又将每一方面都附加一个小案例。当然故事都需要从情景、任务、方法、结果等方面进行描述，重点仍然是强调自己采用的方法，当然还加上了自己的思考。

这一部分想好之后，乐乐又把新岗位设置的目的、岗位职责、岗位在新的组织架构中的位置、汇报线、管理幅度、岗位的关键绩效指标都进行了了解。当然在这个过程中，乐乐也主动向上级了解岗位的相关信息。知己知彼，这个还是必须的。同时又想了想可能和自己同时竞争的同事，他们各自的优势在哪里，自己的“杀手锏”在哪里。

岗位相关内容想清楚之后，乐乐觉得应该把重点放在如果应聘上新的岗位，自己最需要做什么，至少最需要做的三件事。岗位关键需要解决什么，可以着手的方向、突破口在哪里、具体的实施方案有哪些。所有材料大致都想好之后，乐乐要做PPT了。

乐乐想，展示的过程表述很重要，需要怎样展示自己，面试官会问些什么？就这些问题乐乐又做了一些演练。正式竞聘的当天，乐乐充分展示了自己的实力，功夫不负有心人，这次所有人都心服口服，乐乐顺利走上了人力资源主管的工作岗位上。

管理风格初探

乐乐晋升之后，也有些不太习惯，以前的同事似乎有意无意疏远自己，有时候自己刚进办公室，在门外还听到热闹不已的声音，一瞬间就静下来了，也不知道是怎么了。

乐乐很苦恼，不知道自己哪里做得不对了。按照以前的习惯，乐乐就直接一个电话找师傅了，可现在乐乐觉得也不能总依靠师傅这个拐棍，还是需要自己思考解决，除非实在解决不了，再去请教师傅吧。

周末一早，乐乐就跑去图书馆，想快点找到答案。翻了不少书，管理书里的第一节都提到了角色转变、角色定位的问题。

乐乐找了一个座位坐下之后，仔细想了想自己这段时间的经历。从内聘晋升到现在虽然不到一个月，但似乎很漫长。是不是自己还没找好自己的定位呢？

上个星期，上级领导安排了一个项目性工作，希望组内一周内完成一个关于微信招聘的策划方案。乐乐接到这个任务很开心，立即在组内就开了一个短会，想把任务分配下去。

“各位亲，今天领导希望我们一周内完成微信招聘的策划方案。因为时间比较紧，我来安排一下，小娟和小清负责前期的准备、素材准备，小玲负责了解同行微信招聘情况的素材搜集和归纳及汇报PPT的制作。如果有问题，大家讨论，本周三做出初步方案。大家没问题吧？那抓紧时间赶紧做吧。”乐乐觉得自己表达分配很清楚。

在任务布置完后，三个下属同时反馈没什么时间来做这件事，因为日常的任务已经压得喘不过气，所以没办法在这个时候完成。“乐乐，真没办法，你看

我们现在工作都满满的，根本没办法抽出时间来做这个。真帮不了你。”乐乐想说点什么又噎住了，啥也说不出来。“好吧，我来做吧。你们先把手头的工作做好。”乐乐觉得有点憋屈。

下班了，下属们都准点走了，只有乐乐还在拼命工作着，做不完的工作，今天又不知道要弄到几点了。乐乐心里想，下属们的工作真的那么满吗？似乎也没有，但为什么她们对这个工作项目一点都不感兴趣，关键是我为什么那么干脆接了这个工作呢？乐乐懊悔不已。

乐乐的思绪又回到书上，作为管理者需要了解下属的个性、特点、优势、善于激发下属发挥潜力，需要善于根据下属的特点分配相应的工作任务。在分配工作任务的时候，不能只是生硬分配任务，而需要描述任务的背景、兴趣点、吸引点，让团队成员愿意接受。

做个主管还真不容易，以前自己做的时候，很容易把握，现在不仅要完成任务，还要带着团队一起，成员们各有各的想法，各有各的心思。乐乐瘖自叫苦。“关键是他们做不好的时候，还是得我做。”

“是不是我太温柔了，下属都不怕我，所以我分配任务后三个人同时拒绝，看来我需要严厉一点才行。”乐乐合上书，决定下周开始变一种风格。

管理风格的再探索

新的一周开始，乐乐一大早就正襟危坐，一脸严肃。整个办公室连日常稍微轻松一点的氛围都没有了。一个上午办公室里特别安静，除了几个电话和敲击键盘的声音。

“从今天开始，请大家把自己的日常工作进行梳理，列出每项工作的时间，下班前提交给我，我每天会看。如果没有提交，每推迟一次扣1分。”乐乐语气坚定。

下属们似乎傻眼了，互相看了看，又都回到之前的工作状态。下班的时候，每个人倒是都提交了工作记录。“看来这方法有用，怪不得老话说棍棒底下出孝子，这扣分底下出乖下属。”乐乐心里很开心。

这种方式一直持续了一个多月，乐乐觉得还不错，大家都很准时地提交汇报，布置的任务也都可以完成。乐乐虽然觉得和以前自己在团队里，师傅带自己时完全不同，但反正每个领导都应该有自己的风格，所以也没关系。乐乐完全没想到，已经有潜在危机出现了。

“乐乐，我想应聘公司市场处的产品策划岗位。”突然小娟拿着辞职信走到乐乐旁边。

乐乐还假装镇定接过内聘表，“有更好的发展机会了？”乐乐边说边看内聘表的内容。

“也不是，人力资源工作做久了，想换一个环境。”小娟说。

“我们去会议室聊一下。”乐乐赶紧把小娟拉出办公室。

“怎么了？你不是说自己的职业发展规划就是做人资吗？”乐乐傻乎乎地问。

“觉得现在人资工作没啥意思，想找一个新的发展机会。”小娟很直接。

“你做人力资源挺适合的，你也是人力资源部的潜力股。现在转做市场有点可惜。”乐乐有些不舍。

“也没办法。”小娟叹了口气。

“可以提些意见和建议吗？”乐乐很诚恳。

“乐乐，也没什么。你想听什么呢？想听我大唱赞歌吗？”小娟反问。

乐乐很尴尬，一时语塞。“小娟，你也知道，我才晋升做主管。虽然以前也看到不少主管怎样做管理，也学了一些，但自己做起来还是不顺，也不知道怎样做才好。其实我很想听到你们的声音。”乐乐眼睛有点湿润。

“乐乐，我也知道你做主管不容易。自从上次我们三个人没接受项目任务后，你就开始让我们每天提交工作任务报告，虽然这种方式也不是不好，只是我们觉得自己没有一点宽松度，挺没意思的。我们每个人都有自己的特点和个性，你有空可以多了解我们。”小娟很平静地说。

“我也很想，只是觉得你们有意疏远我，每次你们聊得很开心的时候，我想加入，你们就有意避开了，所以我也不知道怎么办。”乐乐很苦恼。

“我们接受你也需要点时间，你有很多方面值得我们学习，看你怎样发挥了。我们还是很希望团队越来越好的。”小娟开心地说。

“谢谢你，小娟，我好好想想该怎么做。你对团队很关注，也有自己的想法。可以留下来继续和我一起看到团队越来越好的那天吗？”乐乐抛出橄榄枝，希望小娟能够接受。

“我考虑一下可以吗？乐乐。”感觉小娟其实还是想做人资的。

晚上回到家，乐乐和爸爸妈妈一起吃饭，在饭桌上乐乐说了说自己今天的经历。“虽然管理无定法，但我觉得真诚、真心就是管理最重要的，不要去刻意模仿别人是如何管理的，需要找到适合自己的管理方式和方法。建立威信并不是严

厉、不笑，不怒而威会更好。”爸爸给乐乐提出了自己的意见。

乐乐在脑海里想了很多很多。自己忙于处理事务，也忘记自己做管理的根本，想想自己确实不合格，连下属的基本信息了解的都不多。打开笔记本，乐乐给自己定了个计划：

1. 了解三个下属的人事信息，记住她们的生日。了解她们的喜好、过往经历。

2. 和三个下属进行沟通，主要是了解下属的想法，对个人的计划、最想做什么，对目前工作的想法和建议。希望可以收获什么。

3. 学习提升计划。

乐乐突然觉得自己的思路打开了，怎么之前自己都忘记了这些应该做的基础工作呢？太不应该了，要不是小娟今天的行为，我还在“沉睡”中，幸亏被她点醒了。

新的一天开始了，窗外暖暖的阳光照在身上，感觉特别舒服。马路也不塞车，顺风顺水。乐乐希望自己能以新的面貌出现。

“小娟，你这么早就到了？”乐乐主动打招呼。

“今天不堵车，一路特别顺。”小娟回应。“乐乐，今天不一样喔，感觉你很有精神嘛。”

同事们陆续都到了。今天办公室的氛围似乎有所不同，乐乐摆了几盆绿萝，顿时让办公室显出一些生机和活力。

“各位美女们，我们十点钟到会议室开个短会，有好消息告诉大家。”乐乐很兴奋，看到同事们似乎有点暗喜。

大家准时到达会议室，乐乐调整了一下声音：“各位美女，前段时间我们实行每日工作汇报表的方式，我对大家了解不少。以后我们将方式改为每周进行汇报，我们每周一下午进行例会，大家在会议中可以分享自己的经验和提出需要帮助的点，然后大家一起讨论解决，各位觉得怎么样？”

小娟首先发言：“我觉得挺好的，大家可以互相帮助了。”

其他两位同事也很开心：“挺好的，如果每个月可以进行一次专题分享就更好了。”

乐乐说：“这个提议不错，因为我们也有很多专题项目，通过专题项目的进行对我们的专业提升会比较有帮助。”

“另外本周三下午我会和每一个同事做一次沟通，主要想了解一下大家的想法。

还有呢，今天是我们团队小玲的生日，我们中午一起吃饭庆祝一下，怎么样？”乐乐开心地宣布了这个消息。

“好啊好啊！”大家欢呼起来。

大家开心地回到自己的座位，窗外的阳光还是那样和煦温暖，敲打键盘的声音似乎在进行和谐伴奏。

乐乐收到一条信息：“乐乐，今天好开心，谢谢你。”是小玲发过来的。

乐乐赶紧把团队成员的出生年月、籍贯、专业等都记录下来，然后把每个同事的档案都仔细看了一遍。这些手头上的资源都没好好用，太不应该了。为了本周三的沟通活动，乐乐希望自己做好一切准备工作。

下午茶时光

周三下午的沟通如期进行。乐乐希望有一点新意，特意安排在花城广场的小茶吧，那里的沙发坐起来特别舒服，非常适合聊天。

“小玲，喜欢做人力资源工作吗？做了一年多，感觉怎么样？”乐乐从这个话题开始。

“乐乐，我挺喜欢做人力资源工作的，只是我的资历比较浅，经验少，觉得自己有力使不出，很希望自己有进步，向大家多学习。”

“你目前工作很积极、努力，做的也不错。如果在闲暇时间，可以再多学习一些人力资源专业知识，对自己今后的发展会有帮助。”乐乐还真有些个人职业发展顾问的架势。

“我也很想多学点。目前我的工作主要还是比较琐碎的人力资源工作，办各类手续、整理档案、辅助一些招聘工作等，基础工作我觉得比较熟练了，但担心自己没有核心竞争力。”小玲有些着急地说。

“嗯，明白。所以接下来我们部门会定期做专业知识分享，你也可以有机会多学习，同时我也会列出一些书单给你参考，实践方面可以多加入项目工作中，这样对你肯定有好处。”乐乐安慰小玲。

“真的很感谢你，我会努力的。我也想去考人力资源的证书，虽然知道有这个证书未必很有用，但多学点应该是好的。”小玲继续说。

“学习的过程比较重要。我看过培训教材，也学过，还是很系统全面的，很多规范和原则、体系理论在教材里都有体现。到时候我们可以一起分享些经

验。”乐乐很开心。

“我想让你做一个今年对自己的个人发展计划，这是留给你的作业，本月底你弄好了，我们再一起讨论。”乐乐呵呵一笑。

看着小玲开心的笑容，乐乐觉得自己这次的谈话还是有意义的，对接下来的谈话更加有信心。乐乐想，小娟和小清对人力资源工作已经有一些自己独立的看法，所以更多需要她们充分表达自己的想法，主要应该以分享、讨论的方式进行。乐乐觉得自己经历的风浪还算多，以过来人的语气和她们聊可能效果会更好。

乐乐想起一件事，以前听一个朋友说起她的领导。因为朋友已经工作三年多了，对工作内容非常熟悉，但领导还是把她当成一个初学者，每时每刻对她进行工作上的监督，弄得她觉得做什么都束手束脚，很难受。所以对于工作有一定经验的员工，需要引导，并且给予他们更多充分的空间，只要方向和思路不偏离就可以了。

团队成员想转行

这段时间团队配合得不错，乐乐觉得大家也都在不断成长的过程中。只不过有的人进步的比较快，有的人会慢一点点。小娟的成长一直就属于突飞猛进型，乐乐也会主动把一些重点工作适当分配给小娟，也会带小娟去参加跨部门的会议。有时候乐乐不在，小娟也开始慢慢成了代言人。

日子久了，小娟开始有些变化。有时候会以“老大”的身份自居。乐乐也逐渐感觉到不对劲，但由于小娟的能力确实比较强，所以乐乐也就忍了。但有一天小娟来找乐乐。

“乐乐，我想和你谈一下。”小娟似乎有先发制人的架势。

“有急事吗？等我五分钟可以吗？”乐乐正在忙着做一个方案，抬头望着小娟。

“可能不行，我这个事很急。”小娟有点不耐烦。

乐乐和小娟到会议室坐下，小娟第一句话就问：“乐乐，我觉得很不公平。人力资源部做的这么辛苦，晋升机会这么少，其他部门晋升机会太多了，我实在忍受不了，我想申请调动。”

“原来是这个事，又要申请调动啊？想申请做什么岗位？”乐乐笑着问。

“什么都行，就不想做人力资源了。”小娟说气话。

“你有没有去了解一下你心目中的岗位具体做什么，有没有自我评估一下？”乐乐又问。

“去做销售最直接，赚钱多，晋升机会也大。正好我从事人力工作时间也不算长，对人的敏感度也算可以，转去做应该没问题。”小娟很自信。

“这样你看行不行，你去那个部门体验两天之后再做决定，你觉得怎样？如果考虑清楚之后，还是决定要去，我绝对同意。”乐乐呵呵一笑。

看着小娟似乎已经被冲昏头脑的样子，乐乐不急不慢，又觉得好玩。心想：“偶尔被冲动冲昏头脑也是正常，让她去体验一下，最终给她选择。这种方式应该不错。”

小娟立刻站起身说：“好的，谢谢乐乐。我去体验一下，太好了！”

小娟跟着销售拜访客户，打电话约访，正好这几天天气非常热，太阳简直要把地晒出油来。两天过去了，小娟终于回到熟悉的办公室。

“各位亲们，我回来了。”小娟一进门就咕嘟咕嘟喝了一大口水。

“小娟，在销售部干了两天感觉怎么样啊？”小玲好奇地问。

“累，好累，非常累。不做不知道，一做吓一跳！”小娟边说边喘气，看来真的是累坏了，“我体验了两天就非常想回来，我觉得自己还是适合做人资。那种强度不是一般人能承受的，我服了，我还是好好把人资工作做好吧。”

“乐乐，我觉得自己考虑不周，还是做人力比较适合。谢谢你给我这个体验的机会，让我更加死心塌地做人力资源工作。”小娟的脸羞红了。

乐乐端起茶杯，望着窗外，今天天色不错。给予一些体验的机会，才会让员工真正体会每个岗位的辛苦，才能更加珍惜现在的机会。

报忧很重要

乐乐从基层一直做到管理人员，一步一步不容易。乐乐也非常希望自己带的团队成员和自己一样，做事严谨认真，愿意无条件付出，无怨无悔，但后来乐乐发现这种想法在现实工作中会遇到很多问题。

“小玲，这个工作很紧急，怎么还没完成呢？”

“因为最近事情比较多，今天肯定可以做完的。”小玲回应。

“这个任务之前就说今天上午一定要交给我的。昨天加加班，或者中午少休息一下不就搞定了？”乐乐不太高兴，脸黑了。

“昨天正好有事，中午不睡下午崩溃，所以就……”小玲还理直气壮。

“下不为例。说过很多次，重点主次要分清，不能这样拖延。”乐乐很严肃。

没过多久，小玲又出现同样的情况，到底怎么回事呢？

“小玲，为啥今天又没准时提交工作结果？”乐乐问。

“其实我也很紧张这项工作的，我一接到任务就开始努力做，只不过中间遇到了很多问题。负责这个项目的人总是联系不到，我想确认的信息总是确认不了。后来我又找了负责人的助理，她说帮忙，可是一直也没确认出来，座机、手机、邮件、微信等各种方式都用了，就确认不出结果。后来忙别的事我就忘记了，所以拖到现在。

“那你有直接去找，面对面问吗？”乐乐问。

“电话、邮件的方式不是更快吗？面对面多麻烦。”小玲还认死理。

“面对面不是更直接吗？很多事面对面很快就解决了。这类事情发生了两次，你觉得自己为什么会发生这种情况呢？分析一下。”乐乐虽然性急，还是得耐心面对，急不得、骂不得，还得慢慢引导。

“其实我本来也想这样，但碰了几次没碰到，就放弃了。我觉得自己没有找到合适的方法，也没有坚持。当没有找到主导人的时候，也没有太多从其他渠道想办法，总想着守株待兔的方式，比较懒惰，而且没有及时跟进，遇到问题也没有及时反馈，怕你说我这种简单的问题都解决不了，所以只敢报喜不报忧了。”

“那你通过这两次的经历，总结到了什么没有呢？”乐乐又问。

“接到任务之后，先需要抓住关键人物，解决问题的核心环节。如果发现与关键人物沟通有困难，要积极寻找相关辅助人员，寻找新的解决途径。下一次再做的时候，我觉得可以从这些方面改进。”小玲回答。

为什么错得义无反顾

“小玲，把员工签收的制度表找出来给我。”乐乐比较急。

小玲赶紧到档案柜中翻找，翻了快半个小时，也没找到。

“小玲，怎么还没找出来？”乐乐不耐烦地问。

“乐乐，我还没找到。不知道怎么回事，记得有签收的。”小玲尴尬地站在档案柜旁。

乐乐脸黑下来，“小玲，你过来。不用找了。”

小玲怯生生地挪步到乐乐身边。“你说我该怎么说你，上次是不是也有一个员工的资料找不到。”乐乐有点恨铁不成钢的感觉。心想：“这个小玲，怎么一而再，再而三的出现同样的问题呢？关键这次制度签收的记录非常重要，员工因旷工要被辞退，而员工却说不知道这个制度，所以这个签收记录是证据。证据没有了，你说怎么办？”乐乐气不打一处来。

“小玲，你好好反思一下到底是哪里出了问题。”乐乐丢下一句话走出了办公室。

等乐乐再回来的时候，小玲主动走到乐乐身边，低声分析了自己的问题。“乐乐，这件事是我的疏忽，我认罚。出现了两次这个问题我觉得和自身有很大的关系。当我每次宣讲完相关制度的时候，我会把制度发下去让员工传阅签收，签收完成后我没有再去核对，所以总有遗漏。我以后会避免发生这样的问题。另外还会和同事进行交叉核查避免问题的出现。”小玲态度还是很诚恳的，而且也想了解决方法。

“那这次怎么办？现在问题摆在这里，我们怎么办呢？”乐乐仍不肯原谅。

“乐乐，现在只能找个补救方法。将制度打印出来寄给员工，说是关于制度签收的事。”

小玲通过这次的事件，再也没出现问题了。她知道出现问题之后的严重性和解决时的麻烦。

员工关系

开展拓展活动

近期公司领导决定为了提高员工之间的默契，增加团队的凝聚力，要求人力资源部门组织一些活动。乐乐也觉得员工关系的维护除了各种制度流程，更多还是需要情感的交流，这种交流需要多种形式的配合。而各种活动的开展，会让大家的关系更加融洽和睦。那该如何做呢？目前公司员工也接近千人，规模不小。要进行活动需要有整体的思路才可以做到。

乐乐首先想到的便是组织一次拓展活动，因为目前公司入职不满一年的员工超过了50%，虽然平时大家都有一些交流，但总体来说比较少，需要配合工作时还是比较拘谨、配合度也一般。上次领导也提过整体团队的凝聚力、团队意识还是不够。乐乐把自己的大致想法和领导说了一下，领导非常赞同，但同时也提出

了问题，首先拓展活动的形式和侧重点是什么，另外怎样让大家自觉自愿自发地参与到活动中。

乐乐也知道，一想到拓展活动，一听到拓展字眼，大家头脑里的想法就是大量的体力运动，还要在太阳下暴晒，很多人都不愿意参加。活动的内容也就是那几样，翻来覆去没什么新鲜感，特别是公司的新员工都是以销售人员为主，这类活动以前也参加过不少，如果没吸引力，估计没人会参加。

“领导，您的顾虑我明白。您可以先帮忙安排和我一起配合做这次拓展活动的同事吗？我们会在三天内把基本方案和框架做出来向您汇报。”乐乐很诚恳地说。

“好的，我五分钟后把配合人员召集起来，大家一起碰一下。”领导似乎都预计好了一样，眨眼功夫，同事们都到齐了。很快大家了解了领导的意图，作为负责人的乐乐让大家自选在团队中的任务。

培训部门的小咪对拓展项目的内容非常了解，自己也参加过不少，主动接了拓展活动项目内容选择和搭配的工作。

行政部门的同事对人员分配、活动需要准备的物料等方面的工作比较熟悉，选了这项工作。

至于活动主题、宣传方面就由乐乐和人力资源部的同事承担。虽然乐乐一直还没想到好的方法。

只有三天的时间，乐乐真是早上想、晚上想、吃饭也想，可还是没有什么好方案。怎样吸引大家参与活动呢？

天气很热，乐乐在房间里踱来踱去没有思路，突然窗外吹来一阵凉风，听到熟悉的歌曲：“栀子花开啊开，栀子花开啊开，是淡淡的青春，纯纯的爱。”乐乐突然灵机一动，大家都非常怀念校园生活，“为什么不把名字改一改呢？改为夏令营多好，既是团队活动的标志，又具有想象的空间。”

乐乐把想法在微信群里一说，团队成员都说不错。但仅仅“夏令营”这几个字又能吸引大家多久呢？乐乐又开始发愁了。做人力资源在策划、文学等方面都需要有一定的功底，这个时候就显得非常重要了。群里的同事七嘴八舌说开了：

“有文字就要配图片，有图有真相嘛！”

“现在流行活动吉祥物，我们干脆也弄一个。”

“我们又不会画画，也不会设计，怎么弄？”

“哎呀，大家怎么这么傻呢？”小咪突然来了这么一句。

“我们不是有个现成的人物嘛？拍给你们看。”

大家很快收到一个图片，原来是同事工牌后面一直放着的一个樱桃小丸子的卡通图，就她了。大家异口同声，全票通过。

乐乐趁热打铁，赶紧想下一步该怎么做。脑海里有了初步的计划。

乐乐和团队成员提交了大家讨论的结果，把整体思路和想法呈现出来，领导觉得很满意。接下来就是执行过程。

宣传图的寻找和图案的配合也花了不少时间，终于出了第一个宣传图，“快乐夏日我做主，清凉一夏。快来参加夏季神奇之旅吧！”

不少同事被吸引，希望有机会参与其中。

乐乐又借用了一句麦兜描述马尔代夫的台词：碧海蓝天，水清沙白。宣传这块没有太多疑问。

在活动项目上，团队成员希望对项目进行一些小小的创新，并不需要太多体力，但却可以达到心灵的感悟。并且可以把日常管理方法运用其中。

户外拓展培训方案

一、培训总体策划

为了加强员工之间的了解与沟通，建立良好的员工关系，熔炼团队，加强员工团队的合作精神，人力资源部将负责组织本次拓展活动，活动计划如下：

(一) 培训主题：熔炼团队、沟通无限

(二) 培训目标：

1. 增进员工间的沟通了解
2. 加强员工间的团队合作精神
3. 增强团队凝聚力

(三) 活动地点：培训基地

(四) 参加人数：全体员工

(五) 活动时间：分三批进行

第一批：2015年7月4日

第二批：2015年8月5日

第三批：2015年8月11日

(六) 培训组织：人力资源部

(七) 培训公司：培训机构

二、拓展项目操作流程

特别说明：拓展是一种体验式学习，是一种以学习者为中心的学习方式，目的不是玩，而是在培训中感受与分享，使参与者能够管理和承担与其他人共同学习的责任。

操作流程(见图2-1)：

图2-1　操作流程图

活动(体验)：一个能够让团队充分参与并与培训目标相关的培训项目

↓What happened？ 发生了什么？

发表：分享感受和体会

↓Why？ 为什么会是这样的？

分析(反思)：讨论与培训目标有关的体验或感受的真正意义

↓Ask so what？ 寻求根源。

理论(总结)：深层次推理(将反思提升到“现实世界”的理论依据)

↓Now what？ 现在怎么做？

指导(应用)：参与者确定如何应用所学，以及如何进行相关技能的练习

三、培训设计思路

(一) 拓展培训的目标

增加员工间的沟通，加强团队合作精神。

(二) 培训思路设计

1. 破冰，认知

培训热身以参训者相互认识、熟悉为基础目标，此环节采用游戏为引导，让学员彼此通过新颖的形式了解对方的个性与工作情况等，营造轻松的学习氛围，让大家全情投入，从认知到熟悉彼此。

2. 建立团队

此环节将把全体参训人员分成若干小队，12～16人一队，每个小队配一名培训师，并通过轻松的环节选出队长，共同设定队名、队号，最后进行集体风采展示，使成员对团队有初步的认识，加强团队意识。

3. 信任，奠定团队协作的基础

信任是团队协作的基础，此环节设置背摔项目，可激发出团队成员间的信任感，只有当团队成员互相信任，并明确作为成员的责任，懂得站在对方的角度思考问题，主动沟通与付出，架起相互之间沟通和理解的桥梁，才能达成团队合作，并最终实现团队目标。

4. 提升沟通技巧

沟通是提升团队合作绩效的润滑剂，此环节将通过盲阵项目掌握沟通的基本技能，如何倾听，如何有效的提问，如何组织语言及发表意见，充分沟通将使团队的合作更高效。

5. 团队激励，加强团队精神

团队精神是团队得以不断前进的精神支柱，此环节将通过高空项目天梯、天使之手、跳出自我三个项目带出，项目是在高于地面8～10米的高空进行，不仅能使参训者挑战自我，同时项目设定团队目标，团队成员需互相鼓励才能达成目标。

6. 团队协作，PDCA

PDCA的学习，P-planing，D-do，C-check，A-action，计划、尝试、检查、实施是团队相互协作完成具体工作的基本技巧，此环节将通过生死时速项目带出执行的重要性及关键点，并享受竞争带来的乐趣，提高团队工作的效率。

7. 团队大迷熔炼

培训的最后一个环节是毕业墙，要求全体成员在设定时间内不能用任何工具爬过十米的高墙，这将是一天培训的凝练：信任、分工、PDCA、团队精神。

四、拓展培训日程安排

拓展培训日程安排如下(见表2-10)。

表2-10　拓展培训日程表

时　间	项　目	内容介绍	培训目标
7:50	集合点名		
8:00	集体出发	1小时车程	
9:00	培训热身：Bingo游戏	找朋友	相互认识
9:30	建立团队	分队，12～16人一队，选队长、队名、队号、风采展示	组建团队

(续表)

时　间	项　目	内容介绍	培训目标
10:00	背摔	所有队员依次攀爬上一个1.5米的高台。背向大家笔直倒下，所有队友在下面用手织成一张“床”将他接住	1. 体会信任，信任团队 2. 换位思考，站在对方的角度思考问题 3. 主动沟通与付出，架起相互之间沟通和理解的桥梁
11:15	盲阵	所有人一起充当“盲人”，在沟通障碍的环境下，只能运用自己的聪明智慧将一团绳子做成一个正方形	1. 相互信任 2. 倾听的五个层次 3. 有效的提问技巧与语言组织 4. 细心观察，资源的预见性使用
12:30	午餐，休息		
13:30	天梯	两名成员互相配合爬上十米高悬空的梯子	1. 互相信任 2. 团队合作 3. 团队激励，团队成员互相鼓励达成目标 4. 自我挑战，激发潜力
	天使之手	两名成员互相配合走过八米高的钢丝	
	跳出自我	要求成员在八米高空跳下来	
15:00	生死时速	团队合作竞赛项目，在用绳子围起的圆圈里面散布几十个数字，所有队友按照自己计划的方案依次进入圆圈，全组队员争取在最短的时间内完成任务	1. 团队成员学习如何习惯与竞争为伍，并享受竞争带来的乐趣 2. 执行的重要性及关键点 3. 自动自发，从自己身上寻找突破，提高团队工作的效率 4. PDCA的学习
16:30	毕业墙	要求全体成员在设定时间内不能用任何工具爬过十米的高墙	一天培训目标的综合与凝练：信任、分工、PDCA、团队精神
17:30	总结	总结、颁发证书、集体拍照	
18:00	返程		

五、拓展培训费用

(一) 费用：170元/人/天，300人

(二) 总金额：51 000元

(三) 项目明细：

1. 课程设计(根据单位需求，设计专项课程)

2. 培训师(由创睿资深培训师全程辅导，16个学员配1名培训师)

3. 培训教材及教学用具(训练场地、户外专用器械及绳索等)

4. 课后培训评估(学员对培训师及培训师对学员的双向评估)

5. 培训证书

6. 培训结束后期应受训公司邀请，进行培训反馈

7. 用餐：一次午餐(8菜一汤)

8. 饮用水

9. 十万元保险

10. 全程数码拍摄(培训结束后赠送刻录光盘)

11. 交通、路桥费

拓展活动结束，大家的情感更加融洽，并且有意无意把拓展中学到的东西运用到日常工作中。当然在活动结束的时候，会评选出最佳队长、最佳团队，并给以鼓励。最值得纪念的奖品是一本台历，台历的特别之处在于照片都选自拓展活动中所拍摄的，让所有得到的同事兴奋不已。

爱、关怀、成长

大型活动不可以少，但日常的小活动也不能间断。乐乐又动了动脑筋，发现越想这些越有意思。

“乐乐，我对薪酬扣税方面有疑问，那天就想问你，但一忙就忘记了。”在洗手间碰到一个同事，同事恨不得就地把问题解决了。乐乐帮同事解决了疑惑之后，心里想我们总是在办公室里，一直被动接收员工的信息，为什么我们不主动走到员工中呢？虽然我们给员工做了各种答疑的手册，但如果配合我们的解答会不会让大家更加满意呢？

乐乐又想，同事们平时工作都挺忙的，交流的机会少。主动走到员工身边，了解一下员工的需求确实是我们应该做的。

如果按以前，乐乐想到啥就会立即开始启动，干起来，不过现在的乐乐会想清楚之后再开始，希望想法更具体、明确实际的操作步骤之后再开始。

乐乐继续想，如果突然走到员工身边，问员工有什么问题，既唐突又奇怪。这种走进员工的方式很不错，但如何引入还需要想想。看看窗外，乐乐想找到点新思路。

“对面新开了间茶吧，还有下午茶可以去喝呢。”乐乐不由自主说出来，“以后想放松的时候，可以去对面调节一下了。”

“是啊，下午4点左右是最困的时候，精神状态不好，很想找个机会放松一

下，补充点能量。”旁边的同事感同身受地说。

乐乐心想，记得之前有一次开会，也有个市场部门的经理分享过自己部门的经验，下午4点左右整个部门的工作效率、员工整体状态会有下滑。之前这位经理以高标准、严要求的方式，不仅没有达到效果，部门里的员工还更加反感。后来这个经理仔细观察了一下，下午4点左右的时候，员工一般会去洗手间、喝点水，或者有的同事之间会聊聊天，虽然时间只有短短的两三分钟，但看得出大家脸上流露出幸福的微笑，而且精神状态还好了不少。后来这个经理就尝试开始在4点左右时让大家放下工作，走动起来，找部门同事聊聊天，小休一下。到后来部门经理还会将部门的好消息放在这个时候公布，大家可以一起吃点东西，也补充了能量。这个经理曾经在酒店学过西点的制作，正好技能派上了用场。到后来，经理还会组织大家在休息的时间里做一些小活动，既交流了情感又锻炼了身体，达到了双赢。乐乐还记得当时经理分享这些的时候，非常自豪。乐乐觉得如果在公司可以将这个小休时光推行，在这个过程中人力资源的小伙伴走到大家的身边聊天，气氛会更加自然轻松。

想到这里，乐乐做了一个大致的计划：

在每天下午4点，办公室会准时奏响轻松好听的音乐，开始每日的美好时光，一共15分钟。在这个时间里，同事们都可以随意走动、聊天，也可以到茶水间喝下午茶。

人力资源部的同事会在这个时间主动走到部门同事的身边，进行“天使在身边”的活动，解答大家的问题，交流感情，把更多的信息带给员工，让员工感受到身边实实在在的温暖。所有活动的目的是为了让大家更好、更加有效率地工作。

乐乐想和领导好好聊聊自己的想法。

“领导，想和你聊聊关于员工活动开展的一些想法，不知道您有没有时间？”乐乐有点吃不准，自己现在提这个是否是时候。

“好啊。具体说说，其实我也正准备找你聊聊。”领导兴致很高。

“是这样，我觉得虽然之前我们也做了一些服务员工的手册，解答员工的疑难问题。但是觉得仅仅是这样还不够。所以我想人力资源部的同事可以主动走到员工的身边进行问题的解答，还可以进行宣传，但单纯这样还是有些唐突。所以我想在每天下午4点的时候开展一个美好时光短暂休息活动，让大家有一个缓冲的时间，更加提高工作效率，您觉得怎么样？”乐乐如竹筒倒豆子一般，全部说出来。

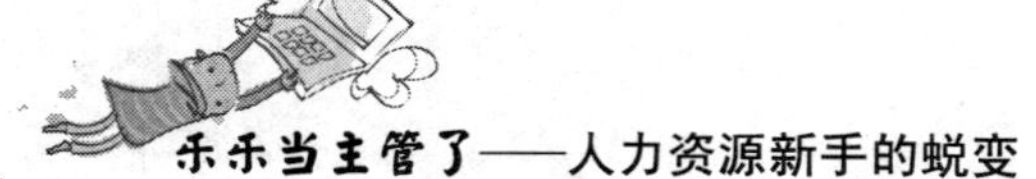

“嗯，想法不错。之前也有销售部的同事提出来，希望有一个短暂的下午休息时间，适当调节一下。没想到你把人力资源答疑宣传的想法也加入了进来。”领导赞赏了一番。

乐乐心里很开心，觉得自己的想法得到了认可。“乐乐，我还有一个想法，你觉得怎么样？”领导想征求意见。

“我发现不少同事每天习惯性加班，虽然工作是很忙，但其实并不需要每天加班，毕竟8小时以外也很重要。所以我想在开展这些活动的同时，每周五让所有同事准时下班回家，取个名字叫‘爱回家’。活动的宗旨是让员工在工作之余多陪陪家人，和家人一起吃晚餐。通过这些活动，真正把我们的关爱带给员工。”领导说。

“真的很不错呢！这样就成为了一个关心员工的系列。我们把整个活动想一个主题名字吧？让大家都容易记住。”

“爱、关怀、成长吧？让大家在爱的环境下，在各种关怀的感受下，同事们可以快乐生活、快乐成长。”领导的想法确实很到位。

整个“爱、关怀、成长”计划分为三个部分，首先是美好时光的下午小休；不间断人力资源人员走到员工身边，解答问题；每周五的爱回家活动，让大家把公司的关心带回家。

计划推出，得到不少同事的赞扬。这样的三部曲，让大家觉得很贴心。乐乐也发现，其实人力资源工作确实需要从小处着眼，做深做透，这样才能更有用。

关爱活动有条不紊地开展起来了，但时间长了还需要一些新鲜的花样进行搭配。搭配些什么会更好呢？要解决人力资源的任何问题，都是需要细心观察、深入了解，本着从员工中来，到员工中去的思想。乐乐在和员工聊天的时候，员工也会吐露一些自己的心声，也会聊聊最近工作的状况、生活等等。乐乐突然觉得对于员工的关爱，还需要有更深层次的，从心灵方面还需要给予一些指导和帮助。从人力资源方面还可以进行些什么活动呢？乐乐又开始思考了。

员工沟通会曾经开展过，员工与高层面对面的活动也开展过，不过大家似乎还是有些放不开。该怎样开展会更加有效呢？还有哪些形式的活动可以加深互相沟通和了解呢？也曾经问过不少员工，不同的员工需求也不相同，例如对于从事销售方面工作的员工，我们也储备了不少后备人才，他们非常希望了解主管，从主管那里学到更多。不少同事也希望向前辈学习，少走一些弯路。以前的沟通会会比较泛泛而谈，总希望员工提些建议，但如果可以进行一些专题性的分享是否

会更加有针对性，员工可以通过这样的平台，吸收到更加丰富的内容呢？

想法很好，但如何做呢？形式怎样？针对性的主题该如何定？每次到这种时候，乐乐都喜欢看看电视、看看电影找找感觉。正巧老妈在看电视，是个访谈类型的节目。乐乐还没从思考中走出来，皱着眉头。

“乐乐，怎么啦？”老妈关心地问。

“老妈，之前你知道我做过沟通会这样的活动对吧？”乐乐想说又有些难为情。

“知道啊，之前你不是还找了朋友帮你设计宣传图嘛。听你说好像效果一般，同事们后来没有参与的积极性了。”老妈记性真不错。

“是啊，后来大家都不知道说什么了，所以经常会冷场。但这种沟通会的形式我觉得还是可以继续，毕竟这样的沟通平台可以起到很大作用的，只不过我现在不知道用什么形式，我想做成专题的形式，但是不知道怎样操作才更有效。”乐乐很苦恼地说，眉头又皱了起来。

“这样啊，你不早说。”老妈似乎有高招，“现在有一个访谈类节目不错，每期节目都会选一个主题，然后有一个人在上面进行主题演讲，讲完之后，可以有互动提问等环节，收视率挺高的。我现在就是在看这个呢。”

“这样啊。那我赶紧去看看。”乐乐赶紧跑进房间，把这档节目好好看了一下。“就这么办！”乐乐兴奋地拍手，灵感来了。

第二天回到公司，乐乐立即把自己的想法和领导进行了沟通。在招聘工作压力不是太大的时候，需要把工作的侧重点进行调整，把更多的精力和时间用在员工关系维护、文化宣导方面。

领导非常支持，希望在日常的“爱、关怀、成长”活动之外，进行更加有针对性、更有主题导向的专题活动。既然花有花的语言、鸟有鸟的语言，那人的心灵也有语言，所以本次活动的名字就叫“阳光心语”。

“领导，我的整体想法也是每一期做一个主题。目前我自己想到的可以做的主题包括员工的职业发展、压力舒解、如何自我学习等方面。”乐乐若有所思地说。

“你说的这些应该都是员工很关心的事儿，但我们还是要做个小调查，看看员工到底关心哪些问题？你觉得怎么样？”领导继续说。

“好的，今天就可以做个调查，顺便把准备做的活动形式推出来。”乐乐显得很兴奋，恨不得立刻就去做。

调查结果排第一位的确实是关于职业发展方面。其实公司也制定了职业发展通道的各项制度，也有不少配合职业发展的培训课程，但员工最关心的却依然是职业发展这个主题。那他们想了解什么呢？乐乐想着，又联想到看的那档电视节目，员工们想了解的是周围的人是如何一步一步做到的方法，或者是想找到一个参照物，找到一个标杆和信心？

乐乐打开电脑，迅速把近两年内部晋升的同事的信息浏览了一下，内部晋升人员占比还是相当高的。以前怎么从没想过让这些同事讲讲自己的成长故事呢？其实他们的故事最有激励和鼓舞的作用。乐乐内心感到有一种新生的力量在涌动，觉得特别有意义。

活动主题确认了，方式是找三个内部晋升的同事作为分享嘉宾，以分享为主的方式，穿插员工职业发展通道的制度，让员工加深印象和了解。接下来的重点是需要选定分享的对象。

乐乐想："分享对象很重要，如果没选好，估计没人愿意听，以后这个活动也没办法做下去。毕竟举行活动的真正目的是帮助员工找到自己奋斗的方向。找谁比较合适呢？"乐乐顺便在纸上划了划。

首先得是一个愿意分享的，其次需要逻辑好又善于表达，还必须善于总结的人，乐乐心中迅速想到了三个目标人选，分别来自不同的部门。选定了分享人员之后，乐乐安排三个人选进行分享内容的准备：

"三位即将参与的活动是将你们的经验、心路历程分享给同事，让同事通过你们的故事得到收获和启发，每个人分享的时间是15分钟，大家有没有想分享的内容呢？"乐乐还是想先征求一下意见。

"我就想讲一下自己遇到过什么困难，但通过努力最终克服了。"一个同时说。

"我本来打算讲讲自己之前遇到过的失败、挫折，而且我的晋升之路其实挺曲折的，也想和大家说说。"另一个同时也提出了自己的想法。

"大家的想法都不错。我给大家三个思路，供参考。因为分享的时间不长，所以一定要精炼并且重点谈方法。首先在什么样的关键时间点发生的什么事情，对你起到转折作用；其次哪些事情给你带来了变化；另外有哪些转折期发生的事情对你产生了怎样的影响，你又是怎样应对的。看看从这些方面准备一下会不会有一些帮助。"乐乐面带微笑。

三位同事按这种方式进行了详细的准备，把自己的故事写出来，并且按照STAR(情景、任务、方式、结果)工具的方法将故事描述进行演练。最终"阳光心语"活动得到了同事们的好评。

活动开展了这么多，乐乐发现其实这些活动都是有一些规律的，摸索到规律做起来就会更加容易。首先需要得到领导的支持和协助，做好活动的计划，做好宣传。

公司内刊出版了

活动开展了，也做了不少的事情，收获也不小。但乐乐总觉得似乎差点什么。如果可以记录下来，更加长久的分享和传承该有多好。在学校的时候，乐乐就喜欢向学校的报纸、刊物投投稿，如果公司内部也办个内刊还是挺不错的。既可以有一个了解公司的平台，而且员工也可以有机会分享自己的故事。这个想法在乐乐的心里已经想了好久了，一直没有找到合适的机会。

乐乐认为内刊的名字可以让大家投票选出，内刊中的内容版块可以一步步完善。有了这个内刊，人力资源方面的宣传又有一个好渠道了。

乐乐很快准备好了创办内刊的通知、内刊名字投票宣传、稿件相关要求的文档。按捺不住内心的喜悦，乐乐很快把文档发给领导过目。

创办公司内刊通知

回首过去，在全体员工的辛勤努力与大力配合下，公司走过了辉煌而令人难忘的三载。

今昔，为了更好的发展和宣传公司企业文化，亦为了更好地促进公司内部的交流，搭建公司内部沟通的平台与对外宣传的窗口，公司计划创办企业内刊。

我们希望通过这个平台，可以展现各部门最新的活动与资讯，让全体员工了解各部门的情况，掌握最新信息，跟上公司发展的步伐。

通过这个平台，我们希望可以让每一位员工分享自己对工作和生活的理解与感悟，分享经验、失败、成功与喜悦，加深相互间的沟通与交流；

通过这个平台，我们希望可以营造充满激情、昂扬向上的企业氛围，展现公司的风采。

公司内刊建设需要每一位员工的共同努力与参与，为了把这个平台建设得更好，现特向全体员工征集内刊名字和稿件，具体事宜通知如下：

一、名字要求

1. 主题突出、积极向上、文字精练、读时朗朗上口。

2. 中英文皆可。

3. 3～10字以内。

4. 名字一经征用，将会获得奖品一份。

二、稿件要求

(一) 征稿对象

1. 公司全体员工，每位员工均可投稿。

2. 每个部门每月以部门名义供稿一篇，内容为部门的新闻或报道。

(二) 主题设置

每期根据需要设置不同的主题。

(三) 栏目设置

栏目设置为三部分，具体如下：

1. 新闻资讯

- 部门资讯：内容为各个职能部门的新闻消息，或需向全体员工公布的信息等，如业务进度、总结、工作成就、部门活动等。
- 行业资讯：内容为网络游戏行业的资讯信息，或游戏介绍等。

2. 焦点视线

- 新人介绍：当月入职的新员工介绍。
- 公司活动：公司组织的足球、篮球、羽毛球、生日会、旅游、会议等活动介绍。
- 员工心声：员工的工作心得与感受，或发生在工作中的小故事等。
- 培训学习：培训资讯，或有利于促进员工学习的资料分享等。
- 开心一刻：搞笑的图片，幽默小故事，或发生在公司中的一些趣事等。

3. 职场文学

- 原创天地：员工原创的小说、诗歌等。
- 激励小故事：抄摘一些能调动员工积极性，激励员工不断向上的故事分享。

(四) 格式

1. 文字，中英文皆可。

2. Word格式，不超过3000字。

3. 照片/图片，jpg格式。

4. Word文件插入图片亦可。

(五) 投稿方式

提交给人力资源部李乐，联系方式：Email。

文章一经采用，则会获得纪念品一份。

属于我们自己的内刊名字，请您投票！

人力资源部

8月中旬，人力资源部向全体员工征集公司内刊的名字，得到了员工的积极响应，共收到13个有效刊名，经咨询董事会意见后选出了以下5个具有代表性的刊名。最后花落谁家，这个选择的权利公司将交给大家来投票决定，具体安排如下：

投票人选：全体员工

投票截止时间：10月22日

投票方式：

1. 一人一票实名制，在选票上写下本人名字及最喜爱的一个刊名。

2. 人力资源部将在前台放置投票箱和空白选票，以供每位员工随时进行投票。

3. 选票填写要求字迹清晰，重复投票和无署名投票无效。

大家齐来看一看、论一论、想一想，最后动一动，写下你最喜爱的那一个刊名，投下神圣的一票，共同选出属于我们自己的内刊名字吧！

"乐乐，这个想法不错。内刊可以发挥不少作用呢，只是要一直做下去还是不容易的。你又得组织一个团队一起进行了。"领导拍拍乐乐的肩膀。

乐乐回想了自己和同事们一起开展的各种员工活动，加强了整个组织中人与人之间的凝聚力，丰富了大家的生活，还发现挖掘了不少人才。

内部培训

培训的意义

为什么要做培训，培训是否就是不断地上课？

公司想对一批后备人才进行培养。从招聘及外部人才状况来看，外部招聘的人员还是无法满足团队快速成长和扩张的需要，所以对于人员的培养迫在眉睫。

其实对于储备人才的培养计划及相关的培训体系，是有固定内容的。但对于电话销售团队的人员培养还是有一些不同。销售经理们意见也不太统一：

“其实不管是哪种储备的人员，我们都可以用那套培训内容。我觉得很全面。”

“我倒不这么认为，我认为对于不同的人，培训的内容更有针对性会更好。我发现从电话销售人员晋升到基层管理人员，最关键的三门课程一定要学以致用。管理者的基本功、时间管理、数据分析方面，我觉得非常重要。”

乐乐和人力资源部的经理听着各部门经理的说法和讨论。确实之前培训课做了不少，也请了不少外面的讲师，但最终的效果并不是太尽人意。也听到不少参加培训的储备人员抱怨：“每次培训会占用大量的时间，内容太多也记不住，也用不上，很快就忘记了。”

经理等所有人都发表完各自的意见之后说：“其实培训的最终目的是可以快速有效让储备人员上岗，走上管理的岗位。我觉得培训还是得突出针对性、实用性，当然还需要时效。刚才提到有三个必须要学的课程，确实很中肯，我们可以针对储备人员上岗后前三个月最需要、最常要做的内容进行培训，再配合相应的课程会更加学以致用，其他的内容可以上岗之后再继续教育嘛。”

“没错，我觉得这样会比较合适。我之前曾经带过几个准备晋升的同事，他们除了上系统的培训课程之外，我会把容易出现问题的内容提炼出来供他们学习参考，而且还会通过日常管理中的案例让他们进行情景模拟训练，吸收运用会比较容易。”其中一位经理说。

“那我提个建议，大家看怎么样？大家把整体的思路理顺一下，各个经理一起完成一个初步的培训课程计划后一起讨论定出最终方案。”乐乐提议。

很快大家的意见统一起来，针对这批人员培训的目的、意义等各方面定下了培训课程的内容及课时。每次课程只解决一个问题，只安排半小时的讲授，其余的时间以现场演练为主，并且培训内容的时间分配上并不是平均的，会加大难点重点的培训比重，相应增加课时。

乐乐以前一直认为培训是需要在特定的环境下、特定的培训师、特定的课程才可以做，但在后来的工作中逐渐发现培训其实无处不在，其实培训的意义很广泛。

乐乐发现对基层业务类人员的培训主要分为两个部分：一类是业务知识类，

因为公司产品多，业务更新快，所以这类培训时时有；另一类属于技能类，包括时间管理、沟通技巧等课程。而以前做培训首先总是考虑需要多少个课时，也总是要考虑在怎样的培训室里进行，就连安排培训时间都要绞尽脑汁。但结果呢？不少同事还是觉得培训之后收获不大，有时候无法协调到时间去参加培训课程，有的同事觉得培训解决问题不及时，想反复再琢磨一下又找不到相关的资料，等等，各种情况都有。但现在我们采用了多种方式，灵活运用各种渠道和方法，充分运用碎片化时间，让培训无孔不入，无处不在。

那具体是怎么做的呢？经过团队成员的讨论，会分为三步：首先，对于业务知识类的内容，通过建立知识库，所有产品知识、更新的各种版本全体员工都可以通过系统进行查询。当有产品知识更新时，知识库会及时响应，以最快的速度更新，可以保证所有人在第一时间了解产品知识的改变；其次，会通过部门短会的方式，将知识快速准确传播给所有员工，目的是保证所有人的理解保持一致，将最准确的信息传递。虽然这种会议的方式似乎不像培训那么正式，但实际上却起到了培训的效果；再次，对于知识类培训的验收，除了日常部门内的实时辅导，公司每个月会对员工进行测验，进一步检验大家对知识掌握的程度，在测验结束之后，会对出现问题比较多的情况，再统一做一次培训辅导。

而对于技能类的培训，课堂上的讲解是主要的一种方式，当然也可以选择课堂以外的地方，例如户外、咖啡厅等，将培训做成分享的模式。另外会将日常的培训案例收集起来，拍成视频，放在公司统一的线上学习平台，让员工通过自己身边的案例更加深入理解应该怎么做才是最合适的。当然还会将培训课程内容做出成品，通过微信进行公司内部广泛的传播，方便员工随时学习体会。

通过这些方式，乐乐发现其实培训就在身边，再不是那种触不可及、离我们日常比较遥远的神秘东西。培训的意义更广泛了，培训真的是无处不在的，只要善于抓住每个时机和关键点，用好各种适合的方式就可以让培训时时刻刻驻在员工的心里，达到想要的效果。

每次解决一个问题的迷你课程

乐乐还在寻找新晋升的管理者，还想仔细了解他们的情况，张经理已经冲进办公室了。

“乐乐，我们上个月晋升的王林，发现越来越有问题了。他管理的团队一个月流失了三个人，业绩下滑严重，员工日常表现也不行，一盘散沙。不知道怎

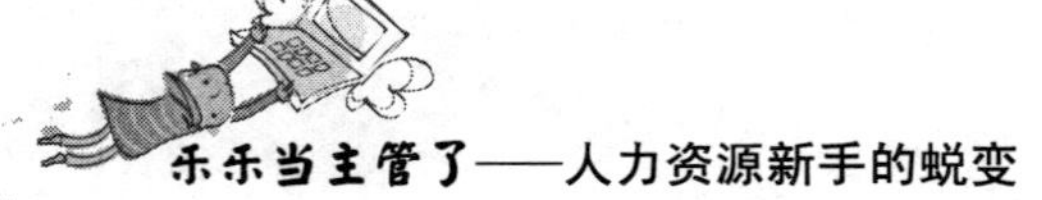

么搞的，他接手时，这个团队的业绩还是很突出的，怎么带着带着越来越不理想了。请你们人力资源的同仁们支点妙招啊！”

“张经理，刚晋升肯定会遇到各种问题，我正好也在想这个事，给您看看我刚刚想到的一些问题点和培训方案，您给提点意见。”乐乐很谦虚。

乐乐把计划的培训方案给张经理。“张经理，我的主要想法是这样的，因为经过内聘晋升的基层管理者，最大的问题是个人角色的转换，管理的方法需要学习。所以我准备分为两个大的部分，一个部分是方法，另一部分是知识方面。主要会通过情景案例现场模拟的方式进行，每次课程中最多只解决三个问题，时间控制在1个小时。”乐乐大概介绍了一下自己的想法。

“这培训课程的时间也太短了点，能解决什么问题啊？”张经理反驳。

“其实我觉得培训课程的时间长短并不是问题，重点是可以解决实际的问题。我和几个同事聊了一下，他们觉得最困难的是不知道如何平衡威信和亲和的关系，所以不知所措。也有人说不明白如何给下属制定目标，具体有什么方法。所以短平快的方式是最好的，因为没有太多的时间。”乐乐很自信。

“征求一下各位经理的意见呗，看看大家有什么高见。我个人就觉得时间太短，意义不大，不可能学到什么。我先走了，希望早点成型，早点教教这群小孩子，要不还不把我们这些经理累死。”张经理唠唠叨叨，边说边走出办公室。

乐乐抓紧时间把自己的想法汇总了一下，另外又找了几个同事做了访谈，了解情况。做足准备之后，乐乐写下了主管培养计划的培训方案。因为理论结合实际，针对性强，又充分利用了碎片化的时间，得到了所有人的赞同。乐乐觉得培训不要太在乎形式、太在乎课程的完整性，其实更重要的是内容，是真正可以解决问题。针对不同的情况、不同的人群，选用更有针对性的培训课程才是最重要的。

好马也吃回头草

争取员工回归

“乐乐，现在部门都挺缺人的，你们招聘一直也没有什么太大成效。前几天

一个离职的同事打电话给我，想回来，你看我又帮你们解决问题了吧？”用人部门的莫经理阴阳怪气地说了一大堆。

“莫经理，之前那个离职的同事离职是因为业绩不理想才离开的，现在他想回来不合适吧？”乐乐心直口快，一下子就脱口而出了。

“乐乐，给你现成的人你都不要啊。反正我也和总监说好了，管不了那么多了，赶紧招这个同事入职吧。”莫经理不咸不淡地撂下话就匆匆离开了。

乐乐心想，明知道这个人不能用还一定要录用，简直就是和人力资源部作对嘛。我就是不给，敢把我怎样嘛，边想嘴里嘟哝了半天。

“乐乐，想什么呢？谁惹你了，眉头紧锁的。”师傅兴冲冲走进办公室。

“师傅，好郁闷啊，那个莫经理硬是要让之前业绩不好的同事二次入职。当时都已经算劝退的性质了，还想来，什么意思嘛？”乐乐一肚子火。

“哈哈哈，乐乐，原则性挺强的，值得表扬。”师傅很快收住了笑容，抛出一个问题，“但是你觉得你这样做可以解决问题吗？”

“我是觉得生气，莫经理还阴阳怪气的，假惺惺说帮我们解决问题，到时候员工不达标，又是我们人资去处理。我觉得自己也不够冷静，刚才脸都黑了，不知道有没有得罪莫经理。”乐乐一下子似乎尴尬起来。

“是的。虽然做人力资源工作需要坚持原则，但是没有方法的坚持肯定解决不了问题。像这个人的录用，你可以不用直接拒绝莫经理，不管用人部门出于什么目的，我们还是应该从正面的方向去想，但是否接受，需要一定的方法。”师傅想点拨一下乐乐。

“嗯，师傅我明白，其实我应该先接受，是否执行需要思考后进行。我想了一下，应该和莫经理这样说会比较好，您看行不行？”乐乐开始情景模拟了，“莫经理，谢谢您的推荐，这个员工之前离职的原因您也清楚，既然您觉得他可以再次录用，也希望这个员工可以长期稳定做下来，所以我会和员工先电话沟通，了解他目前的情况，然后再按录用流程进行，您看可以吗？”

师傅也顺势模拟对话起来，装成莫经理刁难的语气：“那我不管，反正怎样这个人都得入职的，我和总监也打了招呼，你不用管那么多了。你怎么接下面的话？”

“莫经理，我非常理解您求才若渴的心情，我也很想赶紧抓个人入职解决燃眉之急，但是如果没了解清楚，万一他没多久又离职，到时候对您也不好，所以您看我帮您了解清楚再进行，您觉得可以吗？”乐乐有点不知道该怎样进行下去了。

“其实你说的已经不错了，让对方觉得你的原则主要还是为他考虑就足够了。别的方面也不用想太多，不用考虑对方会想什么，做好自己该做的就是对的。”

乐乐很快和那个员工联系了，感觉员工并不是太有回归之意，只是莫经理的盛情难却，所以员工也有点不太好意思。最终是员工自己选择放弃回归，自从这个事之后，莫经理反而有点不好意思了。

主动回归

下班走在路上，手机响了，乐乐接起电话，听到电话那头一个熟悉的声音，原来是她，已经离职一年了的员工。

“美女，方便接电话吗？好久没联系了。”电话里传来甜美的声音。

“我刚下班，咋了，找我有啥事？”乐乐内心感觉对方可能是想回公司。

“我想回来，公司最近招不招人？”对方很快说了这句。

“当然招啦，你那么优秀，去年怎么留你也留不住。”乐乐故意酸了一句。想想去年做挽留的时候，她毅然离职，怎么也劝不住。当时乐乐心里还是有点难受的。这个女孩子各方面都表现出色，所有领导对她的评价都很棒，而且就在公司刚刚晋升她之后，她提出了离职。原因是太累了，需要休息。当时乐乐也考虑了好几种替代离职的休假方案，可是她不接受，一心决定离开。怎么现在又要回来？乐乐心里一阵嘀咕。经过仔细了解，才知道原来休息了一段时间后，她发现外部公司的平台和我们公司有很大差距，考虑许久后决定再次回归。

其实在职场上遇到再次回归的员工的情况也不少，那对待这种情况人力资源应该如何应对呢？当然优秀员工愿意回归是一种好现象，但我们仍然需要从以下几个方面进行了解：

首先，需要细致了解员工想回来的原因和动机，最重要的是了解员工想回归的具体原因，最想做什么，发展规划是什么；其次，需要和员工沟通了解当时决定离职是如何考虑的，离职后做了些什么，是否和当时离职时考虑的一致等等。了解这些情况一定不能怕麻烦，不好意思问出来，因为细致了解是对员工和公司负责。需要下功夫、花时间和想回归的员工做深入沟通和面谈，了解清楚对方的具体想法。曾经发生过再次回归的员工重新入职不到一年又离职的情况，最终究其原因是重新回来后员工发现公司的实际情况与之前的不同，同时承受不了周围同事异样的眼光和压力。所以对于想再次回归的员工前期深入沟通了解非常重要。

在沟通的过程中，人力资源也需要主动介绍公司的现状、发展状况、岗位内

容发生的变化，同时也需要告诉对方如果再次回归可能会遇到的问题和状况，思想上怎样做好准备。

当然对于即将再次回归的员工还需要了解他之前在公司的绩效、上级评价等，以及个人信息和资料的审核，千万不要想当然，将正常的人事手续省略。

在员工顺利再次回归之后，人力资源也需要多关注员工的状况，及时与员工及其上司保持联系，了解员工的动态，多给员工一些关心和帮助。

员工愿意选择再次回归，说明公司有吸引力和魅力，我们在欢迎优秀员工回归的过程中更需要多些细心、多点耐心、多些引导、多点帮助，让员工顺利回归。

回归的薪酬

一位部门总监直接推荐原手下的员工二次入职，员工提出的条件是薪酬翻倍，但是按公司目前的薪酬制度无法满足员工的希望，但部门总监强行要求人资打破原有制度，给予绿色通道。由于员工之前并未从事相关的工作，只是潜质不错，总监认定他肯定可以做得好，所以希望公司能为他提供更高的薪酬。

另一个二次回归的候选人，在外单位工作不到两年后希望重回公司。回归的说法很简单，因为觉得外面的平台还是没有达到理想状态，还是觉得以前好，所以希望能得到这个回归的机会。当然回归的人员面试表现都不错，本来大家皆大欢喜，公司招到了合适优秀的人才，候选人也找到了新的发展平台。

但问题同样存在，候选人对薪酬的要求比较特殊，为什么呢？因为他们在之前的公司的薪酬确实比离开前公司的时候增幅达到了50%以上，所以他们认为既然是这样，再次回来应该比目前的薪酬水平提高是正常的。

用人部门的领导确实急需用人，候选人又是主动送上门的，对公司的情况又非常了解，技能全面，但薪酬这块人资又不希望因为这种特殊情况而打破目前内部的平衡，而且因为毕竟目前面试的岗位还没有真正做过，所以还有一丝担心。但薪酬这个问题也是比较敏感的，所以也不太愿意谈。

遇到这种情况应该怎么办呢？

首先需要了解薪酬制定的标准原则，另外需要对比人员离职前的薪酬状况并结合目前应聘岗位的薪酬状况，同时也需要考虑目前岗位人员的薪酬状况，做好内部平衡。其实对于薪酬的制定有以下的相关因素：

(1) 拟入职人员的原总体收入水平(需以原单位出具的收入证明作为依据)；

(2) 拟入职人员的简历(包括学历、工作经验等相关信息)；

(3) 面试评估的最终评价(以最终面试者评价为准)；

(4) 候选人可以接受的最低年薪。

根据这些因素再结合公司的实际情况，可以解决这样的问题。在候选人的薪酬期望及公司实际薪酬等级中找到最合理的平衡。

其实人力资源工作也有风险

很多人觉得从事人力资源工作是一件很轻松的事儿，和人聊聊天，弄弄报表、整整档案。乐乐刚工作时也确实是怀着这样美好的愿望的，可做得越久，品味越长、体会也越深刻了，没想到做人力资源工作也会遇到不少风险。

记得在考人力资源证书的时候，当时班上有一个工作经验比较丰富的同学。有一天在班上的QQ群里突然看到一条信息，这位同学在办公室被员工用刀刺伤，正送往医院抢救。

乐乐看了之后吓了一跳，竟然做人力资源还会出现这种事，而且发生在身边朋友的身上。

周末乐乐和另一个同学约好去医院看望受伤的同学。在医院里，看到受伤的同学躺在床上，虽然看起来还算平静，但似乎还没有从意外事件中走出来。

“好点了吗？伤口还疼不疼？”乐乐关切地问。

“伤口还好，慢慢在恢复了。哎，不知道需要躺多久。”同学叹了口气，眼睛呆呆地看着窗外。

“乐乐，你知道吗？真的好可怕。那天刚刚上班没多久，一个上周才被辞退的员工冲进办公室，对着我的肚子就是一刀。我还没反应过来又来了一刀，幸亏有同事及时赶过来，否则你们就见不到我了。”受伤的同学有点伤心。

“确实好可怕啊。员工怎么敢这样啊，到底是怎么回事？”乐乐很想知道到底是因为什么事才会这样，这个同学在人力资源领域还是很资深的，怎么会遇到这种事情呢？

“我对这个员工其实印象很深，招聘的时候，对于是否录用他人资和用人部门的意见是不统一的，他的基本素质和能力是挺不错的，但我们发现他的成熟度不足，对某些事情的看法比较偏激，所以当时建议不要录用这名员工，但由于用人部门很着急，无奈之下还是录用了他。从入职开始不久，员工的表现和我们之前预测的差不多，对公司的制度、规则都经常不认同，有诸多不满，后来他干脆不遵守公司的制度，上班迟到、早退等情况越来越多。我们也对他动之以情、晓之以理，以各种方式开导他，但他还是依然如故。其实这种人在公司也存在不少。”受伤的同学一直回忆着。

“是啊，确实什么样的人都有。性格偏激的人，有时候会有些麻烦。”乐乐也有同感。

“所以人力资源对入口的把握很重要，价值的体现也在于此。对于用人部门一定不能用什么样的人一定要能把握住。很后悔当时没有把握关口，所以出现这样的事情也是教训。”同学后悔地说。

“后来公司决定辞退他，具体是什么情况？”乐乐还是想了解具体情况。

“工作表现不佳，连续两个月绩效排名都是倒数，因此公司决定辞退他。那天和他谈的时候，他也知道最后的结果，虽然他一直求我给他个机会。我当时只是觉得既然已经做了辞退的决定，就一定要在当天解决，只想着快刀斩乱麻。只顾着自己说，说完后让员工签字确认。当时员工的情绪也还好，我也没觉得有什么异常状况。”同学回忆。

“是不是员工一下子还没有缓过神来，之前他是否一点都不知道自己真的要被辞退？”乐乐又问。

“有可能，之前这种淘汰制度我们一直想做，但也没有真正执行过，这次是第一次。之前虽然也有过口头提醒员工，但毕竟这次是第一次，员工一下子还是没能接受这个事。后来我也听其他员工反馈说这个员工家里出了些事，近期才刚刚离婚，心情也很不好，很低落。”受伤的同学有点自责，“我觉得自己虽然从事人力资源工作这么多年，似乎对所有的人力资源工具使用纯熟，但在这个过程中似乎成了一种职业惯性，做任何事都是一种职业习惯和行为，反而缺失了一些对人的关注、关心，对人性的琢磨。这件事的发生和我自己也有关系，如果我当时可以给员工一点时间，就算让员工有一点倾诉的时间，至少可以让他宣泄一下情绪，他就不会因为想不通而发生过激行为。”

“可谁能想到会这样，做人资真不容易，还挺高危的，我们的意外保险要买得充足才行呢。我上次和一个面试者聊，当时面试者不断咳嗽，脸色苍白，我也觉得有点不对劲，后来一体检，就查出面试者是肺结核。我们都还是得学会保护

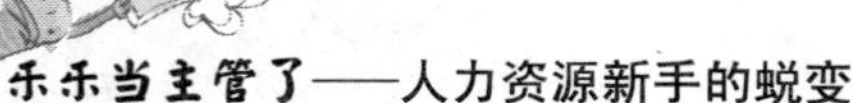

自己。”乐乐想把氛围调节一下，“你说得挺对的。但能做到也不容易，我们平时工作忙，压力也大，琐事也多，真正做到对每个员工关注、关心也难。只不过我们也得学会保护好自己。你好好休息，过段时间我再来看你。别再想这些了，这次也是个意外，以后肯定不会出现了。”乐乐安慰同学。

从医院出来，乐乐也想了很多，人力资源工作是一份与人打交道的工作，既然是这样肯定会遇到形形色色的人，要解决好人的问题就一定要了解背后的事，既要解决好眼前的问题，也要让人开开心心接受。除了要注意自己的语言、行为、说话沟通的技巧，还需要运用一定的心理战术，及时发现可能出现的潜在问题和危机，避免悲剧的发生。

思考篇

时间管理也要盯准人、做对事

掐指一算，时光飞逝，岁月如梭，从事人力资源工作的酸甜苦辣五味杂陈也都有所体会。乐乐有时候觉得自己每天都像机器人一样，不断处理各种突发状况，似乎永远都有做不完的事，忙里忙外，但总存在一些疏漏和不足。为什么还是不能做到游刃有余，应付自如呢？乐乐觉得自己得思考一下了，虽然自己晋升到了主管的位置，但还是像当专员时一样，觉得自己的未来很迷茫，乐乐有些忧郁，想想自己当时转行做人力资源时的雄心壮志都去哪里了，现在的自己每天只是忙于应付各种事情，眼看着就要奔三了，很怕自己一事无成。

每到这个时候，乐乐还是会一如既往想起师傅，看看师傅可以给些什么建议呢？“师傅，我想请教点问题。我发现自己做了这么久，每天有忙不完的事情，可也没见到什么成效，不知道怎么办？”

“你的时间管理运用的怎么样？”师傅反问一句。

“我也知道每天应该把事情分类，重要紧急、紧急不重要等等，但结果是每件事都紧急，都重要，都需要去处理，我都不知道怎么办好了。上几个星期，领导给我安排了几件事，首先是需要和同事一起完成管理培训生的招聘项目，另外还需要在三天内和各业务部门确认新一年的人员编制，同时还得带两个新入职的同事，给他们进行一周的培训。每件事情时间都赶在一起，我感觉自己分身无术。后来情况就是每件事都做了，但结果不太理想，因为我做这件事的时候，想着其他的事还没完成，心里记挂着，没办法一门心思。”乐乐的那种焦虑在电话里都能感觉到。

“确实不容易，这几件事都加在一起了。你想想为什么领导会安排你做这些事？”师傅又问。

“我觉得应该是想锻炼我吧。”乐乐心领神会。

“嗯，肯定有这个意图，所以你需要用更好的方法去完成领导交给你的任务。你刚才也说到了对时间管理在实际工作中遇到的困惑，确实有时候似乎每件事都很急、都很重要，容易让人抓狂。这个时候，你最需要做的是将精力集中在

紧急且重要的事情上，并把事情做好。”师傅特别强调了精力集中，事情做好这几个字。

“精力集中在紧急且重要的事情上。”乐乐重复了一次。

“是啊，你想想领导安排给你的几件事，除了一件事需要你独立完成，其他两件事应该还有其他同事可以协助吧？从你自己来判断，哪件事是最紧急的？”师傅又问。

“管理培训生的招聘因为前期工作都已经做好，所以执行到位就可以了。我主要是做好人员安排和协调，虽然重要但总体说来还比较可控，而新员工的入职辅导，因为已经有一套成型的培训课程，其他同事其实是可以协助的。只有人员编制这件事，因为之前一直有调整，而且有些部门的领导一直也不认可我们按照规则调整后的人员编制，所以一直还僵持不下。这件事我得去独立跟进，而且很费时间。我觉得人员编制确认这件事最紧急。”乐乐自信地回答出来。

“确实，确定人员编制这件事需要沟通的时间不短，而且根据你描述的情况，目前个别人有不同意见，有什么办法解决你似乎还没有对策。”师傅又问。

“是啊。有个部门的领导既不同意，也不愿意告诉我们他的想法。急死人了。我一直纠缠在这个上面，有时候没得到答复就去处理其他事情，就忘记了。”乐乐回道。

“呵呵，所以你的精力还是没有集中呀。既然你只有三天的确认时间，对于始终不给意见的领导，你只好把建议的方案给对方的时候要求在一定的时间内确认。到时间就跟进，不要无限制的延长。另外在跟进的过程中反馈进度，并寻求帮助。你每天跟进的时候，进展情况如何都需要和上级进行沟通，这样领导才知道需要给予什么帮助。否则到了三天没任何结果，时间也过去了，这样就很麻烦。”师傅耐心地教导乐乐。

“嗯，我明白了，反馈这方面我也做得不够，还经常被领导追。其实有些问题，借助领导的力量解决会更加简洁、有效。只是要用在合适的时候。”乐乐深有体会地说。

“嗯。所以呢，接到一系列工作的时候，一定要抓住最重要的事情，将精力集中在紧急且重要的事情上，并把事情一次性做好，这样你会很有收获。”

“我会好好去运用这个方法。多思考、抓重点、勤反馈，争取早日做到游刃有余。”乐乐欣喜不已。

回到家里，乐乐在笔记本上总结了一下。

1. 需要做对的事，分清事情的轻重缓急，需要把精力集中在选定的重点上，还需要积极的跟进和反馈。在进行沟通的时候，需要仔细聆听，善意回应，遇到问题的时候记得寻求帮助。

2. 做任何事情都存在着时间、成本 、质量三者相互制约的关系。需要协调好关系才可以达到最终的目标。

3. 对于人力资源制度、项目的推进，都需要先得到领导的认同和参与，然后和相关的人员进行沟通、培训，还需要建立奖励、表彰机制(认可奖励)推动。例如公司要进行优秀员工的选拔，首先需要得到领导的支持，还需要订标准(哪些行为是公司鼓励的、所期望的)，然后进行获奖名单的公布(大张旗鼓、造声势)，可以运用多种形式，例如表彰仪式、在公司内刊中刊登等。

所以做任何事情都有一定的规律，但关键需要善于思考和总结。

内外兼收寻人才——内部选秀唱大戏

公司的内部竞聘方式也使用了不短的时间，虽然有不少员工通过这种方式实现了自己职业生涯的成长，但在进行的过程中出现了一些值得深思的问题。乐乐觉得希望有可以改进至更好的方式，把这种方式用到极致。

在一个悠闲的周末，乐乐约了同行朋友去咖啡厅。咖啡厅里的人不多，特别静谧，非常适合聊天。两人各点了一杯青柠蜜糖水。

“美女，我们公司现在用内部竞聘的方式太多了。只要是管理岗位就从内部选拔。”乐乐抛出问题。

“还不错啊，内部选拔的好处也不少。”朋友笑了笑，“你觉得有什么不好？”

“都是‘近亲繁殖’，连说话的语气都一样，简直受不了。内部晋升的管理者很多最基本的管理技巧都很缺乏。”乐乐抱怨。

“那你们为什么选这些人呢？”朋友问。

“没办法，外面招不到人，要不就是来了适应不了又走了。公司发展太快，很缺基层的管理者。内部的人员晋升到管理岗位基本都是部门经理提名，所以就这样了。”乐乐无奈地回答。

“那你们内聘基本就是走个过场？还会有什么其他问题？”

“对于跨部门的人员流动，有的部门经理不支持员工，有的甚至还会给予很多阻挠。”乐乐继续说。

“公司快速扩张期这种情况也比较常见。我们应该这么做，首先人才储备是一定需要的，相应的培训、考试都需要跟上；其次内聘管理人员的选拔标准需要和用人部门确认好，如果选拔的管理人员什么方面都不够，以后有你忙的了。”朋友苦笑了一下。

“我也很发愁，现在是外面的人才引不进来，里面的人才没做培养，断层了。该怎么办呢？需要抓住什么关键呢？”乐乐心中充满疑惑。

“你可以先了解一下通过内聘晋升的管理者目前的状况，先针对这批人做好培训。对于已经提名准备应聘的人员做一个摸底，和部门经理做一个沟通，先建立一个基本的标准。对于管理方面做一个入门式的培训，培训完成后进行考核。面试的方式可以更有针对性，也可以多样化。”朋友提出了自己的建议。

“好，我先去了解一下目前这批内部晋升人员的近况如何 对于管理入门培训，美女，你觉得可以设计些什么课程呢？”乐乐的问题一个接一个。

“其实管理的课程网上一搜一大把，但重要的是简单、易学、针对性强。具体的需要安排什么课程，我希望你根据你了解的情况进行制定。”

“好的，我了解清楚确认后你再帮我看看。另外，竞聘的面试可以采取哪些方式呢？”乐乐又问。

“你们目前采用的是一问一答的结构化面试吗？”朋友问。

“是的，这种方式用得比较多，偶尔也会采用商务展示的方式。主要就是过去、现在和将来，分为三个部分，首先是需要候选人自我介绍 对过去经历的总结，然后是对应聘岗位的认知，最后是对于应聘岗位的计划和规划。基本都是这样。”乐乐很顺溜的说了一堆。

“这种方式效果怎么样？”朋友又问。

“还行吧，毕竟还是很正式的方式，还是可以做出一些判断的。只是有时还是有些表面化。”乐乐说。

“作为管理者，PPT展示的能力是需要具备的。只是可以加入情景模拟的方式进行进一步的考察。还有就是可以运用文件筐等评价方式进行，可考察的方面会更加全面。”朋友又给了点建议。

乐乐想了想，对于内部竞聘，除了对人员进行选拔，还需要配套做很多相应

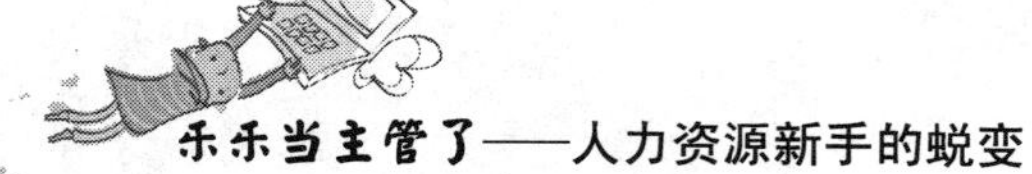

的工作，如果这些不跟上，最后只能是矮子里面拔将军，越拔越差了。而且对于外部的空降人员，还是得想想办法，毕竟公司的发展还需要内外同步才会更有成效。

傻傻的坚持是一种信念

前几天乐乐在一个节目里看到网球明星李娜的演讲，她的一句话深深打动了乐乐。李娜是这样说的："我打网球已经二十四年了，在最初的十五年里我并没有爱上网球，只是一直傻傻地坚持着直到现在我真正喜欢上网球。"听到这句话乐乐觉得应该就是这种傻傻的坚持成就了李娜今天的辉煌，而我们现在不少职场人缺乏的正是这种傻傻的坚持。我们总能看到周围的普通人，很多不起眼，甚至看起来似乎有点笨笨的人最终取得了成功，在深入了解之后会发现，他们的成功都有一个关键因素，那就是坚持，而且这种坚持是纯粹的坚持，也就是傻傻的坚持。

我们来分析一下，为什么傻傻的坚持最后会成功。

先来说说"傻傻的"，这个傻傻的是什么意思呢？这里的傻是一种纯粹，是一种不计较名利和后果，排除一切杂念。但大多数职场人都觉得自己很聪明，看到什么职位薪酬高就做什么，看到哪家公司提供的薪酬福利好就不顾一切跳槽，但最后的结果可能并不太理想。不少人在自己的职业生涯上越做越不顺心，最终以失败结束，自己也后悔不已。记得曾经有一个同事，做IT开发工作，本来在IT公司做得也不错，但当游戏行业兴起之后，他发现周围的同事去游戏公司工作后薪酬翻了几倍，他也削尖了脑袋要去游戏公司做产品运营工作。虽然自己觉得并不适合，但还是硬着头皮熬着，个人绩效也一直不好。在公司里换了几个岗位最终还是没有熬下来。当他再次想从事IT开发工作的时候，外面的世界已经改变了，几年没从事这行，自己的知识结构也陈旧了，感觉力不从心。虽然后来依然做IT研发工作，但始终碌碌无为。朋友的这段经历还是挺惨痛的。如果当初的他认准了IT研发工作，一直在这条道路上傻傻地坚持，在这个领域肯定可以做到最好。

再来谈谈什么是坚持。坚持是一种信念，这种坚持需要耐得住寂寞，经得起

诱惑。这种坚持是对个人情况进行分析和评估并确定适合自己的目标之后的勇往直前。曾经有一个朋友，一直非常喜欢做培训工作，她对培训工作的热爱是出于她喜欢分享、愿意把知识传授给周围的人。以前在公司里做内训师，她会利用一切机会分享自己的心得体会，也愿意让周围的同事一齐分享。因为对培训工作的热爱，她决定做职业培训师，虽然这期间经历了很多艰难困苦，但最终她还是获得了想要的成功。

傻傻的坚持是一种信念，只要你愿意脚踏实地勇往直前，保持自己的初心，成功就会水到渠成。

内部调动也需要融入

一个同事无精打采地看着乐乐，说自己今天的工作又是写一大堆“八股文”，觉得特别没意思。事情是这样的，因为同事刚刚转到新的人力资源组，在之前的人力资源组里好歹还是个“权威”，现在在新组连个助理都不如。而且工作内容也有很大的不同，以前的工作内容是面对员工，每天可以处理各种类型的员工问题，感觉特别有成就感，而现在的工作主要都是与制度相关，每天以文档书写为主，因为之前做的比较少，所以和新手没两样，经常出现问题，受到责备。而且现在虽然每天也是忙忙碌碌，却没有任何成就感可言。同事觉得心里极度不舒服，一直调整不过来。

想想其实很正常，在公司内部调动，到新的业务组工作，有很多方面需要适应，也需要给新团队其他成员一定的适应期。例如：

(1) 到新的业务组，组内的同事都不了解你，当然不知道如何与你相处。

(2) 这个时代就是竞争的时代，不管你曾经是什么背景，但当你还没有做出成绩时，其他人也不可能非常尊重你。

(3) 进入新的团队，有不同的工作流程、工作方式，作为新加入团队的你更需要把过去翻篇，重新归零融入团队。

(4) 对于新加入团队的成员，内部同事也担心你会分走他们的工作，最后取而代之，也自然有防备心理，所以新加入团队的人员自然会有一种隔膜感。

所以加入新团队的老员工，更重要的可以从以下方面着手：

(1) 在调入新的团队之前，需要大概了解一下团队人员的情况、工作内容等。对新团队的工作风格、工作流程有一个初步的了解。

(2) 调整自己，拥有一个平和的心态。需要想清楚一个道理，不管曾经多少辉煌、曾经做到什么职位，始终需要有一个不断更新、与时俱进的上进心。

(3) 善于发现工作中的乐趣。主动去适应所承担的工作，发现工作内容中有趣的地方。

实习生是打杂的吗

一日去朋友公司，满眼看去都是忙碌的情景，但看到还是有几个人悠闲地坐在座位上，无所事事。乐乐心里纳闷，这几个人为什么和整个氛围不搭呢？后来才知道原来这几个“特殊人员”是在公司实习的学生。朋友说公司会请两种类型的实习生，一种是乐乐看到的这种，属于打杂型实习生，另一种类型是直接在公司部门进行工作的，属于产能型实习生。

乐乐问朋友：“那打杂的实习生主要做什么呢？”

“整理档案、资料，接待来访人员。男生有时候还得帮忙搬搬抬抬，换换水什么的。反正都是杂七杂八的事。”朋友说了一堆。

“那没事的时候，就坐着是吧？”乐乐又问。

“对他们没有特别的管理，所以就是这样。只要个人愿意就可以来做实习了。实习生嘛不就是做点杂事，感受一下工作的气氛，随便应付一下就好了。”朋友觉得不以为然。

乐乐坐在那里呆住了，为什么对实习生的定位就是打杂呢？实习生来公司实习的主要目的是想了解职场的规则，学习如何快速适应职场的方法和技巧。而使用实习生的目的对成本的控制肯定是一方面，另外也是希望可以从众多实习生中发现适合公司的人才，作为正式人选的储备。

既然想实现双赢，那公司即使对于实习生也应该做好以下几件事：

首先，在实习生的选择上需要按照企业既定的人员选择标准进行，不要随便应付。

其次，对实习生也要制定计划，分阶段进行并了解实习生的状况。记得以前

乐乐的师傅带实习生，经常会安排实习生定期写总结，还会安排实习生参与到工作项目中。让实习生在实习的过程中有所收获和成长。

还可以和实习生定期做沟通面谈。引导实习生做好自己的职业规划。记得曾经带过一个实习生，个人资质背景都不错，但在沟通表达方面比较欠缺，但他就是想做人力资源。如果按当时的情况，他离任职要求有一定的差距，但如果可以磨炼两年应该还是有这种可能性的，所以在他实习的过程中，乐乐及时给他职业方向的引导和指导，让实习生更早认识到自己的实际情况，提前做好职业发展的准备。

笔试是否一定需要

最近经常听一些人力资源的同行在问，对于专业类岗位的招聘，常规都会做一份笔试题，但遇到过候选人(如工作经验在5年以上的)对做常规面试题有疑义的情况，让人力资源人员觉得有些尴尬。而有的人资朋友反馈说招聘专业类的岗位时去找业务部门出笔试题，但用人部门的面试官对某些技术类岗位总是说不用笔试。这就奇怪了，按常理来说，专业类的岗位都是需要笔试来测试基本技能的，为什么可以不用呢？到底是该进行笔试还是因情况而异呢？

首先我们了解一下笔试，笔试是招聘过程中的一个辅助手段。对于某些专业技术类岗位确实可以通过笔试的方式了解候选人的基础知识是否扎实，了解候选人对知识的掌握情况，通过笔试的方式也可以看到候选人在面试过程中不易观察出的表现。

但是否笔试就是所有专业类型的岗位必需的环节呢？这个倒还真不一定。就像前面提到的，不少用人部门对专业类岗位就不用笔试，为什么不用笔试就可以测试候选人对知识的掌握情况呢？

首先通过面试过程中的细节深挖，可以了解到候选人对所应聘岗位需要掌握的内容是否熟悉了解。在提问的过程中，可以让候选人对于曾经参与过的整个项目过程进行描述，使用了什么方法、工具、曾经参与过哪些细节工作等等，都可以通过问的方式了解候选人所说的真实性。

其次在面谈的过程中同样可以穿插测试笔试的内容，只是用交谈的方式进行。

其实不论什么岗位的面试，最需要考察的是候选人的思路和想法、对于新兴学科和知识的探索和兴趣，所以用交谈的方式同样可以考察候选人是否合适，而且对于级别越高的岗位这种交谈交流的方式会显得更加重要。

因此在招聘环节中并不一定要拘泥于哪种方式或者手段，只要可以达到最佳的效果，各种方式可以搭配组合最优化进行。

说得好还是干得好

办公室里有两位同事，同样的年龄，同样的学历背景，同样的司龄，职位也相同。不过两个同事在个性上有很大的不同，一个同事如果做一件事，只做了不到30%，但听她描述感觉是已经120%的圆满完成了；而另一位同事即使事情已经完成90%以上，但听她的描述似乎还有很多需要完善之处。近一年来，由于前者擅长描述和讲演，在职场晋升之路上突飞猛进；而后者由于不善言辞，虽然踏实肯干，但在现实环境下仍然默默无闻。两种人各有特点，如何用好两类人呢？

首先我们分析一下这两种人各有什么优势和不足。

七分说三分做的职场人，最大优势是善于绘制愿景和希望，虽然没有完全完成任务的细节，但已有整体的思路框架和想法，通过表达和宣传优势可以以最快的速度快速获得其他部门的协助和关注，但可能会因为过于注重包装和渲染，容易出现夸大、落实不到位的情况。

七分做三分说的职场人，最大优势是可以把做发挥到极致。在对任务清晰地了解之后，会非常出色地完成，而且可能会超出预期，让上级非常放心。但完成任务后的总结和展示，可能不善于突出执行过程中的难点及亮点，未必会引起上级领导的重视。

从以上看来，两种类型的人各有优势和不足。如果可以中和一下当然更好。但毕竟人无完人，所以两人配合起来完成工作是最好的方式。七分说三分做的人主外，负责对外的沟通和协调、宣传，当然需要把握度，可以执行和不可能执行的部分应分清楚；而七分做三分说的人主内，负责项目的整体执行和完成，在整个过程中，两种类型的人员紧密配合和联系，达到默契，更好地完成任务。

辱骂批评绝不是高效的管理方式

一大早就听到总监办公室里传出一阵阵的咆哮声，坐在办公室里的同事们吓的不敢出声，只好用QQ进行对话：

"又是哪个倒霉鬼呀，一大早被领导骂？"

"是啊，真是太可怕了。"

"看来今天没什么重要的事就别找总监了，估计他心情很差。"

可能有的人觉得这年头这样暴脾气的领导应该比较少了，但其实这种情况在企业中并不少见，不知道你是否遇到过这种情况呢？领导发飙的时候经常爱说的一些口头禅有哪些呢？

句式一：我告诉你，应该这样做。听懂了没？

句式二：告诉你多少遍了，怎么还是做错啊？你有没有脑子？

句式三：你到底记住了没有，下次直接扣你的KPI，扣到0分。

句式四：你怎么这么笨，什么都不会做？你的智商是不是只有小学生水平？

句式五：你一点这个岗位的敏感性都没有，你有什么用？

句式六：不管你用什么方法，今天下班前一定要做出东西来，否则明天不用来了。

任何人看到或听到这些口头禅心里感觉都不太舒服，但在企业中，管理者在管理的过程中经常会不可避免地出现不限于以上几种类型的口头禅。为什么这些让人很不舒服的语句会经常出现呢？

(1) 管理者自己也是在这类口头禅下成长起来的，所以当自己成为管理者的时候，这类语句自然而然脱口而出。

(2) 认为作为管理者就是需要有脾气，脾气大才是做管理者的范儿。

(3) 性子急，认为员工应该和自己一样可以处理好各种事情。

(4) 还没有掌握管理和辅导员工的方法和技巧。

(5) 还没有建立个人的威信和个人影响。

所以作为管理者，如果始终以上述的方式进行员工的管理是没有办法持续长久的，因为这种方式只能让员工避而远之，忍耐到一定限度后选择离开。而最佳的方式还是要通过深入了解员工，根据员工的不同特点进行深入沟通、交流和辅导，逐步让员工了解你、尊重你、佩服你，最终建立你的威信和领导力。

怎样与上司和同事沟通

晚上乐乐看到微信留言，是以前公司的一个同事发给她的，很简单的一句话："你有空吗？今天工作的事让我非常郁闷。可以聊一下吗？"听着这句话的语气，感觉到同事的情绪很不对，乐乐赶紧拨通了同事的电话。很快听到对方唉声叹气的声音。

事情其实是这样的。同事在公司的技术能力、日常表现都很不错。和上司的关系一直也不错。但今天上班，上司突然通知他，说给他两个选择，一个是调组，另一个就是离开公司。他觉得非常难以接受，先不论上司这种方式是否合法妥当，从同事的角度来看，完全不明白为什么会发生这样的事，先不论自己日常的工作表现，就是最近的工作项目自己都表现得不错，而且还受到了上司的表扬，所以今天的事情太突然了，让他觉得不可思议。

乐乐安慰了一下同事。其实职场上没有什么事不可能，要有足够的心态去坦然接受可能发生的任何事。乐乐还建议同事主动找上司聊一下，如果可以深入了解一下原因和自己可以改善的地方就更好了。同事在电话那头说："那怎样找上司聊呢？怎么开始呢？我觉得直接去找他很尴尬。"

"虽然这件事让你觉得有点尴尬，但既然公司有这个决定，肯定是出于什么方面的考虑，只是可能不方便说。而且你和这个上司相处了这么长的时间，你还是需要感谢他，在工作的这些日子教了你很多。所以你找他的时候可以从感谢开始，然后说出你的选择，最后请他给你提一些建议。"乐乐讲了一大段。

"好的，我现在心情平复多了。虽然这件事让我很难接受，但毕竟跟了这个上司这么久，确实还是很感谢他的。而且我自己的脾气也不是太好，估计平时得罪了他也没发觉。这些都是我应该改的地方。"同事在电话那头似乎明白了一些。

"那你仔细回忆一下自己日常与上司、同事的沟通的习惯是什么样的？喜欢用的口头禅又是什么？"乐乐继续问。同事在电话那头慢慢思考了一下。

过了一会，同事说："我平时和上司经常会因为项目的事发生争论，而且我也不顾场合，经常在很多同事面前直接争论。我特别喜欢用'你听明白了吗？''你懂了吗？'之类的语句。"

"争论不可怕，关键是用的是不是别人容易接受的方式。因为你最终的目的是希望别人接受你的建议。你听明白了吗？"乐乐故意来了这么一句。

"怎么感觉这么别扭呢？"同事回应了一句。

"这不是你平时最喜欢用的口头禅吗？"乐乐调皮地说。

"听起来感觉真不好，感觉你在嘲笑我的智商很低一样。"同事自己都不好意思地笑了起来。

"这不就是你平时最喜欢的沟通方式吗？"乐乐故意逗了一下同事。

"别取笑我了，我觉得挺不好意思的，那你告诉我怎样说会更好一些呢？"

"你自己仔细想一想，我再告诉你。"乐乐卖了个关子。

"其实每次我说这句话的时候，就是感觉我说完了没人回应，或者都傻愣愣地看着我，所以我就急了，就来了这么一句。"同事回忆道。

"其实你可以用询问的语气，会不会更好呢？例如，'你可不可以告诉我你了解到的情况是怎样的？''看看你的理解有哪些方面不一样。'等等这样的语气，会不会更容易让人接受呢？其实沟通的最终目的也是让对方在不知不觉中理解接受，所以方式很重要。以后你有时间，可以把你日常的行为习惯、说话方式记录下来，有机会可以一起讨论，找到自己最好的沟通方式和方法。你看怎么样？"

"好啊，真的很感谢你。没想到这件事让我发现了以前自己从来没发现的问题，希望自己可以成长。"同事很开心。

大多数从事人力工作的人员给人的印象是亲和力强、温和、比较乖巧、比较内敛。和员工的关系都相处得不错，群众基础很好，但向上沟通会有点不足，和上级领导沟通不太顺畅。

但有时候和上级领导的沟通更加重要。打一个简单的比方，人力资源需要开展一个项目，第一步准备立项的时候，就必须要和上级领导保持良好的沟通，征求他们的建议并得到最大的支持。经过无数次的或成功或失败的事例，事实证明如果没有领导的支持，即使再多的努力到最后都不会产生最好的效果。

虽然人力资源工作者都很懂这个道理，但不少人和员工打交道得心应手，可一遇到需要和上级领导打交道的时候就不知所措，面红耳赤，不知道说什么，也不知道怎么说。如何与人力资源经理或总监沟通，如何向上级领导提建议呢？有没有什么好方法呢？

首先要克服胆怯的心理，在内心模糊层级间的畏惧感。这种心理关键是由于预想过多的不可能心理在作怪，还没有和领导说出自己的想法就担心因为各种原因被领导驳回，所以干脆不说。这种胆怯和畏惧心理也是由于日常和领导接触太少，不了解领导的特点，也有一部分是因为缺乏一定的勇气导致的。

所以我们首先需要了解领导的特点，怎样沟通是最有效的。与领导不断磨合的过程中建立默契。例如领导是细节型的，在沟通的时候一定要把细节、数据全部准备充分才可以有效达到沟通效果。如果领导属于粗放型，在沟通的时候需要把关键点及需要领导支持的点说出来，得到领导的帮助。如何鼓足勇气，勇敢跨出向上沟通的第一步？可以尝试一下心理暗示法，不断暗示自己‘领导也是人’‘大不了被骂一顿，有啥了不起’‘继续努力就好’类似的话语为自己鼓气加油。

另外需要加强自己内心的自信。如果要做到有自信就必须在工作中做出点名堂。在工作中表现出有能力、有业绩，领导自然会看在眼里。如果你可以具备上级领导不具备的本领，让他离不开，当你需要和领导进行沟通的时候自然也会更有底气。

还要善于抓住一切机会向领导进行推销，例如在方案介绍的时候，抓住PPT的第一页、抓住讲解的一分钟，让领导迅速了解你想做的是什么、最终可以达到怎样的收益等。

向下沟通靠亲和，向上沟通靠影响。勇敢迈出向上沟通的第一步，更广阔的风景正在等着你。

为什么刚入职场，心就老了

办公室里有几个同事才入职场一两年，按说应该是最激情有朝气的时候，可她们却经常会发出这样的口头禅：“这工作真的没啥意思，真希望可以早点不用上班呢。”“看看我那些同学，工作都是家里安排好的，什么都不用发愁，现在就可以开始等着退休，真羡慕。”虽然是随口说说，也并没有影响工作，但总感

觉她们和一些职场老人比较确实缺少了一些什么，特别是这样的感叹似乎不应该这么早就会有，这是为什么呢？

大概思考了一下，首先是现在的新新职场人内心对个人的期望值较高，受到很多似乎一夜成名现象的影响；其次确实觉得工作内容相对于自己的能力来说显得比较简单，没有新鲜、刺激感；还有一点就是过早看到了职场或灰或黑的一面，内心的纯粹受到了冲击，想抗拒但又无力，所以宁可选择逃避。

本应该朝气蓬勃的新新职场人在各种因素的影响下，在刚入职场不久，心就显得老了。心老了的后果可能会过早厌倦职场、过早进入职场疲惫、过早失去创新创变的能力等等，可能有的职场人会出现更严重的后果。

针对这样的情况，作为管理者应该帮助她们真正了解自己的优势，认识自己的不足，发现自己的潜能，和她们一起进行目标的设定。根据新新职场人的不同阶段，不同特点，有针对性地进行沟通交流。乐乐曾经辅导过一个同事，她的情况就是每天无精打采，积极性不高，干什么都不起劲。这是心老了的典型症状。用很多以前辅导下属的方法在她身上都不起作用。经过一次深入交谈后发现她心里的想法是很多的，而且她内心是很上进的，只是因为看到了职场某些她不认可的人或事，她选择了暂时封闭自己。在交谈的过程中她逐步敞开了自己的胸怀，也设定了自己的短期目标。自从那以后她改变了很多，也逐步恢复了活力。

如何让工作内容丰富化、有意思？这也是一种管理艺术的体现。一种工作做久了肯定会觉得没新鲜感，但作为管理者需要想办法把重复的东西变得有意思。记得以前我们曾经每个月要进行工资单的打印。本来打印工资单这个工作真是很烦，首先需要控制打印的份数，打得少不够，打得多又造成公司资源浪费等状况，而且每次做工资单的时间都非常短，让人精神也紧张，所以每个月的那几天让大家都很烦躁。后来我们把制作工资单的整个过程进行流程分配，并且在工资单的内容里加入人性化的提示，例如天气转凉，记得及时添衣等等暖心的话语。后来每个月在制作工资单的时候都是大家最开心的时刻。所以虽然工作内容没办法改变，但其中的过程及氛围是可以改变的。

不管职场是怎样的，不管职场新新人类会怎样，作为涉入职场多年的我们需要给她们多点关心、多点信心、多点安心、多点同理心，让职场新人类的小心脏恢复应有的活力。

人力资源的性格、味道和颜色

乐乐经常在同行微信群里看到这样一条信息，微信的主题是“人力资源那些人艰不拆的真相”。微信里用图片的形式述说了关于从事人力资源职业之后的真相。同行们都感慨万分，不少同行说自己以前也是以为做面试官特别神气，想招什么人、多少人都可以无所不能，但实际上做了招聘工作后发现真的不容易，劳心劳力。还有不少同行感慨，一直认为人力资源在企业中的地位是最牛的，但真正做了这行才发现人力资源有时候似乎什么也不是。大家感叹不已，似乎迷茫了，曾经都梦想成为最好的人资，最优秀的人资，但理想很丰满，现实很骨感。发现做人资不易，做好人资更难。正好乐乐看了一档电视音乐节目，节目中从音乐的性格、味道、颜色谈起。乐乐联想了一下，觉得其实音乐和人力资源是有想通之处的，所以想从人资的性格、味道、颜色来分析分析。

人力资源的性格

从事人力资源这个职业前，不少人都做过不少性格测试。很多人会问什么性格特点的人适合做人力资源呢？大家各有说法。记得乐乐曾经在打算从事人力资源工作的时候，听不少人说要从事人力资源工作的人必须是非常圆滑的，而且性格需要非常开朗，能说会道。所以当时朋友们一致认为乐乐不适合人力资源这个职业的，因为乐乐个性直爽、性子也有点急、思想单纯、也不算很开朗外向、不善言辞、对人际关系这方面也没有什么悟性，似乎从性格这方面来看从事与人打交道的工作不匹配。但在从事这个职业之后，发现其实性格和从事的职业并没有完全的关系，而且在从事职业的过程中，可以慢慢打磨自己的性格，但唯一重要的是要始终保持着自己的个性。

就拿跨部门沟通，这个不少人资觉得很头痛的方面来说。不少人资认为通过自己的个人性格魅力告诉对方自己想表达的意思，让对方理解、接受、协助。但事实并非如此，因为遇到不少人资在沟通的时候表达了很多自己的想法、站在人资立场上给予了不少建议，甚至还进行糖衣炮弹的攻势，但对方部门并不买账。问题出在哪里呢？因为人资并没有抓住沟通的利益点、消除担忧点、解决困难点，所以即使态度再好、再有性格魅力还是解决不了问题。所以从事人资工作之后，乐乐发现个性是否适合并不是最重要的因素，关键是要善于抓住解决问题的关键，抓住对方的需求点。而在性格上只要你用开放的心态去面对人和事就足够了，这就是做一个好人资的基本。

人力资源的味道

从事人力资源这个职业，很快会体会到做人力资源的味道，如体味人生一般，酸甜苦辣各味杂陈。

做人资的辛苦就不用说了，这里重点说说酸和甜吧。这个酸的味道往往体现在业务部门人员的晋升、加薪如同坐火箭一般，而人力资源的人员经常老黄牛般，虽然辛苦但似乎经常与回报不成比例。人资人员也不是圣人，也会不自然地进行比较。看到自己招聘进来的人员级别不断提升，甚至比自己高；看到别人在职场上不断风生水起，引人注目，而自己似乎默默无闻，心中不免有一些醋意，虽然站在人力资源的角度，觉得自己这样的想法很不职业，但毕竟还是人，所以依然会有一种酸楚的感觉，当然这样的感觉只有做人力资源的人体会最深。

甜当然是苦尽甘来的成果，当然也是作为人力资源的一种成就感、满足感的完美体现，也是做到一定境界的好人力资源的味道。要体会到这种滋味，我们人力资源必须要有足够的胸怀，需要用助人成长的心态理解方可体会人力资源工作的真谛。

人力资源的颜色

从事人力资源工作的人，很快会发现这个职业每天需要与各种色彩的人打交道，也需要处理各种色彩的事情。在人力资源不断成长发展的过程中，人力资源的颜色也不知不觉地发生着变化。总体归纳起来有几种色彩，不同的色彩对应着不同的成长阶段。

人力资源的第一种颜色是黑色。这个阶段的人力资源口头禅基本上就是不行。为了树立人力资源的威严和地位，不少人资工作人员整天板着一副面孔，总是以各种严厉的制度管教员工。记得曾经见到过一位人资工作人员在面对员工提交入职材料时，发生这样的情景。虽然人资工作人员反复交代员工需要在提交的入职材料复印件上签名及写日期，但员工还是漏写了日期。只看到人资脸一黑，朝员工大声吼叫并用了不少粗鲁用语。大家觉得不可思议，但这位人资还振振有词地说不这样教训员工，员工哪会把人资们当回事，教训一下多好，一下子啥问题都解决了，而且自己也发泄了郁闷的情绪。还有一例，员工想开具在职证明，但由于员工需要的格式和公司可以开具的格式不同。当员工找到人资的时候，人资没有提供任何解决方法，只是不停地说不行不行。虽然最终在员工的不断沟通下解决了问题，但结果是员工对人资的满意度极低。黑色的人资自己不开心，也让周围的人不开心。

人力资源的第二种颜色是白色。这个阶段的人力资源口头禅基本就是好啊。刚从事人力资源工作没多久，服务意识有余，而专业意识不足。这个阶段的人资工作者总是想迎合所有人，希望得到周围所有人的喜欢，总想做好人。别人问什么事都是说："好啊，没问题。"而越是想迎合讨好周围的人，越是处理不好人力资源方面的事情。例如公司的规章制度，对某些行为绝对是不允许的，虽然人资也清楚需要按照公司制度执行，但是相关领导施加了压力之后就妥协了，忘记了自己的原则。如果人资总是白色，那公司里不按制度流程进行的事情会越来越多，到最后将无法收场。

人力资源的第三种颜色是灰色。做人力资源有一段时间了，对人力资源的不少东西开始熟悉了，对人力资源工作有点开窍了，有些人资开始有点累了，疲惫了。从事人力资源工作的年头越长，遇到、经历的事情多了，可能会看到不少不合理、不公平的事情。经历多了难免会用灰色的眼光看待周围的人和事，开始缺少了刚从事这份职业时的激情和斗志，每天浑浑噩噩，无所事事，有些消沉。记得曾经在职场上发生过人力资源上司因为员工问题未能处理妥当导致员工关系案件的发生，本来上司需要承担一部分责任，但由于明哲保身最终让下属承担一切，最后导致下属离职。经历了这样的事情之后，身在职场中的人资看待所有事情的眼光都带上了灰色的眼镜，觉得做人力资源很让人伤心，有的人开始想逃离这个职业。灰色的人力资源本来开始有一定的成熟度，对人力资源的事情处理有比较成熟的方式方法，但却缺少了最重要的东西——热情。

人力资源的第四种颜色是彩色。积累了更多的人资经验之后，重新焕发活力。在这个时候处理关于各类有关人的事情游刃有余，恰如其分地把握事情的分寸和尺度。人力资源在这个阶段已经非常熟悉工作的操作流程，也掌握了不少人力资源工作的处理方法，而且在从业的过程中也经历了启蒙阶段、基础阶段、萌芽阶段、发展阶段，也度过了职业新鲜期、充沛期、疲惫期及活力再现期。人力资源人员开始重新发现工作中的美丽和快乐，而且会想办法去创造工作中的快

乐。例如签合同对于人力资源的同事来说是个很繁琐的事，特别是大批量人员入职的时候，不少人力资源同事心情会有点烦。因为人一多就会有嘈杂的感觉，如果再遇到一些突发状况，更容易让人感觉抓狂。所以每次遇到大批量员工入职的时候，对于负责办理的同事都是一次考验。虽然工作不难，但过程烦琐还得保证不得出错。有同事想了个方法，在网上找到一些轻松静心的音乐，然后在签约开始时进行播放，签约的同事听到这些音乐之后，心情会变得放松，签约的过程很快就完成了。彩色的人力资源不只关注自己的一亩三分田，而是不断扩大视野，开始不只会用工具说话，而是学会有理有据，开始关注人力资源可以真正带给公司人员哪些方面的帮助，也开始用人资的方法去影响带动周围的人，学会勇敢迈出向上沟通的第一步，去更加广阔的空间，看更美丽的风景。

有人说人力资源的世界像万花筒里的世界，有人说她是魔术般的世界。人力资源工作是一份日子越久，品味越长的职业。她其实很丰富多彩，有时虽然辛苦，但带给乐乐们更多的是快乐。只要有开放的心态、足够的胸怀就能体会到人力资源工作的甜蜜。

职场好师傅

在职场听到不少人说，如果能够有个好师傅该多好，跟着好师傅可以少走很多弯路，可以学到很多东西。也听到不少职场人说选择好公司的标准是遇到好师傅，曾经遇到一个职场人的离职原因是因为师傅不愿意教她。大家都感叹，遇到师傅不易，遇到好师傅就更难。

为什么大家都希望有个好师傅呢？俗话说得好，师傅领进门，修行在个人。那师傅的作用是什么呢？师傅是传道授业解惑的人，好师傅可以很好地领人入门。那好师傅的标准是什么？

首先是德，好师傅一定会首先告诉后辈所从事职业的底线是什么，怎样做一个德才兼修的职场人，而且是以身作则，言行一致，愿意将自己的知识、经验传递给徒弟。德是基础，是根基，如果领进门的师傅德行不好，徒弟也容易“误入歧途”。

其次是透，好师傅一定会吃透自己所从事的行业、专业。不仅知道是什么、

做什么、怎么做，而且对所有理论原理的来源也很清晰。这样当遇到问题的时候，可以快速找到解决方法，而且能够用打比方、比喻的方式将复杂的知识理论一针见血点透，带着徒弟看到事物的本质并且可以将知识融会贯通。

最后是趣，好师傅不仅可以把知识融会贯通，串联在一起，同时很善于用各种有趣的方式和方法让徒弟们吸收和接受。就像糖衣片，如果只是把苦药片放进嘴里，虽然最终可以吃下去但过程会比较痛苦，可能吃一次还可以勉强接受，如果再吃就难以下咽，但如果裹上了糖衣，就很容易吞下去了，所以对于比较复杂的理论知识，接受起来不容易，但如果分成几个部分然后通过案例进行分析讲解，接受起来就比较容易了。

下面来分享一下职场上的各种师傅们。

类型一：事无巨细型。有一个师傅对徒弟特别关心照顾，总担心徒弟遇到困难解决不了，总担心他们遇到挫折。每个季度师傅给每个徒弟制定了工作目标，徒弟们也很努力做，在做的过程中当然免不了遇到困难，例如业务部门不支持、培训项目被搁浅等等。每次在这个时候，徒弟们想和业务部门面对面进行解决的时候，师傅总是奋不顾身地冲在前头帮徒弟们遮风挡雨。结果当然是问题都解决了，但徒弟们下次遇到类似问题还是没有处理经验。长此以往徒弟们没法成长。

类型二：教训过度型。曾经有个朋友吐槽，说自己的上司是个很恐怖的人。虽然她懂的很多，对知识掌握也很透彻，也很愿意教，但很喜欢教训人。一遇到什么事就开始教训，有时候一教训就是一个上午，弄得她什么事也做不成。朋友是个90后，她觉得师傅和徒弟是平等的，不论徒弟做得怎么样，师傅也没必要教训自己，因为这样的方式并没有让自己吸收到有用的知识，反而增加了对师傅的反感。

类型三：职场权术型。有一个朋友跟着自己的师傅，觉得职场好黑暗，觉得职场很没意思。为什么呢？因为自己的师傅经常把职场潜规则、职场的阴暗面挂在嘴边，而且师傅经常也做些两面三刀、随波逐流的事，让朋友觉得很反感。

如果遇到以上类型的师傅，徒弟们应该怎么办呢？

对于第一类师傅，徒弟们可以主动和师傅沟通，主动给师傅帮忙，让师傅放心并愿意把工作交给自己独立处理。在做的过程中，及时向师傅汇报情况和细节，让师傅实时掌握一切。在工作圆满完成后主动和师傅分享并感谢师傅的帮助和支持。

对于第二类师傅，徒弟们可能需要多点承受能力，毕竟最想学到师傅的本

领，所以对于师傅的传授方式要看淡一点，多去学习师傅的长处。当然在合适的时候，可以和师傅聊聊天，试从其他角度让师傅慢慢转变传承方式。

而对于第三类师傅，徒弟们需要向师傅了解职场的规则是什么，但不必深入其中，只要做到害人之心不可有，防人之心不可无就可以了。毕竟职场还是有更多正能量的。

虽然师傅的类型很多，但还是有不少德才兼备、风趣幽默、循循善诱的好师傅需要徒弟们慢慢去寻找，当然更需要徒弟们不断提高自己的能力，因为高素质的徒弟才会更容易遇到好师傅。

做一个有趣的人力资源工作者

在不少人的眼里，人力资源人员的形象是不苟言笑，很严肃，有时候似乎还有点不食人间烟火。

乐乐曾经在校园招聘的过程中听一个同学说起一个故事。大致情节是这样的，这个同学一直在一家银行实习，主要任务是和客户经理到各大企业拉存款。同学说以前一直认为在银行工作非常高大上，觉得可以任性地赚大把的钱，后来经过这个实习发现完全不是这样，体会到艰辛。但更深刻的体会还不只是这个，而是他发现工作中最重要的能力是沟通，建立沟通关系的关键是如何吸引客户的注意。刚开始在跟着客户经理到处拉存款的过程中，虽然下了很大的功夫，但收效始终不明显，但在后来通过改进方法，从趣味入手，达到吸引企业客户的目的之后整个效果就完全不同了。同学后来得出的结论是希望自己成为一个有趣的人。

通过这个故事，乐乐想到了人力资源工作，其实做人力资源工作何尝不是同样的道理呢？作为人资工作人员除了进行常规的人员配置、培训、绩效等，更多的作用在于如何让设计精美的系统真正接地气，运用起来，真正发挥作用，真正让用人部门愿意接受，心甘情愿。但这其中最需要的是人资在工作中做到有趣、有意思。

什么才叫有趣呢？有趣包括善于引导，例如打比方、举例子、形象化、善于引起对方好奇心、善于运用各种方式等等。不少人资在和业务部门打交道的过程

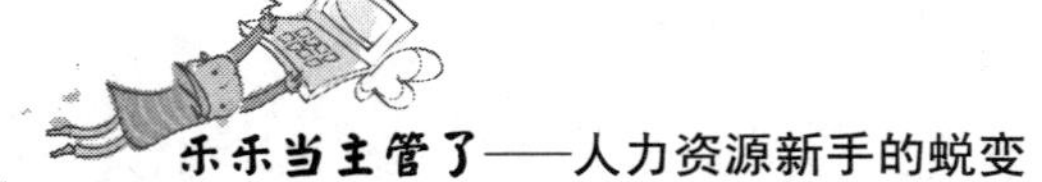

中做到了不卑不亢，但就差那么一点引导、缺少一点趣味，缺少一点有意思，让人力资源工作会少那么一点完美。具体该怎么做呢？

首先是善于引导。例如公司即将对销售人员的薪酬进行改革，改革的结果会对一部分人员的薪酬有较大的影响。其中最大的变化是薪酬中的浮动部分会有较大的波动，而这个波动是因为受到整个销售团队的业绩影响而引发。方案出台之后，人资的同事们需要对员工进行方案的宣导和解析。在宣导的过程中，不断有员工提出为什么个人的薪酬要受到团队业绩的影响。有的人资就只能照搬制度原文进行不咸不淡的解释，例如因为个人的业绩是建立在团队绩效基础上，如果没有团队整体的绩效也不会有个人的业绩等等。其实这种解释，连人资自己内心都接受不了。那应该怎么说会容易让人接受一点呢？可以不用先谈改革的薪酬制度是什么样的，而最直接的方式是告诉大家通过薪酬制度的改革最理想的情况，个人薪酬可以提高到多少，增长幅度有多少，然后再告诉大家应该怎么做才会让个人的薪酬提高，讲述了这些之后所有人的注意力都会朝正向思维去考虑，这个时候再讲为什么个人薪酬受到团队业绩影响的利弊大家就比较容易接受了。

其次是善于改变。例如所有人资都经历过打电话面试候选人或者邀约候选人的情况。大多数人资都会按照既定的沟通话术进行念经式的重复，很多人资觉得烦、没意思。有一些有趣的人资会将候选人进行大致的分类，按年龄、工作的年限、曾从事的行业、职业、地区等。通过分类，对待不同的人员会采用相对侧重点不同的话术，而且在沟通的过程中从以前纯粹的电话面试和邀约逐步向公司及岗位的介绍转变。针对不同类型候选人的需求进行微改变，比如说在对应届生的沟通中会重点介绍公司的培训及福利体系，对于往届生的沟通会重点介绍职业发展通道及发展愿景的描述，将营销的思路带进人力资源的工作中。

最后是善于跨界。不少人资喜欢满嘴专业术语，专业名词，张口闭口谈系统，谈体系，总跳不出人力资源专业的范围，所以和任何人聊起人力资源相关知识的时候似乎总被一层无形的东西挡住。其实人力资源和很多学科有相关性，和物理、数学、音乐、美术等都有关系，人资人员可以通过跨界学习的方式对人力资源有更深入的理解和了解。作为人资平时除了多学习了解人力资源方面的专业知识以外，还可以多了解其他学科的相关知识，逐步做到将其他学科的知识运用到人力资源的日常工作中。

人力资源是一门具备科学与技术的艺术，作为人力资源的从业者，除了需要具备扎实的专业基础，认真用心的工作态度，更需要有趣味精神。

考证和人力资源

新的一年，许多同事对自己又有了不少计划和想法。前几天和同事聊天，一同事直接说："今年计划准备考几个证，把人力资源管理师、培训师证书都考下来，还想考个心理咨询师证书，反正证多不压身。以后再考个高级，说不定退休的时候还可以多拿点钱呢。"

另一个同事说："我还准备考点除了人力资源以外的证书，听说考某些专业类的证书，挂靠一些单位还有钱赚呢。"其他同事立刻凑过来，"这样啊，考证还可以赚外快啊，真好。我们也去报名吧。反正闲着也是闲着。"

听到这些议论，乐乐想到了自己以前考证书的匆匆那年，而且还想起了自己考证认识的那些考友们。

记得以前考助理人力资源管理师证书的时候，周围不少人是考二级。听人说有了这个证书做个人力资源主管和经理都没问题，而且薪酬会翻倍。当时乐乐也是盲目报名去学习，学习的过程中只是为了应付考试，只知道拼命死记硬背，对很多方面并不按理解去记忆，也没有结合自己在实际工作中的经历进行学习。整个学习的过程压力很大，也费了不少功夫，最后虽然是顺利通过考试，但并没有太多收获。

后来乐乐也在反思，考试的目的当然是为了拿到证书，但是在这个过程中更重要的是要学会一种思路、一种方法、形成一种系统思维，然后把这种思维带入到实际工作中。现在市面上的可以考的证书确实很多，但为什么考、怎样考、需要做些什么计划、考完之后怎样真正对工作有帮助呢？通过考证的学习过程，对自身思路进行整理，对工作有实质的帮助，这个帮助应该是最理想的长远的状态。

那应该如何对待考证这件事呢？首先需要明确自己的目的和目标，不要从众。例如有的朋友看到大家都去考心理咨询师，据说这个证书含金量高，有价值，未来日进斗金，就费尽心思想去考，既不考虑自己是否喜欢、未来是否适合，反正和钱关系比较大，就去学。应付式学完后还是什么都不会，只是在面试的时候，能拿出一摞证书证明自己爱学习。所以要考证没问题，但一定要贴合自己的目的和目标，在每个阶段做好计划，不用一次性考太多证书，贪多嚼不烂这句俗话还是很有道理的。

另外既然要考证，就需要有认真的态度。有的朋友会选择报个培训班，周末或平时晚上去上培训课。这种方式不错，可以通过老师的讲解更好地帮助自己学习，理解书上的内容。但不少时候，朋友们报了培训班之后，不是迟到、缺席就是上课时睡觉，或者人在课堂，魂在路上。虽然不少朋友说反正考试的内容都脱离不了书本，所以把书背熟了就可以了，但其实在培训听课的过程中，可以学习老师分析问题的思路，另外通过老师的分析了解题型、答题思路，可以少走不少弯路。不少培训机构的老师在培训时，针对每一种类型的题目都会有不少经验和技巧。例如案例题的答题方法，其实更多需要把书里讲解的原则、技巧、规范和案例结合起来进行描述，这样解答分数就会比较理想。

准备考证的时间都不会太长，一般最多需要三个月的准备，所以找到自己合适的学习方法也很重要。大家普遍的经验都是会分为四个阶段：第一个阶段，熟悉教材，上课好好听讲，课下好好复习；第二个阶段，用完整的时间整理每章脉络思路，把厚书读薄；第三个阶段，用碎片时间努力做题，慢慢进入模拟考试的状态，把思想的琴弦慢慢调紧，找到感觉；最后阶段，进入考试倒计时闭关阶段，完全进入备考状态，脑袋里无任何杂念，全力冲刺。不少同行都是通过这种方式最后顺利通过考试。

这里还想补充一点，在考试结束之后对于从业者来说是新的开始。我们更重要的是把所学的东西真正用到工作中。所以当考完之后，我们应该经常有意识使用备考过程中学到的方法、思路，真正把工具用活，最终为自己所用。举个例子，在人员招聘和配置的章节，曾提过应聘登记表的设计，不少人觉得应聘登记表不就是那些项目，没什么特别的，但如果把招聘和配置章节里关于心理测试和应聘登记表的设计结合起来，通过在应聘登记表的设计上做一些小文章，可以对候选人的心理状态做一些初步了解，既简单又好用。这些都是值得我们去继续探索和深究的。

考证为什么？最好的答案是为了我们可以在个人发展的道路上步子迈得更坚实，走得更远。

机会面前，跟随自己的心最重要

虽然之前选择从事人力资源工作还是有点莽撞，有点盲目，还有些从众心态，但乐乐觉得在从业过程中，一定需要有自己的判断和想法，还得坚持，这样才能有更大的成功和收获。

很快就发生了一件事，让乐乐淡定的心还是小小波动了一下。乐乐一直在基层从事人力资源管理工作，各方面绩效、综合评价都非常棒，公司的领导也是把她作为重点培养对象，在人力资源发展的道路上乐乐是顺风顺水。虽然在主管中乐乐的发展已经算是比较快的，但领导们觉得乐乐应该可以承担更多的事。正好这个时候公司有一个综合实务的管理岗位，这个岗位主要是负责公司行政事务及运营后台的管理工作。工作内容和人力资源方面关联不大，侧重是在行政事务管理、整合公司行政事务方面，会有不少应酬、关系建立方面的工作需要去做。不少同事都对这个岗位跃跃欲试，当然大多数人不是对岗位的工作内容多么感兴趣，关键还是对这个岗位的权限及可以享受的薪酬级别更加感兴趣。上级领导其实心中的人选就是乐乐。

“乐乐，行政事务综合管理岗位很适合你，你敢想敢干，而且为人处世成熟，大家对你的认可度很高，希望你可以去参加竞聘。而且未来这个岗位的发展空间也不小，以后有机会朝分公司副总的方向发展，你好好考虑一下。”领导一番对未来的畅想确实非常吸引人。

乐乐虽然以前是个喜形于色的人，经过几年的打磨，已经变得在事情面前情绪的表现没那么直接，可能内心还是有点小激动，毕竟领导这么认可也是不容易。不论外表多么平静如水还是有点掩饰不住内心的激动。但乐乐觉得遇到什么事情还是需要给自己一点考虑的时间，考虑清楚再做决定才是成熟职场人的做法。

“领导，谢谢您对我的认可。可以让我先考虑一下，明天上午再答复您吗？”乐乐小心翼翼，担心领导不开心。毕竟其他人遇到这种机会都是求之不得，趋之若鹜，直扑而上。

“好的，等你的好消息。”领导拍拍乐乐的肩膀，期望的眼神一直注视着。

乐乐终于慢慢平静下来，思考着这个机会。其实自己的优势和不足，自己心里都很清楚，自己想要什么自己也知道。乐乐虽然明白职场的规则、各种明争暗斗，自己虽然也周旋在其中，但其实她觉得这种状态不是自己最喜欢的，也不是自己擅长的。乐乐希望自己还是在专业路线上越走越好，做一个人力资源专家是自己的理想。虽然这条路也不会一帆风顺，而且也没有捷径可循，但乐乐觉得自己会更加踏实、更加有满足和愉悦感。乐乐闭上眼睛，想象未来的生活的状态。还是喜欢自己可以把握住自己的状态，有独立的生活空间和时间。想到这里，乐乐下定决心了。

第二天，乐乐把这个想法和领导说了。虽然心里有忐忑，但还是觉得忠于自己的内心最重要，毕竟只有自己最清楚自己想要什么。“领导，我考虑清楚了。觉得这个职位我不适合，我觉得有比我更加合适的人选，非常感谢您。”乐乐职业地说出了这句话。

“我觉得你最适合，你的各项评估都是最优秀的。但也不勉强你，毕竟强扭的瓜不甜，你没有选择肯定也有你的想法。知道你一直对自己的定位非常清晰。那你把推荐的人选告诉我吧？”领导并没有生气。

乐乐把自己的想法和领导说了，其实领导心中也一样是有一套备选方案。乐乐觉得心中一阵轻松，看看窗外，早上的薄雾也散开了，云彩一朵朵散开，似乎在对乐乐微笑，追随自己的内心最重要！

人力资源怎样拓展自己的人脉圈

据不完全统计，职场人觉得人际关系处理比较有难度的占比相对较高。人与人之间相处，很多时候讲究缘分。不论你用各种工具分析对方是哪种性格，怎样钻研，仍然会遇到和自己并不投缘的同事或领导。但是不管怎样，关系还是需要维系。

乐乐想起了自己刚加入公司的时候，一切都是那么的陌生，没有朋友、没有可以说话的人，就连中午吃饭都是三个两个叫在一起，自己都没有办法加入其中，那种感觉确实很难受。但乐乐有个特点，爱笑、乐于助人，这两个特点是可以很快拉近人与人之间距离的好办法。乐乐想起那个时候，有一个同事在部门中属于老黄牛型的好员工，可有时候越肯干的人被安排的工作就越多。这个同事经

常会出现工作没办法在下班前完成的情况，其他的同事已经习惯了这种情况，每次都看到这个同事独自留下来加班。乐乐主动问同事是否需要帮忙，同事当然一口回绝，但乐乐笑嘻嘻地坐到同事身边，陪着同事，“你一个人做多闷呀，我陪着你呗，反正我也没事。如果你累了，我可以帮你做，你再帮忙检查一下，你看可以不？”

在这个过程中，乐乐还发现有些方法可以简化工作，缩短工作时间，提高工作效率。主动告诉同事之后，同事很开心也很感激乐乐。那次加班后，乐乐和这个同事关系拉近了，通过这个同事，乐乐也了解了不少公司的事，也慢慢走近了公司的圈子。

所以走入公司固有圈子的好办法，是主动一点、积极一点、放低身段一点、保持一颗助人之心。

乐乐觉得自己是一个率性、直爽、思想单纯的人，周围的同事也一直是这么评价她的。如果按很多人对人力资源从业者的看法，觉得做人资的人都是处理人际关系的高手，圆滑、狡猾、左右逢源。这么看乐乐这种性格似乎并不入流，不会阿谀奉承、也不主动去巴结领导，只会专注自己的工作，把事情做好。乐乐有时候也会苦恼，周围的人都那么善于搞关系，自己似乎在这些方面一点都不开窍，这样下去人际关系的处理能做好吗？记得有一天，有一个部门领导戴了一块新手表，本来也不是一件大不了的事，但这个领导正好是个喜欢显摆的主。同事们都以各种方式表达了对手表的赞美，而乐乐却一直不知道如何表达，最后干脆就放弃了。同事们觉得乐乐太奇怪了，这是多好的机会，但乐乐却抓不住。乐乐也曾努力模仿，希望自己也可以学会如何说好听的话，如何讨领导的欢心，但后来乐乐发现每个人都有自己的特点，处理人际关系也有自己的方式，不一定非要做到左右逢源，只要可以和谐相处、自己觉得适合、舒服就足够了。

职场上没有绝对的敌人，也没有绝对的朋友，即使有时候和同事在工作上发生再大的冲突或者发生再大的问题，也不要成为冤家或仇人。乐乐曾经也遇到过这样的事，因为当年的任性和不成熟，后来的尴尬就是由时而起。当时人力资源部有三个同事，有一位年纪比较大，领导不在的时候，她基本就是代言人。一直以来大家也都相安无事，只是有一段时间，乐乐已经被安排了不少工作，而这位大姐还安排了不少额外的工作给乐乐。乐乐和这位老大姐反馈了自己的困难，但当时年轻气盛，说话的语气也不太好，所以大姐仍然不肯让步。乐乐非常愤怒，觉得不能这样受欺负，血气直冲脑门，一气之下和上级领导反馈了这个事，结果是

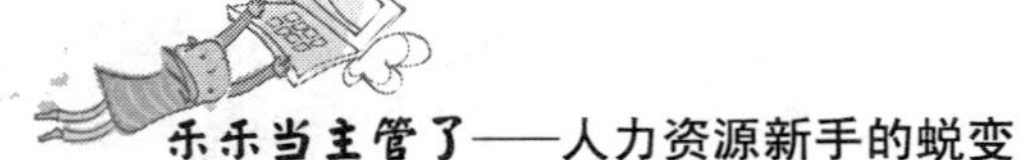

领导出面解决，没有把额外的工作安排给乐乐做，但从这件事之后同事和乐乐的关系就此中断了。

后来乐乐想起来，其实当时如果自己没那么冲动，或许事情的结果会比较圆满。同事当时的做法虽然不妥，但如果多和她商量，尽量合理安排，帮同事把事情完成，而不是直接越过同事告诉领导，在职场上或许不会少一个朋友。多一个朋友，多一种交流，在公司内部形成自己的人脉圈，乐乐对这个也是深有体会。

职场人很容易感觉到在部门内部很难有比较好的朋友，但在其他部门可能还会建立朋友圈。乐乐就曾经因为一次招聘信息认识了第一个好朋友。

事情是这样的，乐乐刚刚到新公司，而当时公司开始进行内部招聘不久，招聘的岗位信息咨询联系人上注明了乐乐的名字和电话。正好后来的这个好朋友很热心想帮她的闺蜜了解岗位信息，就主动打电话找乐乐咨询。不巧乐乐当时不在座位上，就没有接到电话。一般人即使电话有来电显示，又是陌生的电话号码估计也就算了。但乐乐的习惯是没接到的电话都会一一回复，所以乐乐出于习惯自然就打回电话了。对方接到电话觉得很惊喜，因为她自己从未遇到过主动回复未接电话的人。当时的她非常开心，但同时她也很好奇，很想见见是何方人士，怎么这么好。后来两个人聊着聊着，感觉挺投缘就成了朋友。乐乐听她讲了公司不少历史，更没想到的是，这个同事曾经在人资工作过，描述了不少奇闻趣事，特别是告诉乐乐哪些事是一定要注意的红线。也聊了聊在公司工作的方法和为人处世的一些小窍门，让乐乐心里突然踏实了很多。自从认识了这个朋友，乐乐的消息圈广了不少，还可以经常听到一些其他部门的消息。

打造自己的人脉圈，特别是在上了规模的公司工作，不多认识些人是绝对不行的。如果只局限在自己的小圈子里，经常会感觉无力，及时有效建立打造自己的内部人际圈很必要。

主动结交同事的方法其实不少。主动帮助同事，给同事提供咨询，多一些服务，建立良好的内部关系。此外，微笑是个好方法，吃完饭后与同事聊天等等都是和同事拉近关系的办法。乐乐还会主动参加公司举行的各种活动，例如有奖知识问答、每个月的培训课程，而且除了学习知识，乐乐还非常喜欢主动和培训师交流，在活动中主动分享自己的经历和感悟，给培训老师们留下了深刻的印象。碰巧公司的内刊要重新改版，招兵买马招聘各版块的版主。乐乐主动报名，有幸成为员工生活版块的版主。就这样，乐乐在公司内部的人脉圈子越来越广了。

职场可以重启

最近乐乐的一个同事遇到一点麻烦，一直也没找到解决方法。事情是这样的，这个同事在职场“叱咤风云”多年，呼风唤雨已经习惯了。突然遇到公司组织架构调整，对她所负责的部门进行了大方向的调整，她遇到了职业生涯中最大的一次考验，因为以前她从来没遇到过，也没有想过自己会遇上这种事。一时间从以前的忙碌到现在完全无所事事，每天除了准时上下班，上班也没有太多的任务需要去完成。她一时无法接受这样的现实，刚开始她不断地找身边的家人、朋友倾诉，觉得自己把所有的精力献给职场，自己多年在职场上拼搏，为公司付出，至少不应该突然变成一个闲人，或者下一步会是被辞退的后果，她觉得公司对不住她多年的努力付出。一直沉浸在其中，心情非常压抑，想不通。后来同事觉得再这样下去，对身体也没有好处，决定给自己放一个假，给自己重启的机会。

在放假这段时间，同事把自己多年的职场经历进行了整理，并且把自己之前的工作经验进行总结，在这个过程中还做了一家培训机构的兼职讲师，把自己的经验分享给学员。通过重启，同事重新找到了自己的位置。

对于乐乐来说，虽然从事人力资源工作并不久，但体会感悟不算少，毕竟还是经历过一些风浪。想想自己之前那段失业经历，是不是也算重启了一下呢？

不少人觉得在职场上一定要一鼓作气，坚持不懈，不停歇地干下去，认为这样才可以在职场上做到最好。乐乐觉得其实不是这样，就像当年的自己，也接受不了自己的职业生涯需要暂停，但后来发现其实未必，就像电脑重启才会恢复正常一样，回归职场后反而感觉更有活力。而且还找到了自己适合发展的方向。重启的含义不仅仅是第二次启动，而且更是加足马力再次启航。所以如果真正遇到职场上突如其来的事，可以选择暂时停下来，当冷静之后，思考自己的发展方向，通过这样的方式，或许你的职场之路可以更加坚实，能够走得更远。

人比人的问题

从事人力资源工作的人，可以了解到员工的薪酬、晋升等各种职场人好奇却不容易知道的情报，同事们很羡慕。但其实不少人资工作人员觉得知道这些更郁闷。

人资工作人员经常看到同时期入职的同事晋升、加薪特别快，也会看到自己的同事明明和自己的情况差不多，为什么薪酬会高一截。为什么有的人成天似乎无所事事，却高薪高职位，为什么有的人投机取巧却在公司混的风生水起。即使是圣人遇到这些问题或许也会有点小小的烦恼，乐乐有时候心里也会想不通，一到这时她就会跑去图书馆，静静地看一看书，心情就完全不同了。但不是每个人都可以这样，有同事找乐乐诉苦了。

“乐乐，我真的非常不开心。”同事小霞暮气沉沉的一张脸出现在乐乐眼前。

“怎么了，今天天气这么好，你的天气怎么转阴啦？”乐乐幽默打趣了一下。

“是啊。你说我怎么可能心情好嘛。”小霞还是不开心，“我和小岑，同岗位吧，我今天才知道她的薪酬比我高不少，凭什么？”小霞终于说出原因。

“领导让我做一个薪酬分析报告，我才拿到数据去算，没想到看到了这个，原来一直被蒙在鼓里。”小霞愤愤不平地说。

“你也不是不了解定薪的原则，是由很多因素决定的。薪酬高也可以理解嘛。”乐乐想开导她。

“道理我懂，可心里难受，毕竟自己干的也不差，她能干的我都可以干，也可以干得很好。”小霞继续说。

“理解你的感受，但你还得接受现实，而且你做得好，领导都会看在眼里，而且你想今天你看到这个同事的薪酬比你高，你就不开心，那如果以后看到更多你觉得难以接受的事情，你是不是得郁闷死呀？”乐乐笑着说。

“是啊，我这人喜欢关注别人的事，喜欢比，一比就容易心里不平衡。我也知道这样不好，但不自觉就会这样。”小霞有点不好意思。

“这种心理大家都会有，俗话说得好，人比人气死人。但是仅仅去比、去气是没有任何意义的，最重要的还是得加强自身的能力、踏实努力、打造核心竞争力，这样才会有意义。有空多看一些人物传记、心灵鸡汤之类的书，让自己的心胸更加开阔些，看的问题更加深入些。这样你就不会在这些事情上纠结了，心里自然舒坦很多。”乐乐希望自己的话可以帮助小霞。

“嗯，我明白，我以后尽量多关注自己、多下功夫、多努力，相信自己一定会更好。”小霞暗自下了决心。

乐乐也想了很多，其实人比人这事哪里都存在，也不可能有绝对的公平。只是在职场拼搏的我们，更多时候需要把重心放在自己身上，多努力为自己增值，这样的比才更有意义。不是比结果，而是更多地产生竞争，更多的拼搏。

全职在家还是全职工作

“乐乐，我家父母因为有事，一段时间照顾不了小孩。我小孩还挺小的，没办法，我只好辞职了。可能以后很长一段时间不会工作了，可能就这样全职下去了。”同事对未来挺担忧的，感觉到她的心理压力不小。

这位女员工在乐乐面前忍不住痛哭了很久，因为情绪感染力太强，差点把乐乐也弄哭了。其实这位女员工生完孩子后回公司上班，本想轻装上阵，好好在职场拼搏一把，但没想到才回来上班一个星期家里就乱成了一锅粥，她心里着急发愁家里的事，又担心工作做不好，非常焦虑，所以想立即离职，把家里的事情处理好。员工自己说以前是把工作放在首要位置，为了把工作做好，可以不顾一切。但现在觉得只有把孩子照顾好才是最重要的。虽然她很犹豫，但最终还是写了辞职申请，主要原因就是照顾小孩。

其实在职场上这样的事例确实不少，很多妈妈为了孩子无奈之下只好放弃目前的工作。但转念想一下，我们父母那一辈，一样需要照顾孩子，是怎样度过那样困难的日子呢？首先应该是大环境不同，以前工作压力没现在这么大，计划经济体制下，大家和睦相处，互相帮助的情况非常多。单位也会对有小孩的职工格外照顾一些，会给予更多的关怀。其次我们的长辈基本上是一份工作做到退休，没有更多的选择，所以也会比较珍惜，即使遇到了困难，也会想尽办法坚持下来。

那有了小孩后仍然工作还是全职在家呢？了解过很多过来人最后的体会还是最好有一份全职的工作，让工作和生活尽量保持平衡。孩子是很重要，但也是生活的一部分。作为职场人、社会人，同样需要在工作中不断努力、奋斗，给孩子做一个更好的榜样。当然也希望更多的企业可以给员工更多的关心，让这些在职场打拼的母亲减少后顾之忧。

管住嘴、勤跑腿、敢面对

经历了不少事，乐乐觉得想做好人力资源工作并没有那么容易。回顾自己这么几年下来从事人力资源工作的经历，要想做好人力资源工作，乐乐总结了三条原则。

首先，学会管住嘴。从事人力资源工作会了解不少信息，也会知道不少还没确定下来的消息，员工个人的信息等等。所以如何管住嘴，怎样管住嘴是个很重要的事。

乐乐想起曾经遇到过的一件事，当时公司计划将外地的一家分公司进行搬迁，从有这个想法到真正计划实施中间有大概三个多月的时间，期间公司领导也曾考虑放弃这一计划，整个事情的过程乐乐都比较了解。虽然有搬迁意向的事情对外部一直处于保密状态，但世上没有不透风的墙，外地分公司的同事还是或多或少知道了一些。而分公司人力资源的同事和乐乐的关系非常不错，总是会时不时打电话拐弯抹角打听这方面的事。从个人感情上来说，乐乐觉得都是做人力资源的同事，大致说一下可能的情况也没有太大问题，但这件事一直未对外公开，所以最终乐乐还是忍住了，直到最终搬迁方案确定。虽然在这个过程中，分公司人力资源的同事有点不开心，觉得乐乐太不够姐们儿了，但后来还是理解了乐乐的苦衷。

乐乐后来遇到这种类似的情况非常多，例如一些薪酬调整方案、人员调整方案等等。很多敏感事件，人资都是第一时间知道。对于这种情况，乐乐不会像第一次遇到时那么紧张担心了。首先自己会把整个方案进行详细了解，同时把员工可能会出现的疑虑和状况列举出来，尽量让方案完善，做到胸有成竹，心中有数。当有同事想打听的时候，乐乐也不会觉得不好意思。原则就是可以说

的就说，不可以说的笑而不许，直接告诉对方目前的状况。不会像以前羞答答的不敢正面面对，心里还总觉得不好意思。只要做到公平、公正、无愧于心就足够。

记得还有一次，人力资源部在进行内部人员竞聘。其实这种面试有时候更多是考验临场发挥、随机应变的能力，而在这个时候领导们会故意出点让人力资源人员为难的题目，乐乐就记得市场部的总监在面试的现场直接问同事，你评价一下你所服务的部门的两位经理，各有什么优势和不足，如果现在只有一个经理的岗位，应该保留哪一个？当时同事就僵持在讲台上，不知道说什么。但在市场部总监的强势压力下，不得不做出了自己的评价，而在评价上却带有了自己的感情色彩，在尴尬的状况下很艰难地说完了，但也就是因为这个回答才使其最终没有通过面试。人力资源人员在工作过程中会遇到很多让人觉得不知道怎么回答的情况，所以有时候不一定总是要说，运用巧妙的方式笑而不答也是一种技巧。

再来说说勤跑腿，刚从事人力资源工作的时候，乐乐每天主要就是坐在办公室里，做着做着感觉自己就是个文员。每天处理各种报表、文档、人事档案等等，越做越觉得没有价值，没有成就感。有一段时间乐乐觉得人资工作特别没意思，都怀疑自己是否还需要继续做下去。有一天，乐乐突发奇想，走出办公室，主动和员工进行沟通交流，发现感觉完全不同。之前自己习惯通过邮件和员工沟通，有时候一件事通过邮件说了很多次，似乎员工还是不太明白，但是当和员工面对面去解释的时候，员工一下子就明白是怎么回事了。乐乐觉得自己有时候太偷懒了，其实多走出办公室，多跑跑腿，很多事情没有感觉上那么困难。

敢面对，其实之前提到过人力资源工作有时候也是一份高危工作，但既然做了这个职业，就要学会保护好自己，也需要勇气面对必须解决的事。

说话要算数　画饼要适度

部门有个同事工作了一段时间之后，觉得工作压力很大，不太想继续做下去。部门领导想挽留，和她进行了一次面谈。面谈中领导安抚了一下她的情绪，然后也了解了她的情况，也说到了如何解决，还提到了缓解压力的方式和方法，

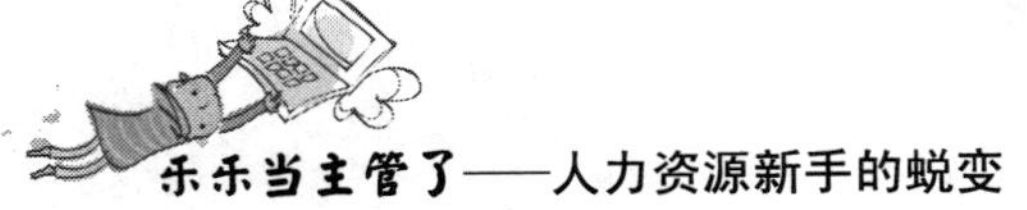

并承诺会多安排一个同事和她一起分担工作。

同事便留下来，一直等着新同事来分担工作，可是等了一个多月还没见到，工作任务却越来越多。同事很惆怅，这领导说话怎么这么不算数啊，她越想越不对劲，主动找领导，“领导，上个月您和我沟通的时候，提到会增加一个人手给我，好像过了一个月还没有见到呢，是不是有什么问题？”“喔，是这样，我们需要重新评估一下你的工作内容，毕竟是否需要增加人手也是要核算一下工作量才可以判断的。”“那您上次没有告诉我啊，直接告诉我可以增加一个人手的呀。”同事很无辜。过了一段时间，她终于因为实在无法承受工作压力而离职了。

还有一同事，他要为公司开发一个新项目，领导某一天突然找到他，说：“你工作表现一直很优秀，绩效也非常好。你在公司工作时间也不短了，这次也是个好机会，可以突出表现一下，这样对晋升加薪也有很大的帮助。”同事听到这些，自然心潮澎湃，觉得领导很看重自己，而且努力表现也对自己有益处，升职加薪是顺理成章的事。同事满口答应领导，“没问题，我一定会做好的。”领导自然也非常开心。本来是件好事。可是后来呢？项目进行得很顺利，同事一直做得也很好，项目最终圆满完成了，同事心里乐滋滋的，想着自己的辛苦应该很快就有收获了。

时间一天天过去，每天领导工作依然忙碌，这事似乎石沉大海了。领导再也没提过。

最后同事实在忍不住，主动和领导沟通了一下。领导回答是确实有提报，但领导的上级觉得时机还不到，所以还需要等一等，年轻人，反正机会还很多，继续等一等机会就来了。同事想想也是，也不能太现实了，自己还年轻，再磨炼一下或许更扎实。时间又过了一年，同事觉得自己各方面都成熟了，时机应该也差不多了，可询问领导后，发现结果还是无望，同事失望了，最终选择了离开。

其实职场上这样类似的事情似乎天天在上演，领导总是不断画饼，总觉得饼画得好、画得大总可以充饥，总可以解决燃眉之急。画饼当然很重要，但后续的落实会更加重要，不能为了一时充饥而无限制，毕竟画的饼不是真的，真的愿景还是需要一步一步去落实的。

面对老员工跳槽的职场新常态

职场上人来人往，员工流失情况并不少见，很多时候大家觉得容易流失的员工司龄是在三年以下的人员，多数时候会投入更多的关注和精力给新员工。而对于老员工，似乎是一种习惯，更是一种放心。

俗话说七年之痒，过了七年应该就放心了。乐乐也觉得，按常理来说在一家公司都干过了七年，再离职的几率不大。虽然自己的公司还没有任职这么久的员工，但听到同行的朋友讨论，说起现在有一种奇怪的现象，即使在公司工作了十年，在外界有足够的机会和吸引之后，员工也有可能会选择离开，到底是什么原因呢？

乐乐听到同行说起这样一个例子：李新是一家公司核心部门的核心管理层，经历了公司各发展阶段，和公司一起成长。在互联网金融日益发达的时候，有一家公司向他抛出了橄榄枝，结果他选择了这家公司。

按常理来说，做生不如做熟。以往的人都认为在一家公司可以做到七年以上，对公司的忠诚度非常高。按这种情况，不出意外，这类人应该会一直为公司服务。但为什么当新的机会出现时，员工却义无反顾选择新的机会呢？到底是什么吸引了员工呢？

其实现在人的想法有所改变，敢于追求敢于冒险，活在当下，对新鲜事物渴望和追求，希望在有限的时间内可以了解学习到更多的东西，而且觉得什么时候开始都并不晚。所以当机会到来的时候，会毫不犹豫选择新的机会。

就像乐乐听到的这个故事，主人公选择新的企业，是被公司的活力和发展空间吸引。主人公之前在传统行业，人员的晋升、加薪等是脚踏实地，一步一个脚印逐级上升；而在新兴行业中，却打破这种传统，进行大胆灵活的操作，对人才激励起到强刺激作用。

工作内容过于熟悉，无新鲜感和刺激。因为一直从事同一工作，而在这个过程中积累了很多经验，这让很多人都会产生英雄无用武之地的感觉，这种感觉积累久了，最终只能以离职的方式解决。

所以作为人力资源人员，除了多关心新员工，也应该多关注老员工的心态。

例如可以丰富工作内容，找到他们新的突破点，开阔视野。让老员工在岗位中焕发新的活力，而且也应该多提供丰富的职业发展途径，让老员工在自己的岗位上充分发挥自己的潜力。

在职场中类似这样的事情也时有发生，例如有一个同事像老黄牛一样勤勤恳恳在公司工作了七年多，他这个岗位只有他一个人。虽然工作内容并不难，但是不管什么时候，即使他生病请假，都需要把这个工作做完才可以去医院。长此以往，员工似乎也习惯了，虽然也不免有些怨言，但还是继续努力地工作着。在这么漫长的七年里，公司也有不少适合他的职业晋升路径，但领导觉得既然干了这么久，也干得不错，干脆就一直做下去。员工很想有新的发展，但领导并不理会，让员工始终感觉前途渺茫，最终员工提出离职。领导这才觉得这些年没有给予员工足够的关心和关怀，让员工觉得心凉了，但这个时候后悔也没有用，企业就这样失去了一名好员工。

职场中的每一个人都有自己的角色和位置，虽然有的人似乎并不起眼，但实际上他一直在为公司默默作出自己的贡献和努力。管理者不能忘记对每个员工的关心和照顾，让员工时刻感受到温暖。

人力资源还要懂营销

人力资源的定位大多数是一个支持部门、辅助业务部门，应给予其他部门更好的服务和支持。但其实做人力资源如果具备了营销的技巧和意识会使工作锦上添花，更上一层楼。

人力资源的营销意识就是把人力资源的每一个工具、方法、技巧作为一个产品进行宣传。

最简单的，从招聘开始说起。有的人资做招聘，没有营销意识时，对于所有候选人沟通的方法、语言都是千篇一律的，所以往往造成招聘效果并不理想的结果。而当人资有营销意识的时候，在与不同候选人沟通时就会有意识地使用不同的方式。例如当候选人是应届生的时候，人资会在进行职位介绍的时候，重点描述公司可以提供的工作氛围、培训课程等。而对于有工作经验的候选人，人资会在职业发展空间方面做重点介绍。对于有同业经验的候选人，人资会根据了解到

的同行的情况，重点突出公司的独特优势。

对于方案的提交，具有营销意识就会有不同的效果。人资经常会有不同的方案需要和上级进行讨论，如何推销自己的方案也是一门学问。当你具备营销技巧的时候，在推销自己的方案时会先从最容易入手的方向，短期可以解决出成效的方面进行，使方案更容易得到领导的认可和同事的支持。

腾飞篇

虽然师傅不在身边，不过乐乐还是会经常和师傅联系，有时候遇到职场上的问题，乐乐还会向师傅咨询一下，总希望听到些更有建设性的建议。乐乐做人力资源主管也有段日子了，因为工作表现出色，获得了很多奖励，领导对她也是赞不绝口。

按常规来说，乐乐未来的发展和大多数人一样，接下来就是朝人力资源经理、人力资源总监或者更高的职位去奋斗了。但乐乐有自己的想法，其实职位只是暂时的一个位置，更重要的是逐步建立自己的“品牌”，建立属于自己独一无二的竞争力。

正是因为这样想，乐乐给自己定了个目标：每个月必须看多少本书，写多少篇文章，并且把知识逐步内化为自己的东西，形成自己独立的见解。正因为有了这样的想法，除了继续努力工作，在职位上更上一层楼之外，乐乐多了一个更高层次的追求——打造自己。

关系户，处关系

晚上乐乐正在看书，突然手机响了，原来是上司发来的一条微信：“发了一份简历到你邮箱，明早安排面试。”乐乐心里有点烦，真讨厌，又来一个“关系户”，每次这些被介绍来的人都“奇形怪状”的。乐乐的脑海里浮现出各种面试时的情景，这些人似乎都是自身条件不够，还特别瞧不起人，一副高傲的样子。乐乐想着想着心里就不舒服，但也没办法，这种VIP人物是一定要重视的，还得排在首位，重要且紧急的放在心上，得抓紧时间赶紧安排见一下。乐乐安慰自己，不管怎么样，还是按正常流程约来见见吧。

第二天一早，乐乐就约好了“关系户”当天下午来公司面试。这次这个“关系户”来的时间很准时，填写完应聘登记表后乐乐心平气和地对她进行了面试。

“你为什么想应聘这个岗位？”乐乐以这个问题开头。

关系户回答说：“之前的岗位压力太大了，还得经常外出，很辛苦。想问一下这里有没有文职类的工作？我其实最想做文职类工作，我家住的地方离这里很

近，所以来这里上班最好。”

乐乐呵呵笑着回应：“其实这里的工作压力也不小，而且每天要通过电话和客户打交道，也挺累的。文职类的岗位目前暂时没有，你要不要再考虑一下？”

谁知道“关系户”的声音突然变得急促起来，明显感觉她有点急了：“我就看中你们这边离我家近了，随便给我安排一个岗位吧。”

乐乐心里很无语，只好和她沟通完后又让业务部门的面试官见了下她，大家都觉得她不太合适。这可怎么办？乐乐想了想，又和之前她曾经工作过的公司人力资源部门了解了一下，发现她以前在工作中就出现过一些负面情况，例如对公司制度不满，就煽动其他同事，进行负面情绪的传播。本来对于“关系户”的事乐乐内心就不是很接受的，现在不仅是面试表现不行，而且还有这种不佳的历史表现，乐乐更是不想接受，心里暗想：“这样的人要不得啊！”

在没办法的情况下，乐乐把自己了解到的情况和领导说了一下，也说了一堆的建议。可是领导不领情，一句话，不管怎么样，都必须得安排一个岗位，赶紧完成好相关的审批流程之后就安排入职。

乐乐很无奈，费了不少口舌和用人部门好说歹说，用人部门终于同意试用一下。马不停蹄乐乐又拨通了对方的电话，沉下心，耐着性子和“关系户”沟通了岗位的内容和相关情况，问大概什么时候过来。

对方还挺不客气地说：“怎么现在才打电话给我？我最近有安排了，过段时间再打给我吧。”

乐乐也没听出是气话，就顺着她说：“那好吧，我过三天后再和你联系吧，不好意思，打扰了。”

没想到十分钟后又接到领导带着怒气的电话：“乐乐，你怎么搞的，通知个候选人都这么费劲啊？”

乐乐本来就有气，忍了很久，这下可爆发出来了，忍不住大声说：“领导，是她自己说有事，要我过段时间打给她。我能有什么办法？”

领导也毫不客气：“候选人说的是气话，你都听不出来啊？做人力资源这么久，这样的人都应付不了？不要先入为主，好好想想吧。”

乐乐虽然思想上还没想通，但觉得领导说的似乎还是有道理的，决定首先还是把事情先解决了才是关键。

搞定一切后，“关系户”准备入职了。乐乐心里的疙瘩还没完全解开，而且因为这件事乐乐被领导教训过几次，所以心里自然一直不舒服。但经过这几年的

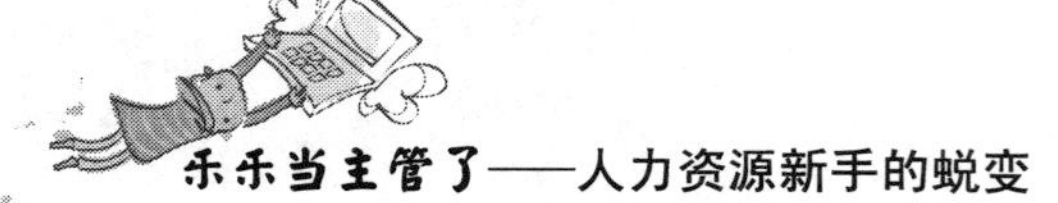

磨炼，乐乐并不是一个完全固执的人，有时候会从各个角度想问题。

乐乐认为其实每个人都有自己的优点，或许换一个角度会有不同的看法。当乐乐转换了一种心态之后整个情况似乎就有所变化了。乐乐再也不会预想对方是什么样的，是多么的不靠谱，也不会以不同的眼光对待“关系户”，就像对待其他员工一样，主动找她聊天，了解她的喜好，通过聊天乐乐了解到这个“关系户”还在进修本科学历，会利用晚上的时间主动参加培训。乐乐心想，其实她还是有优点的嘛。慢慢接触中，乐乐发现这个“关系户”在工作中表现积极，并且非常配合上级和团队的工作，通过一年的努力，由于绩效表现突出，职位还得到了晋升。

乐乐针对这个“关系户”的案例好好反思了一下，也想在网上看看同行对于“关系户”问题有没有处理的高招。没想到网上还真有就这个问题展开的专题讨论。其实对于“关系户”的人员安排问题，很多公司都存在无法避免的这样或那样的状况，有的公司甚至会因这些人出现的各种状况影响了整体的氛围和员工心态。

乐乐想了想，之前自己在处理“关系户”时，会不自觉地产生排斥心理。看看网上的网友们其实也一样，不少人内心或多或少都会有些厌烦的心态，觉得“关系户”就是一类自己没本事，只是靠关系上位，只拿钱不干活的人，而且因为某些“关系户”确实自身能力不足，而且没有办法融入团队，和同事间的关系也一般，所以也影响了自身工作的开展。乐乐被其中一篇“其实，关系户不可怕”的文章所吸引，文中的案例和自己遇到的事情很相似：

虽然不少人不喜欢“关系户”，但不管你喜不喜欢，“关系户”都存在。而且职场上这类人还真不少，只想着躲是没有用的，正面面对才是解决问题的最好方法。

第一招：就事论事，一视同仁。不论是对待“关系户”还是其他同事，都要一样。不要因为对方是身份特殊就另眼相待、贴标签，内心不要设置排斥的门槛。所以对待关系户人资们依然要多交流、多沟通，发现他们身上的优点，使其为公司做出自己的贡献。

第二招：做好本分，适时建议。如果遇到自己的上级是“关系户”，这种情况下保持好自己的心态就很重要了。虽然有时“关系户”经验不足，对团队管理不善，但是作为团队的成员，首先最需要做的是干好自己的本职工作，如果有可能，可以尝试在适当的时机把自己的想法和建议提交给上级，积极配合上级逐步

把工作做到更加完善。曾经公司空降过一个“关系户”，从来没有做过人力资源工作，但一空降过来就是人力资源经理。当时很多同事的心情都很糟糕，也不想配合工作。而这个“关系户”因为什么都不懂，同事又不配合，当时部门就出现了不少问题。“关系户”也非常头痛。但这个时候，有一个同事没有随波逐流，不仅把自己的本职工作完成得很好，而且还主动帮助“关系户”协调各种关系，把部门工作逐步做上轨道。在后来的人员晋升选拔中，这个同事毫无疑问地被提拔晋升了。

第三招：带上“关系户”，用好关系。有时适当运用这些“关系户”，还会对工作起到更好的推动效果。曾经有一个“关系户”是因为公司副总的关系入职的，这个副总以前对人力资源部的工作不太支持，而且对于任何方案总是挑三挑四，不满意，所以人力资源工作开展起来总是不太顺利，每一任人力资源领导上任后都要受到副总的刁难。后来有一任领导改变了方法，对于某些比较难处理的问题，人力资源领导会主动带着“关系户”一起去找副总进行沟通，最终取得了较好的效果。

第四招：努力学习，修炼内功。如果在目前“关系户”成群的环境中，暂时没有施展的空间，无法发挥自身才能的时候，还有一个原则千万不要忘记：这个时候静下心来，多学习、多看书，努力修炼内功。正好可以把遇到的事情记录下来，虽然暂时不一定有立即解决的方法，可能即使有办法但暂时没有实施的环境，但可以在脑海里进行思考，多进行总结，总是会有可以施展的空间。

有人的地方就存在关系，有关系的地方就会有“关系户”，关系户不可怕，重要的是我们要以一种什么样的心态和方法面对“关系户”。

看完文章乐乐想了很多，带着思考进入了甜美的梦乡。

人才输血计划

从事人力资源工作有些年头，乐乐遇到了不少人力资源的案例，也解决了不少人力资源问题，但对于大的人力资源项目，乐乐还接触的不多。乐乐一直也希望自己可以有机会统筹做一次人力资源的大项目。没想到居然心想事成，一大早

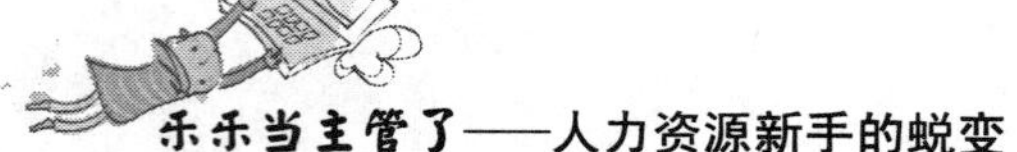

乐乐就接到了一个大的招聘计划，招聘只是一个开始，其实是公司人才输血计划的一个部分。乐乐突然觉得热血沸腾，要大干一场的兴奋感油然而生。乐乐赶紧召集了团队所有成员开了个会。

乐乐意气风发地说："各位亲，大家是不是发现我们公司发展得很快，但是团队管理方面的人才又比较欠缺？但市场上同类人才并不多。小娟之前花了不少时间进行这类人员的招聘，但可选的人很少。那时因为公司人力资源各方面不够完善，所以靠公司自己培养人才不容易。现在时机成熟了，育苗计划也可以进行了。我希望大家可以集思广益，共同把项目做好。从项目宣传到后期人员培养，直至人员开花结果。我大致设想了一下，主要分为四个阶段：宣传阶段、招聘阶段、培养阶段、收获阶段。

我们一个一个说，关于第一个阶段的宣传工作，小娟，你先说说。"

"我觉得公司要进行的这个项目挺好的，可以自主进行人才培养。既然有这么好的项目，可以从外部和内部两个方面开展宣传攻势。因为我们要进行外部招聘，所以在各大合作的招聘网站上进行线上宣传，还有微信朋友圈、微博等方式对整个项目的人员需求、人才培养方向、培训体系等方面做详细的介绍。另外在公司内部，除了我们做一些项目宣传海报，还可以通过专题视频录制进行广泛的宣传，需要突出重点，吸引眼球。我暂时就想到这么多。"小娟说完看了看大家。

"确实是，内外同步进行，加大宣传力度。对于内部视频的录制，小娟你可能还需要做一个详细的台词，这个宣传视频需要各地区的部门经理进行录制。同时还需要做一个项目宣传PPT，需要我们人力资源部和各部门的主管们一起对全体员工进行宣传讲解。所以小娟，你这边需要完成视频录制的讲稿、项目宣传PPT和宣讲互动环节，一共三个文档。有没有需要协助的地方？"乐乐笑着对小娟说。

"好的，我这个星期五完成后给你过过目。"小娟很开心地回应了一句。

"好的，那宣传阶段搞定后，招聘阶段是个重头戏。关于招聘的整个流程小玲有没有什么具体想法？"乐乐继续问。

"我想了下招聘的整个流程和日常可以差不多，还是邀约、会场布置、签到、填表、笔试、无领导讨论、复试这些环节。因为要做管理培训生的项目，所以一定要注重细节。其他的我没有特别的想法。"小娟回复。

"基本招聘环节差不多，只不过不一定用无领导小组讨论的方式，可以用情景模拟或者团队活动的方式。另外我觉得加一个岗位体验的阶段可能会更好。"

乐乐说。

“为什么需要加一个岗位体验的阶段呢？”小玲很困惑。

“岗位体验主要是让外部候选人了解岗位具体是做什么的，基本工作流程是怎样的。让候选人更快理解岗位，避免疑问。所以招聘的整个流程计划大致可以分为八个步骤，即邀约阶段、会场布置、签到阶段、填表的阶段、笔试阶段、团队活动、复试阶段、跟岗阶段，这样设计一下看看会不会更完善。需要小玲从邀约话术、会场布置图、团队活动的题目等各阶段的文档都做一个模板。”还没等乐乐说完，小玲就满口答应了，感觉到她很兴奋。

“关于培养阶段和收获阶段，我们今天先暂不讨论，等这个星期五把今天说的这些内容讨论完成后，我们再进行后两个阶段的讨论。大家在进行的过程中遇到问题，可以随时找我。我也会和大家一起共同进行这个项目。祝我们一切顺利，加油！”乐乐很有干劲。

时间过得很快，乐乐准时收到了小娟和小玲提交的文档。大家聚集在会议室，将每项文档进行了展示。

关于宣传视频录制的讲稿，小娟打算用一封信的方式发给各位领导，希望领导们可以协助进行视频的录制工作。内容如下。

亲爱的徐经理：

您好！2015年的第一期销售主管育苗项目将会在5月份启动，为了让未来即将入职的外部和内部新苗更加清晰地了解到此项目，明白加入此项目后的培养计划，我们邀请您给予第一届的新苗一些指引，录制以下一段话：

“销售主管育苗项目是公司人才发展与领导力培养中重要的项目，此项目主要是公司销售管理人员成长的摇篮，人才在这里获得加速的进步和成长。

当你加入销售主管育苗项目后，你将会得到12个月的系统培养，每天你都会遇到很多挑战性的工作，收获很多难忘的经验；在这期间，人力资源部也会结合你们的能力与职业规划，为你们量身打造一系列的课程与辅导，通过领导力集训、跨业务的轮岗锻炼、优秀的教练和导师的辅导、挑战性的行动学习项目锻炼和多元化的方法，帮助你更快、更迅速地成长为一名成熟、睿智和职业的营销管理人才，并为以后的职业生涯发展奠定坚实的基础！因为，在这里你得到的不仅是一份工作，更是一份事业。

欢迎加入销售主管育苗项目！”

您看看是否有需要调整的地方，然后我们进行沟通。销售部的拍摄，人力资源部会有专人负责，所以当您确认稿件内容后，我们方可进行拍摄！期待您的反馈！也相信第一届销售新苗们在您的帮助下会成长得更快，在公司发挥出更大的成绩！

乐乐看完后，点点头，不禁直夸小娟做得不错。

小娟继续把项目PPT的内容展示给乐乐。“我主要是从项目的目的、培养方向、人员选择标准、培养计划几个方面进行讲述。现在主要是人员选择标准，具体培养的计划需要再和业务部门的领导进行一下沟通确认。关于宣讲完成后的提问环节，我主要想到了这些，你看看还有没有要补充的？”

Q：行政类的岗位是否能申请销售主管育苗项目？

A：接受申请。

Q：如果内部招聘名额只有2名，那报名是不是只需要2名？

A：不是，本次招聘外部和内部管培在同一平台上进行选拔，所以内部人员也会参与笔试—团队活动—面试流程，如果最后我们需要2名，前期报名符合条件的人数至少要达到十多名比较合适。

Q：内部人员还需要参加跟岗吗？

A：结合平时的工作表现，经直属上司沟通后确认。

Q：外部人员选拔一定要有经验吗？

A：我们期望是具有1～3年有销售工作经验的候选人，但是如果是应届生，有志于从事销售管理工作，也可以参考。

Q：请问内部人员选拔有年龄要求吗？

A：没有，只要他有潜力，并且有意愿加入此项目，而且满足所有条件，都可以报名参加。

Q：请问选拔是否有性别要求？

A：我们没有性别的限制。

Q：如果内部人员是本科在读，可以参加吗？

A：如果所有其他业绩指标都达到，并且经过评估有培养潜质，可以酌情考虑。

“确实很不错，考虑得很周全。基本可以按照这个模式开始进行了。把人员选拔标准再去确认一下就好。”乐乐非常满意。

小玲也很有信心展示自己做的关于招聘部分的内容："乐乐，关于邀约阶段，我认为有几个注意事项。

(1) 面试时间，预计候选人会比较多，所以我们应该统一安排在几个固定的时间段进行面试。倘若候选人在安排好的时间内无法到达，我们再提供备选时间，例如当候选人问还有没有其他时间，我们就说现在预约的时间段是我们主要安排的时间，尽量赶到。倘若候选人在这个时间真的安排不了，我们再选择备选时间。尽量提高预约到达率。

(2) 在预约的时候，语气要自信、响亮，我们代表了公司的形象，一定要给他们这样的信息，同时让候选人知道我们很重视他们。

(3) 如果候选人问待遇的话，我们的原则是不透露具体的数字，但是一定要强调非常具有竞争力，如果候选人坚持要知道的话，建议他在面试的时候和面试官交流。

(4) 如果候选人问这个项目的具体信息的话，我们可以简单介绍一点，但是要突出我们这个项目的诱人之处：公司培养自己的销售基层管理人员，我们会提供系统的培训和完善的轮岗计划，培养我们的营销人员，成为将来公司的营销管理人才。

另外，这是我做的关于岗位体验方面的介绍，你看看还有什么需要补充的。"

欢迎您来参加销售主管育苗项目岗位体验日！

作为销售主管育苗项目招聘过程的一部分，我们邀请您参加评估日。评估日主要有两个重要目的，一方面您可以获得更多关于公司以及所申请岗位的信息，这将有助于您做出准确的判断；另一方面公司也会获得更多关于您的信息，这些信息将有助于公司做出决定。

评估日的内容

评估日当天，您要完成富有特色的各种任务(即团队作业或简短的陈述作业)，这些任务是基于您所申请的职位所要求的各种资格能力设计出来的，包括了16PF测试和能力测试。

评估小组通常是3～6个人。评估日当天在场顾问将为您提供更加详细的日程表和其他实用信息。

参加岗位体验是自愿的

参加选择评估日是自愿的，这意味着，您有权利在任何一个阶段中断评估过程。从您的观点来看，一个可能中断的评估日不会导致负面的后果。但我们想指

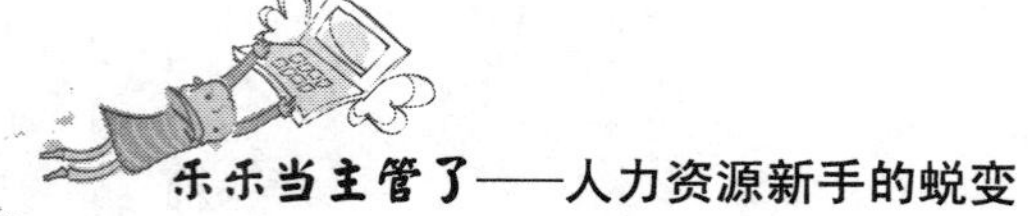

出的是，如果没有生成评估报告，招聘团队缺乏详细信息做出招聘决策。

结果和反馈

我们的评估实践遵照了在职业生活中的隐私保护的法规、个人数据法规和其它可适用的法律和章程。关于您的所有材料和信息将被机密地进行处理。

岗位体验日的准备和在体验日当天您的责任

您不需要为评估日做准备，但是我们希望您带着开放的理念和合作精神来参加。请您确保所有观测资料是真实地并且代表您自己。作为一个参加者，在选择评估日您有责任了解所给予的指示，如果需要可以请求更多信息。我们希望您的表现在评估日不会干扰其他人(工作人员和申请人)；请关掉移动电话 。如果某一外在因素(如病症或噪声) 阻碍了您的表现请告知在场的助理或顾问。如实地回答问题。由于评估所收集的信息与就业有关，如果需要，可以询问设计问题的内在原因。

再次邀请您的参加！

团队活动的位置图(见图4-1)

会议室布量

A：评估者；C：候选人

A1

白板

C6

C5

C7

C4

C8

巧克力摆盘

C3

C1

C2

A2

A3

图4-1　团队活动的位置图

会场布置图(见图4-2)

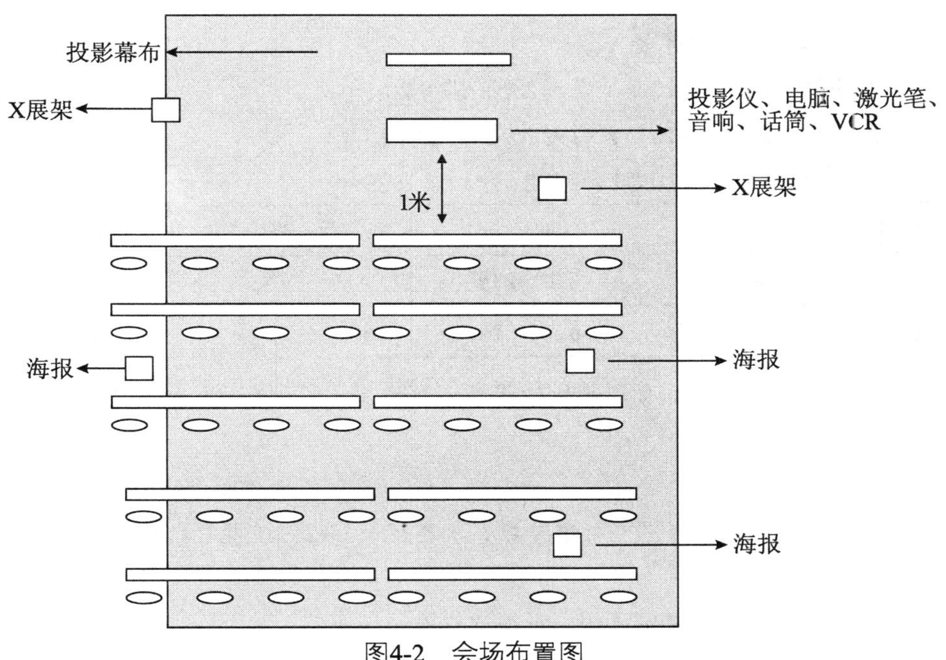

图4-2 会场布置图

笔试温馨提示

热烈欢迎各位同事来参加“销售主管育苗项目”笔试测评环节，为了给您创造良好的测评环境，使您能够发挥最佳水平，请您留意以下注意事项：

1. 笔试测评环节共计40分钟，请您合理安排时间。

2. 请您关闭手机或将手机调成静音模式。

3. 笔试过程中请您尽量保持安静，独立完成测评内容。

4. 测评过程中请您保持环境卫生，不要抽烟，随地吐痰，乱扔纸屑等。

5. 请不要在试卷上做标记，答案请填写在答题卡上。

6. 笔试中如需要协助，请举手示意工作人员。

祝您展现出自己的能力！

小玲继续打开做好的文档，边看边说。“关于笔试方面，针对销售人员，主要考虑从数字计算、图表分析、逻辑推理三个部分进行。具体的题目可以和专业咨询公司合作，还可以将公司销售管理人员可能会遇到的问题加入到试题中。”

笔试部分分数参考标准如下：

一、基础能力测试部分

1. 数字计算题(一共10题，每题2分，满分20分)

2. 图表分析题(一共10题，每题2.5分，满分25分)

3. 逻辑推理题(一共10题，每题2.5分，满分25分)

项　目	优　秀	良　好	合　格	不合格
答对题目	24～30题	20～23题	15～19题	14题以下
正确率	80%～100%	66.7%～76.7%	50%～63.3%	46.7%以下

笔试快速淘汰原则：可用总成绩排名，快速得出笔试前50%的候选人，进入下一轮团队面试。

笔试分数调整原则：合格线是一个标准线，若应聘者分数普遍较高，或应聘者分数普遍较低，可适当调整标准分数，调整范围在-2~2道题目之内。

乐乐仔细看了看，又想了想，觉得这样设计还不错。

“乐乐，我这边主要做了以上的工作，可能不少地方还需要修改。”小玲说完伸了伸舌头。

“考虑还是很全面的，总体思路不错。另外关于整个流程，大家一起看看。”乐乐把流程文档打开(见表4-1)。

表4-1　笔试、团体面试主持流程

项　目	时间安排	工作指引	使用文件、工具
笔试	共45分钟 (1) 主持人用2分钟介绍笔试纪律，发放答题卡及销售才能测试部分试卷 (2) 40分钟基础能力测试	发放基础能力测试题和答题卡	基础能力测试题、答题卡
填表	共15分钟	(1) 主持人致欢迎词，发放《应聘登记表》 (2) 提前准备好笔、稿纸、试题、答题卡	《应聘登记表》

(续表)

项　目	时间安排	工作指引	使用文件、工具
休息+项目宣讲	共40分钟 (1) 先进行30分钟小休 (2) 主持人先播放视频，用10分钟介绍培养项目的内容和候选人将面对的挑战，同时解答候选人的疑问 (3) 1分钟宣布下一轮团面名单	(1) 当天安排团面，人力资源部门需要立即改卷(改卷计算标准：20～40人参加笔试，需1人统计录入数据，40人以上最好有2人录入数据；各维度分可在团面结束后再录，并做好保存) (2) 35分钟后回收基础能力部分试卷及答题卡，计算得分，并得出通过笔试的名单	(1) 宣讲PPT，电脑投影；音响、麦克风 (2) 答案卡，《基础能力测试结果统计表》
团体面试活动	约45～60分钟 (1) 面试官致辞：欢迎寒暄和自我介绍，时间安排，讨论流程，并告之可用的道具 (2) 小组讨论——该环节为10分钟 (3) 团队活动 (4) 小组总结 (5) 结果判断 (6) 结束语	(1) 讨论环节 ① 快速阅读所有简历，将有工作经验及没有工作经验的简历进行分类；特别的问题进行记录 ② 观察活动中各人的表现及行为，讨论后进行针对性的提问 ③ 10～15分钟的压力式提问，要快速、简单、尖锐地提问，不要给对方思考的时间 ④ 对讨论中表现较好的人选进行重点的提问 ⑤ 主持人针对一些明显表达不足或有特殊表现的候选人，可以在最后加插问题进行追问 ⑥ 注意针对式提问，关注全场人的表现，不要使部分人冷场或注意力分散，回答没有在重点上可直接打断 (2) 观察环节：测评师根据观察点记录员工表现和综合评分 (3) 结束后，3～4位测评师综合观察评价，选出符合能力模型的候选人	(1) 团队活动题目 (2) 团队活动相应道具 (3) 笔、水 (4) 测评师评分记录表

二、团体面试部分

1. 团体面试活动的具体流程如下(见图4-3)。

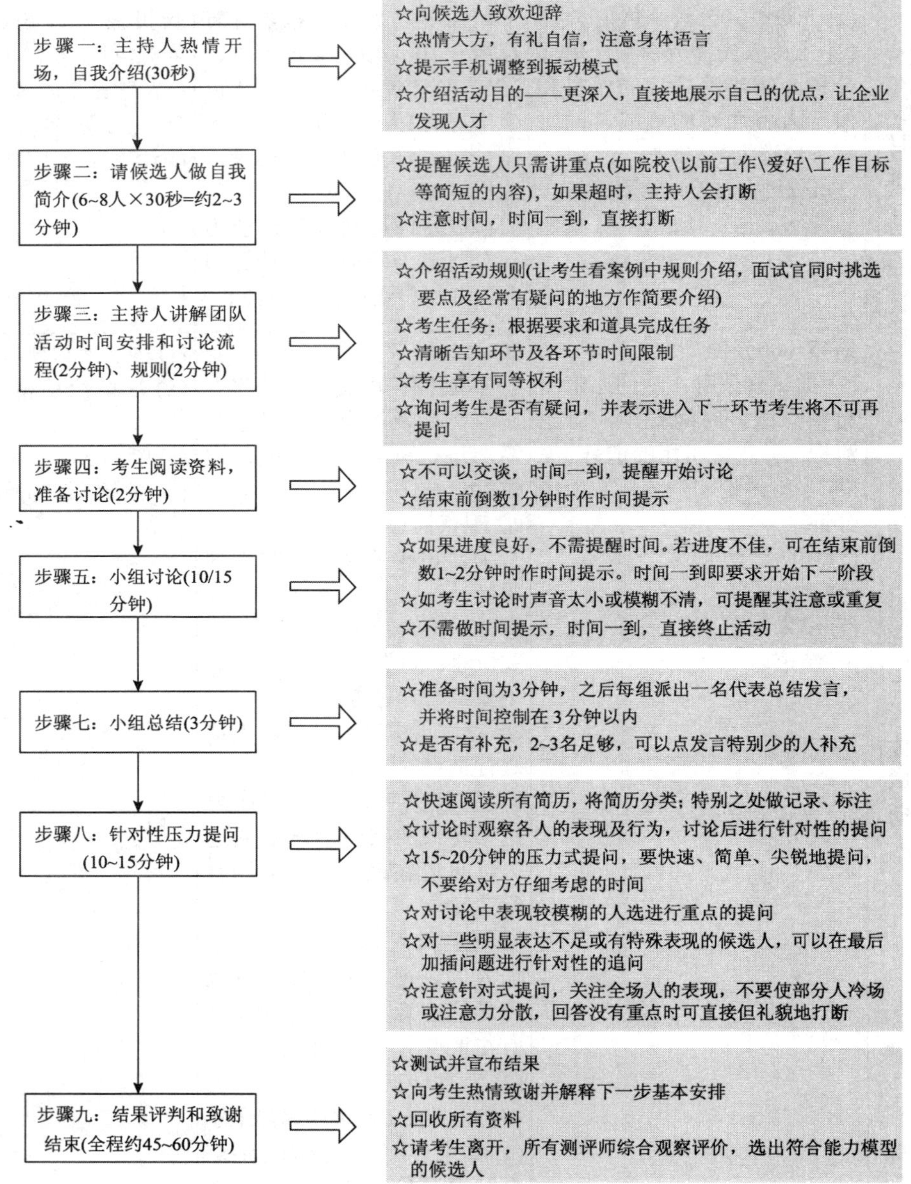

图4-3　团体面试活动流程

2. 团面中评估员/主持人注意要点

(1) 开场时快速阅读简历及登记表，进行信息分类整理；特别的问题进行记录、标注。

(2) 观察活动中各人的表现及行为，预备针对性的提问。

(3) 对团体活动中展示不足的人或有异常表现者做重点提问(非常优秀和明显不合适的人可少问)。

(4) 在结尾时增加15～20分钟的压力式提问，主要目标人员是无法判断的候选人和活动中说话比较少的候选人，问话要快速、简单、尖锐。

(5) 注意针对提问，关注全场人的表现，勿使他人冷场或注意力分散。

(6) 测评师根据观察点记录员工表现和整合评分。

(7) 结束后，各评估员经过讨论综合评价，立即选出符合能力模型的候选人。

(8) 必要时用一些烟雾问题，调整气氛或宣传公司的相关信息。

(9) 保持灵活机警，快节奏，礼貌亲切，勿程式化。

(10) 提问方法：

① 先提出问题抛给所有人(不要先点名，或有眼神暗示)鼓励大家主动回答。

② 若某些需进一步了解的人没有主动回答，用直接点名问或声动击西的方法。

3. 团体面试中主持人问题参考

(1) 了解求职动机、职业规划及企业适配性

① 各位近三年有何规划？希望在怎样的企业工作？请大家自由发言。

② 你愿意尝试什么样的机会和适合什么样的工作？

③ 请预计三年以后的你会有何变化？(若有具体内容，追问)你正在为这些变化做什么样的准备？

④ 你对公司有何了解？为何选择我们？

⑤ 你觉得自己什么地方最适合本公司？

(2) 了解进取心、积极性

① (大学生)各位在大学中有参加过社团活动吗？是因为什么原因参加？(了解申请的动机及难度，亦可问比赛/荣誉等)

② (有工作经验)各位在过往工作中有参加过有挑战性的项目或者活动吗？是什么原因参加的？

③ 你过往的学习、工作或生活中最有成就感/付出最大精力的事情是什么？

(3) 了解其成熟度、自我意识、环境适应能力

① 每个人在进入社会工作后都会面临很多转变。你个人觉得自己还有什么不足吗，未来如何调整？

② 你为什么觉得公司要选择你，你最大的优势是什么？

③ 描述你最近做出的一个改变，为什么？

④ 如果公司为你安排的工作与你所学的专业或者工作经验无关或非你兴趣，你会如何处理？

(4) 根据简历和表现的针对性问题

① 你为什么刚才没有发言/不做解释？

② 你觉得大家的讨论有效吗？谁为团队带来了最大的价值？

③ 你刚才为什么这么坚持自己的想法？为什么做出这样的举动？

“好全面。乐乐，我们要提前好好练习一下。”小娟和小玲都异口同声地说。

“嗯，关于人员宣传和招聘这一部分大家都完成得很好。考虑的也比较全面。另外就是关于这类人员的培养计划方面，大家有没有什么建议？”乐乐提出了这个问题。

“培养计划方面我觉得还是挺复杂的。”小玲尴尬地笑了一下。

“那你有没有思路，怎样进行？”乐乐想引导一下。

“我觉得对于这批储备管理人员，主要还是以课堂培训、实际演练、读书分享等方式进行。应该还是可以的。”小玲半思考状说出来。

“我觉得培养方式用小玲说的可以。但是对于这批人员，我们下了这么大功夫，也花了不少人财力，为了让这批人可以更快适应，真的为我们所用，所以我觉得对于外部招聘过来的人员需要给每个人安排个辅导老师会比较好。”小娟若有所思地说。

“是的。这个想法不错。我们仔细想想该如何操作，怎样建立辅导老师的制度，就是日常不少公司采用的导师制。其实我们也是从人员的选择、导师的培养、导师的管理等方面进行思考。这一块大家一起想想，后天我们碰一下出个方案。小娟，关于这个项目的宣传方面，你可以准备进行了。”乐乐给大家布置了任务。

师徒制

“乐乐，我和销售部门的几个主管聊了一下导师制方面的事，大家似乎都提不起兴趣。”小娟走到乐乐身边顺口说了一句。

“他们说了些什么？”乐乐又问。

“主要反馈是工作忙，没时间，觉得个人精力不足，还有的说教会徒弟饿死师傅。而且觉得这样的工作对他们也没啥实际的好处，所以觉得没什么兴趣。”小娟总结了一番。

“看来我们要把这些疑惑点都解决好才可以做好这件事。”乐乐心里想了想。

其实对于个人导师的指导，并不是对储备人员进行在职培训，也不是管理绩效，更不是给储备人员随意的、想当然的建议等。在乐乐的心目中，导师是这样的：在专业方面经验丰富，愿意投入时间，并且很热心地帮助员工发展；值得信赖，通常是他人经常寻求意见和建议的人，开诚布公，有承诺、乐意沟通的人。乐乐的脑海里也浮现出几个合适的人选。如何吸引大家到这个项目中呢？我们除了要把导师的重要性、对个人及公司的意义说清楚，更重要的是需要对导师的要求、对个人的发展、如何做导师的方法教给有意愿做的主管们，应该会有一定的帮助。

乐乐和小娟反复商量讨论，终于出了一个基本方案：首先描述了导师的职责是什么，即需要告诉储备人才有效的学习方法、获得关键学习资源的方法、指导职业生涯发展的计划、帮助对方搭建在公司的人脉网；其次是对导师有一个基本要求，例如善于聆听、能够提出个人的观点，愿意分享个人失败的、成功的经验和曾经遇到的困难和挑战，可以客观的讨论问题，并且愿意鼓励对方给出建议和反馈，投入必要的时间和真心。“小娟，我觉得足够宽容的心态和胸怀很重要。”乐乐强调了这一句。

“那对于导师如何指导储备的管理人才呢？按常规也是分为准备、确认关系、培养关系、评估阶段四个部分。刚认识时可能会做一些准备，了解一下对方的信息，如果初步觉得可以，就会确认关系，然后相互培养一下感情，最终进行综合评估确认可否进一步发展。所以我们对于储备人才的培养，也需要经过这些步骤。我们一起看看第一阶段。”乐乐边说边打开计划表(见表4-2)。

表4-2　人才培养计划表

导　师	被辅导者
了解储备人员的个人情况	主动分配时间并主动安排与个人导师定期见面
解析储备人员对个人的分析	准备好讨论个人改善之处和对方的期望值
考虑储备人员的辅导目标和方法	准备好自己的个人分析
做好辅导计划	谈话后执行相应的跟进行动

做好了准备工作之后，进入第二阶段的确认关系。主要是确认双方见面的时间和日期，保证会面地点无干扰，建立未来最佳的联系方式。同时双方需要增加了解，导师对被辅导者的长处、不足有一定的了解，也需要将导师个人的风格分享给被辅导者，然后达成双方的期望。

对于第三阶段的培养关系阶段，导师和被辅导者至少每月面谈一到两次，需要向被辅导者提供有关公司文化，成文或不成文的规定、价值观和标准。作为导师，还需要告知对方自己观察到的正面行为，鼓励被辅导者决定解决办法并探求各种可行性。

对于第四个阶段，在三个月或半年的时候，导师和被辅导者可以将绩效评估、进度报告进行回顾总结。

乐乐继续说：“我们还需要对选拔出来的导师后备人员做辅导技巧方面的培训。例如怎样进行同理心的倾听、如何进行探索式的提问、如何认可被辅导者的行为。毕竟是导师，是需要做好引导工作的。”

“乐乐，我对探索式的提问有点不明白，怎样探索呢？”小娟疑惑地挠了挠头。

“其实对于探索式的提问，首先需要确定目标，建立目标的方向。每一次的见面辅导都会有一个明确的方向。例如问被辅导者，你今天想有什么收获？你觉得目前最需要解决的是什么问题？然后需要让被辅导者扩展思路，探求可行性的方案。例如问被辅导者你希望发生什么变化呢？你还有其他的方法吗？为什么你选择这样做而不那样做呢？挖掘了各种可能性之后，可以制订具体的行动计划。例如怎样做才会有效？你打算怎样开始做？当然在计划进行的过程中，会有一些障碍，所以还需要预计困难，做好准备。例如可以问被辅导者，你觉得有什么东西阻碍了你？你还需要什么资源？在最后需要一个总结。”乐乐仔细描述了关于探索式提问的方式。

“嗯，我明白了。其实探索式的提问是和被辅导者一起深入挖掘，多角度多

维度思考的过程。导师的作用真不小呢。”小娟情不自禁地说了一句。

“是啊。如果这次我们找到并培养好了几位导师，估计我们的工作也会轻松不少呢？”乐乐感叹。

“乐乐，那我把你今天说的总结一下，然后做一个PPT出来，作为宣导资料。”小娟反应很快。

“好的。当然对于导师我们还得有一个奖励的方案。我初步想了一下，根据被辅导者定期的绩效评估结果，例如评估分数85分以上，给予奖金多少，年终对于导师们进行优秀评比等等，你也再好好想想，怎样操作会更好。”

年终总结做出自己的风格

又到了一年一度的总结时间，乐乐想了想近些年公司业务的迅速发展，员工数量大幅度增加。同时因为市场业务的不断变化，销售类人员的薪酬制度、职业发展等相关制度也变化得很频繁。虽然准备开展的储备人才计划是为了应对在人才发展这一块公司常常会出现管理人员断层的情况，但目前计划处于准备阶段，还不确定之后的效果。一年过去似乎发生了不少事情，但是真正想写总结的时候，似乎没什么东西可以写。就像去年，虽然知道自己在部门一年做了不少工作，也取得了一些成绩，但写的时候似乎眉毛胡子一把抓，没突出重点和亮点。鉴于去年的前车之鉴，乐乐决心一定要把今年的年终总结好好写一写，因为这个总结可是代表一年的工作成绩，是对个人及部门一年工作绩效的总结。通过总结可以对未来的决策提供数据支持，自己也可以通过总结对过往的工作进行回顾和自我提升。

仔细想了想，乐乐列出了提纲。首先将一年所发生的所有与人力资源相关的事件列出来，列出大事件，写出好标题。同时写下在这些事件中，人力资源运用的思路和想法。在所有人力资源事件中选出有重大转折意义的事件列出并进行说明。根据大事件可以总结出一个好标题，让总结与众不同。

对于数据，分析更重要。例如列出人员结构比例的变化数据、人员配置率数据、流失率数据、培训流失率、内部晋升人员占比等，需要根据数据的变化进行分析，发生这些变化的原因。如果要更进一步，可以将今年的数据和去年同期进行比较，形成趋势图进行深入分析。

针对不同的受众群体，在进行年终总结的时候可以有不同的表达方式。如果面对的是人资部门的领导，需要站在人资角度对制度、流程、策略方面做专业高度上的表述。如果面对业务部门的领导，就需要站在业务方的角度，着重讲述在业务伙伴方向所做的工作和效果。只要了解到对方最关心的是什么，从这个角度进行讲述就错不了。

与90后员工的相处

年终总结时，经理和乐乐说新的一年开始，让乐乐再带一个新人，这个新人是从其他部门调动到人资部门的。这个90后的美眉家庭条件很好，每天无忧无虑，上班时间手机从不闲着，一边看电脑，一边还喜欢玩玩手机游戏、看看微信微博。每天早上九点准时出现在办公室门口，永远背着个大书包，手里拿着早餐。头发胡乱地扎在脑后，一句打招呼的惯用词，亲，让大家知道她来了。她心态非常好，不管工作做得怎么样总是一副笑脸，从不发愁着急。天啦，要带这样的一个美眉，乐乐心里也犯嘀咕了。但转念一想就把她当成是一个研究对象，真心实意地去教她，和她建立共同话题和语言，就不信没有转变。

乐乐在这个美眉还未正式工作的时候，就做了一个详细计划。首先在第一阶段主要是多了解她的想法，她对什么感兴趣，并且给她制定了一定的学习和培训计划，根据她的个人特点再进行调整。

乐乐和90后美眉沟通之后，了解到她其实还是很想学东西的，而且她也很明白学哪些东西对自己最有用。但最主要的问题是她对自己的工作没有计划，也不知道重点，所以每天不知道做什么，就显得无所事事。之前带过她的人资主管看到她动作慢的时候总是帮她，有时候人资主管就烦了，干脆不让她做了，她就只有在旁边看的份。

后来看着看着，反正也没事就玩手机了，玩着玩着有时候就睡着了。两人沟通之后，还没等乐乐把学习计划和培训计划拿出来，这个美眉主动提出来根据乐乐描述的工作内容做一个计划，在计划中将想学习的、了解的都写下来。而且把自己每周需要做的工作、需要达到的目标也写入了计划中，还约定定期做一次回

顾和总结。

在计划实施的过程中乐乐经常会坐在美眉的旁边，看着她做。当她遇到问题的时候，随时以启发的方式给予指引和引导、鼓励。大约两周后，她基本非常清楚地知道每天如何安排好自己的工作，工作的重点在哪里，而且开始积极地为每天的目标努力，遇到问题的时候也会自己想解决方案，在休息时间她还会主动提出问题，和乐乐一起寻找答案。

同事们发现这个90后开始变了，变的让大家喜欢了。她也觉得自己一天天成长，她再也不是那个玩手机、打瞌睡、不懂事的小孩子了，也开始明白努力、责任的意义。

不过事情总是在变化的，本来以这种状态持续下去，这个女孩子会逐渐发展为成熟的职场人，乐乐也挺有成就感的，可最近她又故态复萌了。乐乐发现情况不对，立即找这个美眉沟通。

“前段时间表现不错，可是近来是不是发生了什么事？看你的状态和之前不同。”乐乐表情严肃地说。

美眉清了下嗓子：“乐乐姐，也没发生什么事。只是我有点厌倦现在的工作内容。”

乐乐心里本来想着说一通道理，什么不论什么工作都是有重复性的，你这才是刚开始，还有很多东西需要学习。但又一想，如果这样说她肯定听不进去，怎么办呢？

“乐乐姐，我觉得我现在做的工作太基础、太简单了。你看我每天打电话，邀约面试者，安排培训人员、发通知，这些都是有固定模式的，没什么需要我动脑筋的东西，我觉得很没劲。”美眉说完叹了口气。

乐乐想了想，记得之前曾经参加过的一个培训，就是说90后的员工最看重的是工作内容，自己怎么忘记了呢？虽然现在人力资源服务的是各业务部门，很多工作似乎比较重复和独立，但是可以做一些横向和纵向的调整，让工作内容丰富起来。而且自己是不是过于细致，可以调动思考的地方都没给她独立处理和思考的余地。

“我理解你的这种想法，目前这个阶段你的工作确实都是比较基础的事务性工作，做久了觉得枯燥乏味也正常。你自己有没有什么好建议呢？”乐乐问。

“我想有机会可以参与到人力资源的项目中，想通过项目锻炼自己，丰富自己。”美眉早就准备好了自己的说辞。

“如果想参与到人力资源的项目中，那需要做一个测试，看看你能否把邀约候选人的邀约词进行修改后，提高邀约到达率，这也是个项目。”乐乐笑着说。

90后的美眉接受了这个任务之后，再也不会机械的执行，会主动积极地找方法，针对不同的候选人摸索出一套不同的沟通方法。而且把这种思路用在不少工作内容上。

乐乐觉得这个事例让她很有感触，不管和什么人接触，首先我们要调整好自己的状态，不要先入为主。其次需要更多的耐心、关心，深入了解他们的想法，给予机会让他们尝试，让他们参与其中，调动他们一切的能动性、参与感。其实无论是70后、80后、90后还是00后，只要你肯拿出你的真心和真诚，找到他们的兴趣点和突破点，而且需要不断跟进、不抛弃不放弃的精神。

人力资源部门与业务部门是亲密敌人

人力资源部门与业务部门要保持良好的关系，但是度要怎样把握，每个人力资源都有自己的心得体会。乐乐与业务部门打交道的时间不短，也遇到过形形色色的人物，不论是从事哪种工作的业务部门，归根结底来说，都是“亲密敌人”。

乐乐的上司曾经就遇到过这么一件事，揪心了很久。事情是这样的，乐乐的经理和各业务部门的主管、经理的关系都处得不错，毕竟很多时候也需要互相帮忙，特别是和市场部的曾经理私人交情更好，平时不论在工作方面、生活方面，两个经理的观点和意见都挺一致。曾经理年纪较长，读书多、见识广，乐乐的上司也经常会去请教，而且曾经理会很热情的指点迷津。乐乐的上司觉得曾经理是她打过交道的最好的一位合作伙伴，也非常值得尊敬。可是发生了一件事，让乐乐的上司一时间无法接受。

每个月全公司各部门经理及以上会一起开会汇报工作，会上各部门经常会吵得不亦乐乎，人力资源部有时候也会成为众矢之的。开会当天，曾经理在汇报市场部月工作情况的时候，突然对人力资源部提出三大建议，其中一条提到人力资源部提供的候选人素质普遍偏低，无法达到招聘需求，培训工作也不到位，导致市场部连续出现月度工作任务无法完成的情况。乐乐的经理当时不敢相信曾经理

会把这个作为汇报内容提出。因为关于人员招聘的问题，前两天两个人还在一起讨论过有没有更好的方法。后来了解到因为市场部近期工作业绩问题已经引起高层领导的重视和警告，所以曾经理也和其他人一样，把责任分散，尽量减少自己需要承担的压力。

这件事结束之后，乐乐的上司和乐乐聊了很多。与业务部门如何相处，相处的原则等。谈话就这样开始了。

“乐乐，我们总要和业务部门打交道，所以心里一定要把握好一个度。这件事让我觉得不得不吸取教训。我总以为还是会有不同的业务经理，但其实都是一样，毕竟我们站在不同的角度和位置。”经理叹了口气。

“是啊，其实我之前和业务部门的人接触得比较多，有时候还和他们一起吃饭，总希望可以多了解他们，和他们关系近一点好办事。但后来觉得其实未必需要这样。”乐乐也有些感慨。

“所以我们作为业务部门的合作伙伴，帮助业务部门做好人力资源方面的工作、督促他们做好非人力资源管理方面的工作，分清职责，维系好日常合作关系。时刻提醒自己是人力资源部的人员，不能真的和他们打成一片，否则有时候处理问题就会变得比较麻烦。我这个教训还是很值得吸取的。”经理很伤感。

乐乐也回忆了自己日常与业务部门打交道的时候，自己的一言一行、一举一动。乐乐一直觉得，业务部门的人很狡猾，当遇到问题的时候就来求人力资源帮忙，有可能承担责任的时候就往人力资源部推卸。在现实中这种情况确实不少，乐乐就经常遇到，也生了不少闷气。

记得有一次业务部门的一个同事直接冲进办公室，对着乐乐就是一阵大吼：“你们人力资源的是做什么的，我们已经超负荷工作，每天加班加点，你们也招不来一个人，什么时候能给我们招到人？”那同事像发疯了一样。

“人已经招到了，只是在岗前培训，还需要两天的时间。请你向你们经理了解清楚。另外人力资源会做与员工有关的事，如果想深入了解我们找个时间好好聊聊。以后别那么大动肝火，小心伤肝。”乐乐轻言细语回应。

后来那个同事面红耳赤地离开了。有时候只要你足够专业、有理有据，能够淡定面对，和其他部门打交道也没那么难。人力资源不仅需要深入了解业务，实实在在帮助业务部门，更重要的是需要把握好人力资源的角色，用专业、服务的精神成为业务部门的伙伴。

还有一件事，乐乐也是记忆犹新。不少技术部门的领导都喜欢让下属推荐身边的朋友应聘公司的职位，有一次研发部的一个经理推荐了一个朋友来应聘项目管理岗位，整个过程都很顺利，应聘者的情况也很贴合职位，大家都很开心。后面开始要进行定薪的时候，部门经理开始提出很多想法，不断反馈说候选人表现优秀，建议薪酬高于平均同岗位人员10%，而且还和候选人说公司薪酬的幅度其实可以达到多少，可以在谈薪酬的时候要求高一些。特别在候选人入职的事情上，部门经理直接安排员工入职，在入职当天乐乐才知道员工已经在公司了，这使乐乐感觉到非常措手不及。

虽然这位部门经理在整个人员招聘过程中违反了公司的不少规定，但是员工已经到公司，乐乐还是安排同事按流程帮员工办理了入职手续。解决完之后，乐乐找部门经理好好聊了聊。

“梁经理，今天这事儿弄得我有些尴尬，新来的员工感受也不太好。您刚才也看到了。”乐乐开门见山。

“这个嘛，也怪我，没和你提前沟通好。心急要人，就直接通知了。”梁经理有点不好意思。

本来乐乐有一堆话要说，感觉到对方语气放软，乐乐也缓和了语气：“我也知道您着急，我也很急，确实是业务需要。只是再急还是得有个章法，要不就乱套了。如果今天没办法办入职，员工又来了，怎么算工资呢？而且没办入职，你们一心急给他做了培训，万一他盗用了公司的商业秘密，你说我们怎么办？”乐乐把严重性一条条摆出来。

“是啊，我都忘记这些了。你说的对，一定不会有下次了，真的非常感谢你今天的帮忙。要不我都不知道怎么处理这个员工。”梁经理的感谢确实是真诚的。

乐乐觉得在这种时候一定要趁热打铁，把该教育、该讲的话都要表达出来。人力资源的人员不只是亲和的代表。

平衡业务部门的立场——拉住业务部门一起扛

不少时候，部门经理总希望在员工的心目中有个完美的形象，总是表扬赞赏员工、为员工争取各种利益；如果遇到问题员工的时候，业务部门首先想到的是让人力资源部出面搞定。

乐乐就遇到过这样一件事。“乐乐，我们部门的王贝贝工作表现一直不佳，你也知道她在去年年终评估的成绩为E。之前我们也总是希望给员工机会，也给员工制定了培训计划、阶段绩效回顾，做了很多努力。可是她的工作态度一直不好，我们最终决定辞退这名员工。”莫经理一口气说完。

“喔，了解。那你们打算什么时候解决？”乐乐问。

“当然是越快越好啦。我们一天都不想等了。”莫经理似乎像要扔一个大包袱出去，语气里带着即将解脱的愉悦。

“行，我们这边准备一下，后天下午我们一起和员工面谈解决。”乐乐简短快速说完。

“哎呀，乐乐。你们处理这类事情多，经验丰富，你们搞定就好啦。”梁经理狠狠地把乐乐夸奖了一番。

“员工的情况梁经理您最了解，您当然要在场啦。辞退员工不只是人力资源部的事，您也有责任，咱们一起来解决这个问题喔。”乐乐毫不示弱。

梁经理呵呵一笑走出办公室。乐乐就开始准备补偿金方案、解除劳动合同通知书，还通知了相关技术部门关于员工邮箱方面的处理。一切都准备妥当。

“梁经理，我们等会按原定计划到会议室谈咯。”乐乐主动打电话给梁经理。

“乐乐，不好意思啊。今天我有个特别重要的会议要参加，总经理让我去的，所以没办法参加这个员工沟通了，你可以搞定的啦。”梁经理在电话里的语气像是在逃避。

“梁经理，您那个会议几点结束，结束后我们开始吧？”乐乐坚定地说。

“那可不知道呢，今天的会议特别重要。”梁经理轻描淡写的飘出这么一句。

“您不在，员工的事情不便处理，我们改时间吧。”乐乐突然冒出这么一句。

“这不好吧？你们人力资源部不就是处理人的问题嘛，你们又需要我们一起，我哪有这么多时间喔。”梁经理还是不肯松口。

“梁经理，您是不是想解决好这个员工？”乐乐强硬地说了一句。

“当然是。”梁经理回应道。

“那可以把您的顾虑告诉我吗？这样我才能判断怎样做会更好。”乐乐语气很平和却又坚定。

“我明白，只是这个员工是当年和我一起入职的，感情也挺不错的。真的不忍心面对这件事。”梁经理长舒了一口气。

“喔，这样，我理解。您看这样行不行？您可以安排一个主管和我们一起，如果您放心的话。”乐乐给了个方案。

“我也非常纠结，这么办我看很好。”梁经理很为难地说。

乐乐在沟通前，找主管详细讲述了与员工沟通的要点。走进会议室，感觉到主管也比较紧张，心里没底。

乐乐主动开场：“贝贝，鉴于你之前的工作表现和绩效，公司决定不再和你继续存在劳动关系。”乐乐的语气既沉稳又坚定。

“之前我对你也进行了辅导，但一直没有明显效果。”主管补充说。

“是的，我觉得自己不太适合这份工作，也在外面寻找新的机会。”贝贝回应说。

“这对你也是一种新的开始，也是不错的选择。”主管笑着说，绷着的神经松弛了不少，觉得其实没有想象的那么可怕。

员工很快签完了所有文件，充满希望的离开会议室，离开了公司。

人性本善，人心本柔

做人资这么长时间了，乐乐接触了不少员工关系的案例，总希望找到一个解决这类问题的关键点，后来在一次处理员工问题找公司制度中相关依据的过程中，乐乐发现居然没有现成的制度可以参照。在求助了公司员工关系方面的专家之后，对方说了这样一段话：“以后类似的事情，可以把握原则。我们制定政策的目的是希望规范行为，建立和谐的劳资关系。如果制度上没有明确的，以符合人性为原则。多给员工关怀、关心，这才是双赢。”

今年乐乐服务一个新团队的时候遇到了一件事情。在还没有服务这个业务团队的时候，乐乐就听说这个团队的副总监是公司出了名的“难搞”。这位副总监平时笑容甜美，如沐春风，样貌气质俱佳，并且工作能力也是公司数一数二的；可很多人力资源的同事都说她要求很高，近乎苛刻，很多人觉得她吹毛求疵，想

法多、变化多，还喜欢告点小状。就是因为这些原因，没有人力资源愿意服务她们团队。

但是这个团队却又是公司的核心部门，所以即使再难还是需要格外重视。机缘巧合，领导安排乐乐去支持这个团队的人力资源工作。因为之前听到太多的传闻，乐乐也是很忐忑地接受了这个任务。

第一次和这个副总监打交道，乐乐就为了人力编制问题与她进行了反复的博弈。虽然之前已经做过很多沟通、协调等工作，但这个副总监始终对人资部门准备执行的人力编制不满意，总想改一改。直到提交编制最后期限的前一天，她仍然有异议，却又不说原因。

乐乐也快急死了，这个编制没有得到业务方的认可是执行不了的，怎么办？关键时刻，可这位副总监还要休假回老家，所以今天晚上一定要得出结果。当乐乐想再次确认时，副总监手机关机、短信不回、邮件没反应，乐乐心中抓狂，这人也真够狠的，看来人性确实不善啊！

后来乐乐细想，副总监肯定非常清楚编制的重要性，最终肯定要有一个结果，但估计需要时间去磨。乐乐渐渐静下心来，干脆就在公司等着。在这个过程中不断联系她，不管最终结果怎样，至少要知道领导的态度到底如何，至少要讨论出来个最终执行方案。工夫不负有心人，晚上9点多终于联系上她了，简单和她说明了目前的情况后，继续征询她的意见。

乐乐在电话里对副总说："领导，您看这样可否？我把我这边了解预计可能的编制都列出来，您再调整成您觉得最佳最优化的搭配方式，看看是否可以在预算范围内。我知道您刚下飞机，很累，所以您先好好休息一下。您觉得调的差不多了再发给我，我在公司等您。"电话中乐乐明显感觉到对方有点吃惊。

后来经过核对，终于在晚上11点半确认好了其中的一种方案。副总监也感到很满意，还关切地让乐乐注意安全，路上小心。

从这件事之后，这个副总监对人力资源的态度开始有些转变了，没那么强硬了。可能和那天晚上的事有关吧。后来乐乐遇到她的时候，她说："人心都是肉长的，只要你用心，只要你真心。我们做技术的人，像核桃，虽然外壳看起来很坚硬，但只要你用心打开，其实内心是柔软的。希望我们合作愉快。"

乐乐相信人性都是本善的，人心都有最柔软的一面，但需要用真诚、真心去打动。所以把握人性、抓住人心是做好人力资源工作的两大法宝。

建立与业务部门之间的信任关系

电视里正在播放“杜拉拉升职记”，剧中杜拉拉说了这么一句话：“人力资源的最高境界是什么？人力资源的最高境界是人与人之间的信任和默契。”作为人力资源、业务部门的伙伴，只有和业务部门建立了信任，达到了默契，合作起来才会更加容易。与业务部门打交道是一种合作、一种磨炼、一种相互了解，当然也要建立在共同利益基础之上。乐乐也总结过，与业务部门打交道，其实要从利益、了解、磨炼、合作几个方向进行，就是一个不断磨合、慢慢建立信任关系的过程。

其实建立信任说容易也容易，说难也难。有时候可能就那么一点点疑心、一点点不放心的感觉就会让已经建立很久的信任瞬间消失。由于之前和业务部门合作的人力资源同事在沟通技巧、谈判方面有所欠缺，领导希望乐乐可以去协助一下。常规流程是乐乐要和业务部门的相关领导见面。没想到刚见到乐乐，业务部门领导的第一句话就是：“希望你们不要再骗我们。”

“骗，什么叫骗？”乐乐心里疑惑不解。后来才了解到之前的同事服务业务团队的时候，对方提出的任何需求，即使同事觉得不合理，但当面也不说出来，而是直接回应说可以、行。但实际操作起来确实是不行的，结果就是答应了的事但却没办法完成，所以业务部门总说人力资源的同事骗他们。其实也并不是人力资源同事的错，只是他缺乏解释和谈判的技巧，但就是因为这样才让业务部门打心眼里觉得人力资源部对他们有亏欠，事情积累多了双方自然就缺乏了必要的信任和理解。

乐乐心里想，做人的工作确实不容易，但既然选择做这行就一定要做出点名堂。所以自己的首要任务就是为业务部门做出点实事，只有做到了才可以让对方开始慢慢接受。但该谈判的问题还是得谈，不能有半点含糊。

乐乐首先找之前的人力资源同事了解了当时遇到的主要问题和情况，当然之前的同事也并不太愿意说什么。

乐乐非常诚恳地找同事聊天：“亲，之前你负责的部门，工作量挺大，你做得很辛苦吧？”

“当然啦，做了很多事，但业务部门不领情啊，还说我骗他们。”同事嘟囔了一句。

“业务部门的人说话直，肯定是无心的，别放在心上。可以和我说说之前你觉得挺为难的事吗？”乐乐想具体了解情况。

“经常就是人员的配置、调薪的事，公司有规定，业务部门就是不买账，我也没办法。”同事很心烦地说。

“为什么不买账呢？他们有什么建议吗？”乐乐想继续深入了解。

“他们想法多，一天一个样，我是没办法应付了。之前一疯起来要招几十个人，后来又说暂停，等我一暂停，又说没帮他们招到位。调薪也是，按公司的规定进行调整，业务部门说太少，一定要帮他们争取，你说这怎么争取嘛！”同事一肚子苦水。

“变化多、要求多、想法多，真的不容易。那你有没有给他们说清楚规则，给他们定好思路呢？例如招聘的事，他们说招就招，说停就停，有没有邮件确认？有没有整体统筹的人？你有没有和他们谈清楚你的具体想法和方案，和他们达成一致的想法？”乐乐很想表达自己的想法。

“哪有那么多的时间呢？平时的工作都做不完，哪还有多余的时间和他们扯。”同事还在抱怨。

“谢谢你和我说了这么多，对我挺有用的。”乐乐谢谢同事。

“不用客气，之前我做得不好，希望你一切顺利。”同事说了一句祝福的话。

乐乐仔细分析了一下，觉得自己要做好这个工作得有点方法和技巧。如果没开好头，估计后面的事更难做了。虽然现在业务部门对人力资源印象不太好，但还是有转变的机会，只要真正帮助他们解决问题肯定是有用的。

乐乐赶紧把自己的想法写下来并且列了提纲，计划对各部门的人员做一些前期了解，并且把之前从前任同事那里了解到的重点工作做一个确认，确保做到无缝对接。

当做好了这些准备工作之后，乐乐首先将人力的缺口快速补上，然后再结合实际情况进行合理的配置。同时乐乐通过了解绩效考核结果、培训反馈、与员工沟通，甚至旁听业务部门会议等方式，深入了解业务部门在管理过程中存在什么问题，遇到哪些障碍。乐乐希望自己在深度掌握业务部门对人力资源管理的“需求”后，可以运用自己的专业知识，对症下药，提出自己的解决方案。只有这样，才能受到业务部门的欢迎，才能真正成为业务部门的合作伙伴。

核心人才的关注——留住核心人才，复制核心人才

随着互联网的快速发展，出现了很多新兴的行业，而这些行业也为许多人提供了更好的发展空间和更丰厚的薪酬。公司中不少同事都蠢蠢欲动，想到外面寻找更好的发展机会。

最近公司走了不少人，似乎已经止不住大家离开的脚步。从部门总经理到基层核心员工连续离职，这样下去部门怎么支撑？乐乐非常着急。部门内部的经理也非常担心。乐乐非常了解人员流失的主要原因，首要原因当然是薪酬。

谈薪酬心就愁。虽然公司所提供的薪酬在同业中来说也是有一定竞争力的，但是很多互联网金融企业以大把砸钱的方式来吸引人才，薪酬怎么狂追猛赶也没有办法追上这样的脚步。看着员工一个个流失，而可以用的资源又这么少，该怎么办？

乐乐又想起了二八原则，把资源集中在核心人才上才是现在最应该做的。乐乐和经理来到会议室，开始讨论紧急预警方案。乐乐心里有点后悔，其实早就应该做这样的人员盘点，现在到了危急时刻，已经有些来不及了。

根据20/80原则，一切事物20%是至关重要的，而80%是普通平常的。核心人才就是属于这20%，而20%的人才创造了80%的价值。怎样判断员工是否属于核心人才呢？乐乐觉得可根据工作的重要程度、工作难度、培训周期难度三方面进行。核心人才的工作重要程度是它的业绩对部门目标的影响程度，工作难度在岗位评估中居高位值，培训周期比普通岗位长，有些预计需要2年以上的时间，市场上没有既有的培训课程。核心人才在某种意义上来说是属于企业中不可替代的一类人群。

领导回应说："首先我们要先看看是哪类人员流失较大，而且目前的薪酬对比市场上的对标是如何的。员工的绩效也是一个参考标准，可能我们需要把人员明细列举出来，同时赶快和业务部门沟通确认。"

乐乐和业务部门高层领导开会，确认核心人才的范围和名单。确认名单之后，乐乐再将每个核心人员的薪酬在同级别、对比同行薪酬进行分类，并且核算出进行调整后的人力费用。

在整体费用在公司人力预算范围可控之后，乐乐又想了配套的方案。“各位领导，我的建议是在对于核心人才进行特殊调薪之前，和所有核心人才进行沟通。沟通的要点包括个人目前的想法，对于同事跳槽的事怎么看，对个人未来的设想等。重点了解员工内心的想法和定位。另外，对于核心人才定期由人力资源部专门人员进行沟通了解人才的状态。保持随时沟通交流无局限的状态。”

“乐乐，你觉得核心人才是什么样的呢？”经理问。

“我觉得核心人才对个人的定位较高、内心非常需要别人认可尊重、注重细节、非常重视个人的自我实现。”乐乐想了一下回答。

“没错，所以我们还需要同时进行对于外部人才的关注和吸引。我们也要思考一下外部招聘的对策，通过猎头寻找和个人的人脉关系是找到核心人才非常有效的途径。在这个过程中，快、准、狠、稳四个杀手锏就要用上了。核心人才数量不多，市场上较稀缺，如果通过电话面试了解到候选人基本和职位要求匹配，就需要快速行动进行接下来的面试流程安排，同时也需要定期和候选人保持联系，所有的沟通交流过程中不断了解对方的真正需求。

我预计我们还是很快可以招到新人的，只是如何留住核心人才呢？之前我们建立的导师制可以派上用场。留住员工要先留住他们的心。特别对于核心人才，他们的内心非常需要别人认可尊重、非常重视个人的自我实现。作为人资和部门领导要形成定期对核心人才进行访谈的规律，了解他们的思想动态、目前工作的进展、遇到的困难并及时把公司业务发展的方向动态告诉他们，也可以让他们出席重要的会议，真正让核心人才感受到自己是被尊重、认可、受重视的。”经理挺有把握地说。

“领导，我突然想到一点，从现在开始必须要慢慢复制核心人才了。”乐乐突然灵机一动，“我是这样想的。我们提到核心人才对个人的定位较高、非常重视个人的自我实现。说明核心人才存在的不稳定因素较大，所以对核心人才需要做必要的人才储备计划。我们之前已经对营销基层管理人员进行储备，对于这类专业核心人才也要做好一定的储备。可以制定相应制度，要求核心人员定期提交文本总结性文件，定期辅导人员，定期做培训分享，让高潜质人才加入到核心人员的工作项目中。这样我们就不会措手不及了。”乐乐觉得自己说的挺有道理。

“乐乐，你这个提议不错。之前总觉得这些专业技术核心人才都做了七年以上，应该不会有变化，没想到这个互联网时代让所有人都觉得有一种想改变的冲动。你再好好考虑一下，做一个整体方案。”经理说完拍了拍乐乐的肩膀。

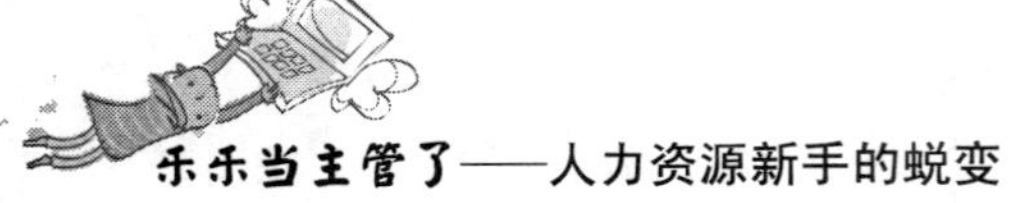

对于核心人才的流失，乐乐觉得很可惜。因为核心人才是企业组织不可缺少的一部分，从另一个角度来说怎样更好的发现、挖掘、复制，让更多有潜质的人成为组织的核心值得人力资源人员思考。

绩效沟通落到实处

公司的绩效管理工作也进行了不短的时间，从目标设定到后续的方方面面也都在进行，但还是有员工或管理者存在一些问题和困惑。每个周期的绩效考核结束，总是忙忙碌碌收到各种绩效确认的文档。乐乐虽然每次收到确认文档的时候也会问经理们，和员工沟通了吗？有没有给他们进行相应的辅导？经理们总是以太忙了、都差不多、没什么可说的之类的话一带而过。

刚刚从午休的睡意中慢慢清醒，乐乐看到徐经理已经到办公室来找她了。

“徐经理，有什么事吗？看你的样子挺着急的。”

“确实着急啊。这个季度我们部门的小卫绩效又不理想，不知道怎么搞的。感觉和他磨合了很久，还是不尽人意。目标也是和他一起制定的，也都签字确认过，但结果就让人费解了。我也和他谈过，也辅导过他，但还是这样。我和他没啥好谈的了，感觉对他也无能为力。之前招他的时候，感觉他是个聪明机灵的人，现在怎么会这样。乐乐，你看怎么办？”徐经理眉头紧锁，平时就不太喜欢笑的他更显得严肃。

“徐经理，您看这样行不行，我找小卫聊一下，也了解一下他的情况。然后我们一起想想办法。”乐乐很诚恳。

“行，那我告诉他一声，你定好时间通知我。”徐经理的眼睛里闪烁了一下。

很快小卫按照事先约定的时间来到乐乐的办公室。

“小卫，我们去公司对面的茶吧坐一下吧。”乐乐说着站起来和员工一起走出了办公室。

两人坐下后，冷了一下场，大家谁也没先说话。

“乐乐，其实你今天叫我来我知道是因为我一直以来绩效状况不太理想，感觉自己始终没摸到门，不知道怎么回事。你说沟通吧，我也想，但自己也不知道什么时候该找领导。看到其他同事都游刃有余的，我也心急。”小卫憋了一肚子的话一股脑倒出来。

“小卫，你这种体会我理解。你入职的时间不长，看得出你很想把之前工作的经验带到现在的工作中，但毕竟每个公司的情况还是有差异，所以还得先适应。关于什么时候该找领导沟通，我给你几个建议，你可以尝试看看。当目标还不太清晰时，特别是当你把握不准某项目标的要求时，你要找主管确认他需要什么、想要什么和期待什么，避免理解上的误差。而且在遇到困难和障碍时，及时向上级领导反映并寻求帮助。”乐乐先强调了两点。

小卫很认真地听，边听边记。“乐乐，我之前遇到困难的时候总喜欢自己找办法解决，总担心给领导找麻烦，但有时候自己找办法解决并不好。上次做部门汇报的PPT，有几个数据我这里是没有的，当时很着急，领导又不在，我到处找人帮忙，最后的数据还不是准确的，会议上被领导批评了一顿。其实这个数据是有专人负责的，只是我没了解到，也没有找到对的人去问。如果当时问一下领导，可能几分钟就解决了。”

“是的，因为领导掌握的信息会比你全面，所以遇到自己没法解决的情况时，应该及时和领导联系，寻求帮助。当然当你在工作中发现变化或特殊情况时，你比你的主管更贴近一线，所以你要将这些变化和情况反馈给你的主管以便及时调整你的工作以取得更好的绩效。”乐乐微微笑了一下。

“嗯，确实是的，只是我担心自己多想了，也没敢去说。”小卫一脸的委屈。

“大胆一点，别怕。徐经理样子严肃，其实还是很温和的。他也非常希望你可以做好，也很着急。”乐乐安慰地说。

“我明白，只是他一急我就怕，越怕就越不敢主动去问、去表达。所以问题就越来越多。”小卫不好意思地红着脸说。

“做新人都会有这个过程，只是看你怎样去做，越积极主动、越愿意去磨合，效果肯定就不同，所以应该主动与主管及时沟通确认自己的理解、想法、做法是否正确，而且当工作过程中有阶段性成果的时候，一定不要理所当然地认为主管都了解你的工作，应该主动汇报你的阶段性工作成果，一方面让主管了解你的工作进展，另一方面也可以检查一下你的工作方向和方法是否正确，这也是个不错的检验方法。回去尝试一下，看看会不会有作用？放松一点。”乐乐很自然地拍了拍小卫的肩膀。

谈完之后，乐乐找到了徐经理，把整个过程告诉徐经理。“徐经理，有空你和小卫也多聊聊天，多鼓励鼓励他，让他多点自信。而且在绩效面谈的时候，把沟通的内容做好记录，例如优点、需要改进的方面等，这样预计会更加有效。如果没有记录，谈完了可能就过去了，也少了依据。”

徐经理点点头，接受了乐乐的建议。经过不断的磨合和努力，小卫的绩效逐步提升，到最后一个季度排名进入了前20%的行列。

乐乐也进行了思考，其实绩效沟通大家都知道操作流程步骤，但是更重要的是需要根据员工的具体情况，找到需要沟通的关键环节使劲，才更加有效。而且对于沟通的内容，做好详细的记录是必需的，方便回顾和留存。后来乐乐在绩效沟通确认书里除了例行的内容、绩效的情况，还特意加上了绩效沟通的要点记录，提醒每一个管理者要把绩效沟通真正落到实处。

强制分布排名的意义

为了激励员工，强化优胜劣汰，公司领导希望新的一年开展强制分布排名的绩效管理方式。乐乐对这种方式有一定的了解，而且记得非常清楚网上有一个案例就是关于强制分布排名的：

某公司又到了年终绩效考核的时候，从主管人员到员工每个人都很紧张，大家议论纷纷。公司要采用强制分布式的末位淘汰法，到年底根据员工的表现，将每个部门的员工划分为A、B、C、D、E五个等级。分别占10%、20%、40%、20%、10%，如果员工有一次被排在最后一级，工资降一级，如果有两次排在最后一级，则下岗进行培训，培训后根据考察的结果再决定是否上岗，如果上岗后再被排在最后10%，则被淘汰，培训期间只领取基本工资。

主管人员与员工对此都有意见，但公司强制执行。财务部主管老高每年都为此煞费苦心，觉得把谁评为E级似乎都不合适。该部门是职能部门，大家都没有什么错误，工作都完成得很好。去年，小田有急事，请了几天假，有几次迟到了，但是也没耽误工作。老高没办法只好把小田报上去了，为此小田到现在还耿耿于怀，今年不可能再把小田报上去了，那又该把谁报上去呢？

请回答下列问题：

(1) 财务部是否适合采用强制分布法进行绩效考评？为什么？

答案：财务部门不适合使用硬性分配法进行绩效考评。强制分布法是假设组织中员工的工作行为和工作绩效整体呈正态分布，那么按照正态分布的规律，员工的工作行为和工作绩效好、中、差的分布存在一定的比例关系，在中间的员工应该最多，好的、差的是少数。

从案例中可以看出，财务部门员工的工作行为与工作绩效并不符合正态分布，员工业绩之间的差距很小，不具备推行强制分布法的前提。

(2) 强制分布法有何优点和不足？

优点：可以避免考评者过分严厉或过分宽容的情况发生，克服平均主义。

缺点：①适用范围有限，如果员工的能力呈偏态分布，该方法就不适合了；②只能把员工分为有限的几种类别，难以具体比较每个员工的绩效差距；③不能为诊断组织与员工工作中存在的问题提供准确可靠的信息。

其实强制分布的方法确实有利有弊，也不是所有的部门都适合用，那该怎么办呢？乐乐左思右想，希望可以找到解决的方法。

在强制分布中，分为五个等级，从A到E。对于E等级的员工，是需要改进、以观后效的，有可能被淘汰。而且对于E等级的员工，奖金、晋升及个人发展都会受到影响，所以必定会在员工中引起很大的震动，不管对于员工，还是直属领导都是一种挑战。如果真的是员工工作表现不佳，等级被评为E还可以接受。如果是得硬评出一个E等级，还真的让人接受不了。是否可以在刚开展的时候不设置E这个等级呢？等时机成熟，确实可以进行的时候再做也不迟。

乐乐把想法和经理聊了聊，提到关于强制分布级别的设置。分别设置为杰出、良好、正常、需改进四个方面。杰出的人员占比10%，良好占比40%，正常占比45%，需改进占比5%。对于每个级别的绩效的界定都设置明确的标准。对于每种级别的绩效的成员如何看待绩效结果，也做了比较明确的说明。

乐乐把自己准备好的相关文档向领导展示：

A等级的人员，是实际绩效经常显著超出预期计划，在计划、目标或岗位职责、分工要求所涉及的各个方面都取得特别出色的成绩。

B等级的人员，是实际绩效达到或部分超过预期计划，在计划、目标或岗位职责、分工要求所涉及的各个方面都取得比较突出的成绩。

C等级的人员，是实际绩效基本达到预期计划，在计划、目标或岗位职责、分工要求等各方面无明显失误。

D等级的人员，是实际绩效未达到预期计划，在计划、目标或岗位职责、分工要求等方面存在明显的不足或失误。

在绩效沟通的时候，对于不同等级的员工，上级应该用不同的方式指导员工以正确的心态去接受(见表4-3)。

表4-3 不同等级(绩效)员工心态对应表

考核结果	应有的心态
A	在高兴之余，作为杰出员工，你已成为其他员工的榜样，希望再接再厉
B	说明你在工作的某些主要部分成绩突出，希望你更上一层楼
C	说明你基本上达到了工作要求，也是对你工作贡献的认可。但还需要不断改进绩效，如果绩效长期停留在C，说明你改进不够，得好好分析一下原因，寻求主管和同事的帮助
D	不要气馁，调整心态，与主管好好谈谈，分析自身绩效不足的原因及如何更好地改进。只有认识到不足，才能缩小差异

最重要的是需要让绩效好的员工保持，而且要做到更好，而对于需要改进的员工，可以给予更多的支持、辅导，使其改善、提高绩效。

表扬得法，激励有度

利用业余时间，乐乐建立了一个人力资源知识分享群，乐乐觉得问题越辩越明。乐乐在讨论群里，提出了这样的一个问题：不少人觉得表扬、激励这些正能量的方法是很容易的，赞美、鼓励谁不会用呢？但是就是这种正能量的工具也需要正确使用，否则会出现负面的影响。

记得上学那会儿，一次几何课考试，乐乐偶然得了全班第一。本来得了第一是件很开心的事，但教几何课的老师当天当着全班同学表扬了乐乐一个小时，然后批评了其他同学一个小时。当时乐乐的感觉是整个头皮都麻了，不知道怎么办？现在回想起来，估计当时老师想用表扬的方式来激励乐乐，也激励全班同学努力学习几何课，但结果是不少同学捂住了耳朵，而作为表扬对象的当事人，那天下午什么课也没听进去，而后来几何课的成绩也不如以前了(当然这其中也有自己的原因)。

为什么会这样？乐乐把这段经历发到群里，让大家一起来分析一下。有人说，当时老师确实也遵循了表扬的原则，非常及时，而且内容也很明确。那为什么效果并不理想呢？因为当时老师的表扬有点过，首先偶尔考试得第一是一个碰巧的行为，虽然是很棒，但不至于表扬一个小时，十分钟已足够，另外表扬的过程中应该更多加入期许和可以改善的部分，这样对我们学生来说会有更加明确努力的方向；其次不能把对个人的表扬和对集体的批评放在一起，这样会影响表扬和批评两个方面的效果。

乐乐回应说确实表扬应该就事论事，简短明了，传递清晰，不要掺杂其他。

表扬需要得法，激励是对人的激发和鼓励，当然也需要有个度，如果超出了，也会让人承受不起。乐乐身边有一个同事的故事最让她印象深刻。这位同事在公司工作八年，在工作的八年里，绩效年年前10%，各种奖励和荣誉都有她的份，就在之前还得到公司最高荣誉奖励，获得了丰厚的奖金。按说荣誉是可以给到员工极大的激励和鼓舞的，但是自从得到这些大奖后，员工的状态一天不如一天，像换了一个人似的，总是提不起精神，领导找她谈了很多次话，始终效果不佳，最终员工提出了离职。领导觉得非常可惜，究竟是什么原因让员工在得到了这么多的激励之后，突然没有了动力。

在和员工交谈的过程中，员工反馈说得到太多荣誉之后，发现自己被孤立了，因为大家认为所有的荣誉都是属于她的，所以没有人愿意和她多交流，渐渐越来越疏远。而且在得到太多荣誉后，自己心理上对工作的要求更高，更加完美主义，每天只想着工作，其他方面都顾不上。因为需要在其他人眼里表现得最优秀，不希望让领导失望，给自己的定的目标更高，最终无法承受。而且除了工作之外，自我学习和充电基本为零，个人感觉内心很空虚，渐渐失去了职业目标和奋斗的方向。

乐乐继续抛出了这个话题，为什么员工得到了较多荣誉激励之后，突然没了动力？在反思和深思的过程中，激励这个手法在使用过程中需要注意些什么呢？

乐乐总结回应说，首先在管理过程中始终需要注意保持一定的平衡性。虽然需要在团队中树立标杆，但不能以给予更多的奖励激励作为标准。可以在团队中树立更多的榜样，从多个角度发现培养人才。

其次虽然物质激励很重要，但需要给予情感激励，需要给予员工工作方向的指导和心理辅导。因为太多的荣誉，容易使人迷失方向感。管理者需要告诉员工，接下来员工可以继续努力的方向，具体可以从哪些方面开展，可以看哪些书去充实自己。作为管理者，可以多和标杆同事聊天，或者多举办一些分享活动，让团队的同事可以一起交流学习，增加团队的融合度和互动。对于员工的管理更需要注重对员工心智、内心建设、信念方面的关注和引导。让员工的职场之路可以更长远、更坚实。

表扬得法、激励有度，即使正能量的方法用起来也需要注意方式，最大程度地发挥它们的作用。

知识竞赛是个好方法

一直以来，乐乐觉得公司的制度流程多，不论怎样宣导，还是有很多人在遇到问题的时候喜欢打电话或者发邮件咨询。员工有员工手册，部门主管有主管的手册，但似乎总是缺点什么。很多时候大家遇到问题的时候还是拿不准，还是喜欢问。为了更好地宣导公司的制度、政策，乐乐想提议做一次知识竞赛。

“经理，我觉得可以进行一次人力资源制度知识竞赛，让更多人了解公司的政策和制度。如果效果好，还可以进行业务知识竞赛等。你觉得怎么样？”乐乐提议。

“可以可以，我正打算在人力资源培训中也采用知识竞赛的形式呢。我们心有灵犀了。”经理很开心。

“竞赛规则我也初步写了一个，您看看怎么样？”乐乐边说边打开电脑。

知识竞赛规则

一、必答题规则及计分标准

1. 抽签选择试卷号码，分别为A卷、B卷、C卷、D卷，并按顺序依次进行答题。

2. 必答题每卷共20题，每题5分，答对加5分，答错不加分不扣分；答题时间为20分钟，如未完成题目不额外增加时间。

3. 必答题须在10秒内决定回答或者做出使用锦囊决定，超时则此题当作弃权。

4. 必答题环节可使用锦囊，共可使用三次，锦囊分别为：

(1) 50/50。

(2) 现场智囊团。

(3) 嘉宾锦囊(嘉宾包括公司总监、经理、主管)。

锦囊使用规则：

*在10秒钟内必须判断是否使用锦囊，并明确锦囊的种类；

*每题使用的锦囊不限，一个锦囊只能使用一次，其中多选题不能使用50/50锦囊；

*锦囊使用的时间不计算在指定的20分钟内。

二、抢答题规则及计分标准

1. 抢答题共50题，每题10分，答对加10分，答错扣5分，50题抢答完毕此环节结束。

2. 主持人读题完毕、宣布“开始”后，各队方可按抢答器；在主持人宣布“开始”前，抢答器响视为犯规，扣5分。

3. 选手应尊重主持人的裁判。如对裁判结果有异议，则应由监督员进行最终判决。

4. 选手答题完毕后，应宣布“答题完毕”。

5. 每道题在抢答之前请仔细听好，抢答开始后不再重复题目内容。

6. 答题过程中队友可以相互协助，但不得与场下观众、智囊团交流。

7. 若本队补答不正确或无组别抢答，则本问题自动转为观众问题，观众回答正确，可获得精美礼品，但本队不加分。

8. 以下犯规行为如累计三次以上此题停止答题

(1) 答题超时或抢而不答。

(2) 非答题队员独立完成。

(3) 抢答题部分，在主持人尚未宣布“开始”前，按响抢答器，该题作废，该队视同回答错误扣分。

(4) 在抢答时，不能随意移动按铃、不能令按铃超出指定的位置、手部不能接触桌面(包括桌面上方空间区域)。

三、奖项的设置

本次竞赛共设置三个奖项，分别为第一名，第二名，第三名；获奖的团队以一个福利包作为奖励。

四、口号奖励

每组准备一个口号，在开场前进行评比，表现突出者由管理层评定后，可先获得20分加分项，只限一组可以获得。

五、分数计算

1. 总分数为必答题得分、抢答题得分、口号奖励得分之和。

2. 如出现同分则再以三道抢答题进行加试。

六、其他规则

1. 比赛进行过程中不得更换队员，各参赛队不得携带任何与比赛有关的材料入场，否则取消该队参赛资格。

2. 各参赛队必须无条件遵守本规则，服从竞赛结果，如对比赛结果产生异议，则以评委的评判为准。

3. 若参赛队员对于答案有疑义时，由主持人请现场评委判定，任何队伍不得以此为借口延误比赛。

4. 观众需要遵守文明规则。

遇到好上司——好上司可遇也可求

职场上的人经常会聊起自己的上司，也有人感叹自己为什么没遇到过好上司、人生的贵人。总是不断遇到各种奇葩上司，很是郁闷。乐乐也经历过几个上司，总结归类了一下。

第一种：情绪失控型。记得乐乐曾经遇到过这样一个部门领导，非常有意思。每天同事们的心情都随他的表现而变化。早上一般都是雷阵雨，快到中午的时候才开始慢慢阴转晴，但有些时候不巧会出现电闪雷鸣……大多数同事遇到领导情绪控制不了的时候，只是惊慌害怕、语无伦次、不敢说话。曾经有一次，上级领导安排需要紧急招聘一批新人，大概是100多人，时间紧任务重，领导很担心完成不了，自然情绪开始急躁，在会议上布置任务的时候，声音非常大，不断地问下面的同事，时间这么短，你们可以完成吗？同事们也很沉得住气，没人吭声，其实大家心里都有数，因为之前都做过储备。但领导还是不断质问大家怎么能完成任务。有一个同事突然站起来告诉领导，大家是有自己的方式可以完成

的，也列举了一些方法。本来是件好事，但领导却冷笑着说，你们还真认为自己有这样的本事，可以完成？一点也看不出来你们对这件事情紧张。会议在极其不和谐的氛围下结束了。当然招聘任务最终还是圆满完成了，但同事们真心觉得领导的情绪要好好控制一下了。

不少公司都会对管理者进行关于情绪修炼的培训，但还是不少管理者容易出现情绪失控的状态，特别是遇到紧急任务、重大问题等情况时。我们暂且不讨论管理者的情绪控制，作为下属，当遇到情绪失控的领导该怎么办？像上述的案例，领导情绪失控，在不断质问怀疑下属是否可以完成任务。作为下属听到这些话，内心肯定有些不舒服，但仔细想一下，领导为什么会担心、会发脾气，因为领导对任务可否完成还没有确切的把握，根据以往的经验预计完成是有难度的，所以着急担心。下属在这个时候最重要的是冷静拿出详细且让人放心的方案和方法，让领导放心，减少领导的担心和压力，自然领导的情绪也会得到相应的控制。

第二种：跟踪遥控型。管理需要有一定的把握力，需要计划组织控制等行为，但如果控制太多的领导也让人无语。一位朋友抱怨她的奇葩上司，她的上司是一个“女汉子”，嗓门大、腰圆膀又壮型的。按说这种女汉子应该是比较粗线条类型的，没想到心细如针眼。每天大事小事会找朋友不下30次，如果领导不在公司，即使在外地出差也会时刻进行电话、短信、微信联系，即使没有重要紧急的事情，也会不断重复这样的询问。朋友非常不喜欢这样的管理方式，一点自由度都没有，感觉自己时刻处于被监控中。其实这种领导是对自己缺乏自信，没有安全感和存在感，所以需要不断对下属进行控制，内心才踏实。这样的上司也非常需要被人肯定、需要有人围在周围。如果遇到这样的上司怎么办？最好的办法是提前告知领导想了解或者需要了解的事，提前把工作上的事情做到位，领导自然会慢慢放心，至少不会那么频繁地跟踪了。

第三种：好坏不分型。曾经遇到过这样的一个领导，把好同事们郁闷的半死。具体情况是这样的，这个领导在分配工作的时候，总是本着能者多劳的原则和态度，把最辛苦、最累的工作分配给能干的同事，而工作能力较弱或者工作不积极主动的同事反而工作比较轻松。刚开始同事们也还没什么意见，反正就是多做点。但到了绩效评分的时候，工作能力较弱、工作也不太积极主动的人员向领导说了说情，有的干脆向领导示威，最后绩效评级的结果这些同事反而分数会比较高。这个结果出来了可就不得了，本来做得好应该获得鼓励和激励，好坏不分的领导反而把结果倒过来了。遇到这样的上司又该怎么办呢？忍气吞声肯定不行，但直接和领导争吵也是不对的。最好的办法是私下和领导沟通，让他了解如果这样做会引发怎样不堪设想的后果。

第四种：独裁型。不少领导都是以自己为中心。例如公司有制度规定，如果业绩没有达到某些标准，需要重新培训，如果通过可以继续上岗。但由于遇到了独裁型的领导，一看到业绩没有达到标准的员工，就命令直接辞退，也不管什么劳动法或者合法合规的方式，反正就是一句话，只要业绩没达标就立刻走人。虽然很多人知道这样的做法不对，但领导发话了也不敢不遵照执行。其实如果真这样做，就违背了处理问题的原则。怎么办呢？对于这样的领导，首先需要做的是不要急着处理和接受，先等一等。因为不少时候，这种领导很容易做反悔的事。另外对于这种领导需要在合适的时候给一个小教训，让领导有一点触动，虽然可能没那么快改变这种领导的行事风格和方式，但至少让他有一点点转变。

职场无奇不有，领导也各式各样。如果你遇到好上司是福气，遇到奇葩上司是磨炼。但不管怎样，只要你有勇气改变、有胸怀接受，所有难题都可以迎刃而解。

“跨”的文字游戏与跨部门沟通

跨部门沟通一直以来是个不太容易解决的问题。虽然现在也有不少讲关于跨部门沟通的课程，但在实际工作中，顺畅地进行跨部门沟通还是不太容易。

为什么会这样呢？对于沟通，一般人的理解就是告诉对方自己想表达的意思，让对方理解、接受、协助。但跨部门沟通难就难在“跨”这个字上面。

在跨部门沟通的时候，发现不少职场人会出现以下的一些状况。

(1) 沟通者始终只会用恳求的语气。例如：“求你啦，帮我一下啦。”“不完成这个领导会骂的。”“就抽一点时间就可以啦，我请你吃饭”等。这种老套的恳求语气起到的作用不大。偶尔对方人比较心软或许会帮你，但总的说来这样的方式会让自己觉得很辛苦，本来都是为了工作，沟通双方都是平等的，没有必要委屈自己。

(2) 沟通者始终只会用行政命令。用职位级别压倒对方，让对方一定要做。

例如："领导说了，你必须今天之内完成。如果不完成，你的KPI……"

(3) 沟通者始终不懂一视同仁。心里觉得要解决好沟通的问题，只需要搞定相关部门的领导就可以了，所以对领导的态度就只会卑躬屈膝，而对经办的人员呼三喝四，殊不知经办才是最关键的环节。

(4) 沟通者始终只想靠个人的能力解决问题，觉得如果自己不能搞定就代表自己能力不够。所以即使出现沟通困难，也不会适时求助。

(5) 沟通者始终没有发现谁是解决问题的关键人物，所以一直解决不了问题。

把"跨"这个字拆开看一下：跨字的左边是足，代表需要走路，跨部门沟通首先需要主动迈出自己的第一步；其次，跨字右侧上面是"大"字，代表需要一定的胆量，总是恳求是没有太大作用的，需要一定的博弈力量。而大字的下面是亏字，说明在跨部门沟通的时候有时候需要吃点小亏，也就是说在博弈的过程中有时候双方必须做一些让步，最终解决好问题。这样分析下来，其实跨部门沟通抓住这几个特点还是有章可循的。

做好跨部门沟通的关键是什么呢？必须抓住沟通的利益点、消除担忧点、解决困难点。当然还需要了解跨部门沟通的最终结果是什么。是需要对方执行、协助解决、还是全力支持？针对不同的情况，需要用不同的方法进行沟通。

人力资源需要具备点八卦精神

早上在饭堂吃早餐，乐乐碰到一个部门的同事，因为平时关系不错，两人的对话自然而然就开始了。

"你知不知道，我们部门的小米和小谷在谈恋爱呢，不知道会不会影响工作呢？"小敏似笑非笑地说了一句。

"啊，你怎么知道的？"乐乐抿了一口豆浆，吃惊地问。

"哈哈，我很八卦呀，所以啥消息都会去打听打听。"小敏又笑了。

"原来是这样啊，怪不得发现最近小米有些变化呢。"乐乐继续说。

"我还听说有个同事正在和一家公司谈着，有可能离职喔！"小敏得意地说。

"你又知道？"

"是啊，我是小灵通嘛，呵呵。"小敏翘起嘴巴。

吃饭这点功夫，乐乐了解到不少平时不知道的信息。其实除了饭堂，洗手间也是容易了解到消息的公共场所，不少同事的喜怒哀乐会在这个空间内发生。

所以做人力资源工作需要眼观六路，耳听八方，要具备点八卦精神。就像上面这些情况，通过非正式渠道，通过其他部门的同事了解公司发生的种种事情，提前了解动态，做好预备工作，也能更容易了解员工的需求，还能了解人和人之间的各种关系。

但虽然有这么多好处，还是有不少人资不愿意这样做。首先觉得认为八卦很无趣，像居委会大妈，似乎降低了自己的档次，自认为做人资是个高大上的工作；其次担心八卦之后容易无意中传递不应该传播的信息，违反了人力资源工作的原则性，所以干脆不去了解。人资经常在自己的专业领域里，一心只读圣贤书，觉得专业是第一位，反而忘记了其他。虽然专业是做人力资源的充分必要条件，但是如果只有专业而没有其他也成不了真正专业的人力资源。因为不少人力资源工作中的事情，最终不是用专业的知识解决的，而是通过对人性的理解和了解，对多方面的消息把握，最终成功解决。

当然人力资源人员需要具备点八卦精神并不是像小报记者那样去了解隐私，去刨根问底让员工讨厌。最重要的是要了解事实的具体情况，并且客观地分析判断，而不添加任何个人的感情因素。

人力资源的发展，路在脚下

很多没有从事人力资源工作的人觉得这个职业不错，不少人还非常羡慕。前不久乐乐在报纸上还看到一个关于职业幸福感排名前五位的职业，人力资源这个职业排在第一位。但从事人力资源工作的从业者，其实苦恼也不少。

乐乐经常听到同行说起自己的苦恼，例如：是从事专一模块还是做全面模块的人力资源，是走专业路线还是走管理路径？如果在30岁还没有做到人力资源主管或者经理，是否人力资源这条路还可以走下去？一直在小公司做人力资源，虽然做了好几个年头，但感觉一点都不正规、不专业，怎么办？在人力资源行业做了好些年头，在不受重视的规模不大不小的企业里从事人力资源的基础工作，提出的建议或者想法领导从来不理不睬。学历、阅历也不算丰富，似乎没有更多可

以发展的空间，但因为年龄、家庭原因，也不敢有太多奢望，就一直这样做着，可觉得没有任何激情和前途。应该怎么办？现在越来越多年轻的人资出现，资历老的人资还有什么优势呢？一整理，人力资源的苦恼还真不少，所以别看平时人资人员在公司给员工指点，引导员工做职业路径发展，但其实人力资源人员自己也需要考虑职业发展应该怎样做？乐乐觉得可以尝试从以下四个方面进行。

(1) 正确认识专一与全面。人力资源工作包括六大模块，不少人都是从某一个模块开始认识人力资源工作的。而在从事某一模块人力资源工作一段时间之后，开始慢慢了解熟悉，到最后熟练。熟练之后有的人就一直做下去，不少人不想接触其他模块的工作，也不想了解，觉得工作不就是要专注吗？在一个模块上做深做透是个终极目标。不得不承认，这种专注确实很重要，但也有个问题，人力资源的几大模块并不是完全割裂开的，相互有一定的关联。最简单来说，做招聘的过程中，也会与薪酬、培训发展、员工关系等一系列人力资源的内容相关。如果只了解了招聘的工作，对其他的人力资源内容不了解，最终工作效果不会理想。所以在专注某一模块工作的时候，可以更多了解学习或者从事人力资源其他模块的工作，为自己的职业发展提供更好的帮助。

(2) 平衡处理专业与管理。不少人资人员说自己的终极目标就是做人力资源总监，梦想就是成为公司人力资源部最大的领导，觉得只有这样才可以实现自己的人生价值。而且认为既然要走管理路线，最重要的是搞好人际关系，把自己的专业性放在一边，觉得最重要的任务是巴结好领导。但殊不知，即使走管理路线也需要一定的专业度做基础，而且还需要天时地利人和，所以不少人最终没有实现自己的总监梦，反而还丢失了自己的看家本领。其实专业和管理并不矛盾，如果专业可以很出色，再具备一定的管理能力和技巧，会更助自己一臂之力，所以要注重平衡好专业和管理，只有做得更专业，才会更有管理的说服力。专业是基础，毕竟管理的位置有限，如果确实没有实现自己的管理梦想，有深厚的专业背景和资历，一样可以实现做人力资源的价值和理想。

(3) 合理安排工作与学习。大家都知道人力资源的职业门槛不高，稍微学习一下就可以做不少基础工作了，但如果想做好做透就需要后期的不断学习努力。工作是一个好的实践基地，但不断学习是充电。有人说自己日常的工作就很累，白天忙活一天很辛苦，晚上回到家只想看看电视、上上网、睡觉了。周末安排的活动丰富多彩，哪会有多余的时间学习，所以年复一年、日复一日，没有做好工作的总结和不断学习充电。到了一定的时间，会突然很恐慌，发现自己很容易被后来者替代。所以做好工作的同时，一定要注重总结、坚持有计划地进行学习。例如上专业的人力资源网站，上面有不少学习资料和专业的指导，也可以把自己学习总结的内容记录下来给更多的同行分享。

(4) 关注自己的现在与未来。就像前面提到的人资的苦恼，老人资担心自己被新生力量取代，即使自己已经做到了一定的职位，但担心总是没减少。从积极的一面来说这是一种上进心、一种时代紧迫感，但也说明老人资对自己的未来比较迷茫，没有认识到自己的价值所在。分析一下，新生力量的优势明显，科班出身、基础扎实、高学历，对现代流行的人力资源知识理念了解颇多，与时俱进，有系统化思维和想法，可以较快建立人力资源体系和模型。而不足之处也显而易见，职场经验不足，理论多，实践不多。容易考虑问题不周，有时候较冲动、容易放弃。所以老人资可以发挥自己的优势，传播经验、分享经历。以导师的角色，分享职场历程。以过来人的角度看待职场发生的事情，传递更多的正能量，让新生力量刮目相看。当然在这个过程中，也需要老人资更愿意虚心接受新生力量的观点、见解。避免出现倚老卖老的心态，也不要有好为人师的想法，让新生力量愿意接受你，逐步成为新生人资的朋友。互补吸收、互相促进、相互学习、相互鼓励，继续保持工作的激情，发挥自己的作用。所以人资只要认识到自己的价值，对未来充满信心和希望。同时在从事人资工作的过程中也需要不断开发自己的兴趣点、可发展点，让自己的职业生涯更加丰富。例如可以写写文章、做做心理辅导、讲讲课等等，更深入、多方位、多角度挖掘出自己的潜力。

每一个人力资源人员都有自己的独特性，根据自己的特点，结合现实的状况，踏实工作、坚持学习、做到平衡就一定可以找到自己最适合的发展平台，并打造出属于自己的发展道路。

乐乐对自己的职业发展定位越来越清晰了，也对自己有了更高的期许。希望自己可以坚持写作，把自己的经验体会都记录下来，如果有可能希望可以出一本书，把经验分享给更多的读者。乐乐还希望在不久的将来可以形成自己的一套理论和实践体系，让更多想从事人力资源工作的人更快认识到人力资源的真谛。

乐乐觉得心里特别轻松，而且心情更加晴朗，期待着更美好的明天！